口述历史

从延安出发

开国少将张学思夫人谢雪萍口述历史

谢雪萍 口述 朱洪海 撰稿

北方联合出版传媒(集团)股份有限公司
万卷出版公司

ⓒ 谢雪萍　朱洪海　2020

图书在版编目（CIP）数据

从延安出发：开国少将张学思夫人谢雪萍口述历史 / 谢雪萍口述；朱洪海撰稿 . —沈阳：万卷出版公司，2020.8（2021.8重印）

ISBN 978-7-5470-5387-4

Ⅰ . ①从… Ⅱ . ①谢… ②朱… Ⅲ . ①谢雪萍－回忆录 Ⅳ . ①K827=7

中国版本图书馆CIP数据核字（2020）第114861号

出 品 人：王维良
出版发行：北方联合出版传媒（集团）股份有限公司
　　　　　万卷出版公司
　　　　　（地址：沈阳市和平区十一纬路25号　邮编：110003）
印 刷 者：辽宁新华印务有限公司
经 销 者：全国新华书店
幅面尺寸：170mm×240mm
字　　数：335千字
印　　张：21.5
出版时间：2020年8月第1版
印刷时间：2021年8月第2次印刷
责任编辑：高　爽
封面设计：范　娇
版式设计：范　娇
责任校对：高　辉
ISBN 978-7-5470-5387-4
定　　价：48.00元

联系电话：024-23284090
邮购热线：024-23284050

常年法律顾问：李　福　版权所有　侵权必究　举报电话：024-23284090
如有印装质量问题，请与印刷厂联系。联系电话：024-31255233

目 录

第一章　我歌唱延安　　　　　　　　　/ 001

第二章　大帅府里出来个共产党　　　　/ 023

第三章　大浪潮底下浪淘沙　　　　　　/ 049

第四章　乱世中有人向左，有人向右　　/ 073

第五章　延安：一个终点，一个起点　　/ 115

第六章　延安式爱情　　　　　　　　　/ 125

第七章　从延安出发　　　　　　　　　/ 135

第八章　冀中前线，滚在刺刀尖上　　　/ 151

第九章　鬼子一下乡，人和兔子就换防　　　／ 173

第十章　漫长的突围　　　／ 187

第十一章　平西军区参谋长　　　／ 207

第十二章　天上掉下来个张学思　　　／ 227

第十三章　海军少将参谋长　　　／ 267

第十四章　一座大帅府，半部民国史　　　／ 281

第十五章　张学良，英雄晚年就是这个样子　／ 309

后记　人的一生，究竟应该怎样度过？　　　／ 331

★第一章

我 歌 唱 延 安

"延安的城门成天开着，成天有从各个方向走来的青年，背着行李，燃烧着希望，走进这城门。学习，歌唱，过着紧张的快活的日子。然后一群一群地，穿着军装，燃烧着热情，走散到各个方向去。"

1938年的冬天，一个矮矮的、胖胖的说话极快的年轻人，在他刚刚到达延安3个月时，用一支蘸满了激情的笔，写下了上面这段话，这就是传诵一时的《我歌唱延安》。

这个矮矮的、胖胖的年轻人叫何其芳，这一年他26岁，已经是名动天下的诗人。两个月前，在他的请求下得到了毛泽东的接见。

也是1938年，美国记者斯诺的《红星照耀中国》中文版《西行漫记》在上海出版，书中关于延安、关于延安的主人的种种描述和生动故事，吸引了诸多悲情抗战中知识青年的注意力。延安，一时成为抗战中国背景中流淌着青春热血的圣地，很多人就是在这本书的影响下奔赴延安的，甚至有的人揣着这本书走到了延安。因为这样一本书，斯诺后来成了中国人民的老朋友。

飘扬在宝塔山上的抗战旗帜，吸引了在外强入侵下，渴望热血报国，甚至渴望以马革裹尸还的壮志换取国家命运转折的一代青年。

敏锐的共产党人立即把握住了这次历史性机遇，杨家岭土窑里的毛泽东说，大量吸收知识分子。9天后，中组部部长陈云在一次公开性的会议上跟进："现在各方面都在抢知识分子，国民党在抢，我们也要抢，抢得慢了就没有了。"

在这些一到傍晚就喜欢沿着延河水漫步的年轻人中间，有句话流传甚广，叫作"来则欢迎，去则欢送，再来再欢迎"，他们把这叫作"来去自由"的政策。

大批来自五湖四海的年轻人开始向这里会集，这是共产党军队历史上的第一次知识青年从军潮。

没有准确的数据表明，抗战中的延安究竟接纳了多少"从各个方向走来的青年"，只有两个大致推断的数字：共产党领导的抗日根据地大约吸收了10万名知识青年，其中会聚到延安又"走散到各个方向去"的，大约有4万人。

还是1938年，在广州，一个叫谢雪萍的18岁女孩，无意中注意到了延安，一个她从未听说过的地方。

谢雪萍口述

我是广西苍梧人，我本来姓李，还不记事的时候，父亲就过世了，我母亲带着三个孩子没法生活，就把我送给梧州一个姓谢的亲戚，所以我后来就姓谢了。

我原来只有个小名叫阿间，到了谢家才有了大名，谢家本来是梧州很有名的商户，但是后来男人去世，家里就变得很穷了，我的养母就要把我嫁给人家做小老婆。我那时候十三四岁，知道了就不干了，就从广西梧州跑到广州，到广东纺织厂做工人打工，我还去过香港打工。

这时候就给自己改了个名字叫谢雪萍，为什么叫雪萍呢？就是我不在这里待着了，我要远走，像浮萍一样漂泊异乡，去改变生活、改变命运。

广东纺织厂在广东是有名的，规模很大，有好几个车间。工厂旁边就是廖仲恺的工人夜校，那时候没文化，就上夜校去学习。夜校里有好多刊物，因为廖仲恺也是老革命者，所以那里的好多刊物都是比较进步的。

当时有一个叫邹韬奋的，是个很有名的文化人，他办了个刊物叫《激流》，是一本进步刊物，刊登过延安抗日军政大学招生的广告，我就看到了，但是当时没有怎么往心里去。

1938年日军轰炸广州，把我们工厂给炸了，被炸时我就在工厂里面。工厂被炸停工了，我没地方去，到哪去生活呢？就想起《激流》上面的这个广告了。

一看，它是到哪报名呢？八路军驻广州办事处，这时候国共已经合作了。

我说这个地方挺好的，去看看，就拿着这本杂志去一问呢，你只要有路费，自己到那以后，又管吃又管住，又管学习。哎哟，我一听高兴死了。去延安就是这么回事，奔生活嘛，这是1938年的事，我18岁。

抗战时期，八路军先后在国民党统治区十几个主要城市设置了办事处，承接多种项目，其中一项就是，向八路军、新四军根据地输送力量。广州办事处主任是云广英，新中国成立后，这位中央红军时期的团政委对其子女回忆说，广州办事处期间大约输送了上千人到各根据地。

不知道云广英是否亲自接待过这个18岁的普通女孩，战火纷飞的年代，一个人犹如熙攘世界中的一朵浪花，一个转身就消失在人流中了。

谢雪萍口述

我就到处想办法弄这个旅费，正好那时有个八竿子打不着的干哥哥，他和我堂姐正处对象，他俩也要去，我没多少钱，他们就给我凑点。还有干哥哥的三个同事，一共六个人一起去了延安。广州办事处给我们开了一个条子，不然去了西安人家不接待。

广州那时候被日军轰炸得很厉害，途中经过武汉，武汉也一样被炸，最后到了西安。

从广州一路坐火车到的西安，到西安办事处还得办手续，在那个地方过了一下，很简单地问你到哪去。办过手续以后就步行去延安。那时，国民党在去延安的路上设了好多防线，但审查的还不是太严。

从西安到三原有汽车，但是过了三原就没有车了，只能走路。我是穿着皮鞋走到延安的，不是现在咱们这种皮鞋，那个只有底是皮的，那就算比较好的了。到延安就再没有穿皮鞋了，只穿布鞋了。

我还提了一个藤箱子，广东人出门都是拎那种箱子，是藤编的。穿着旗袍，那会儿广东的女孩子很少穿裤子、短衣服，都穿旗袍。

这路就走得难哪，慢慢走呗，头一天走得脚疼得不得了，头一天最难过，走过三天以后就稍微好点。

走到延安的时候正好是"九一八"那天，我对这个日子印象很深，因为后来又认识张学思了。

当时的交通状况，不论从哪个方向进入延安，都得一路走进去，有如朝觐圣地的必须仪式。若干年后，很多人写文章回忆起去延安时，几乎都会对走着去延安记录一笔，显然这个旅程给他们都留下过深刻记忆。不光是青年学生，即使八路军将领从各地的根据地前往延安汇报工作，大多数也是要走着去的，汽车不用说了，有匹马都是奢侈的。不同的是，有的人走了几天，也有的人走了几个月。

大多数青年学生都被安排进了抗大学习。开国中将、新中国成立后担任过装甲兵政委的莫文骅老人，当时任抗大政治部主任，他在回忆录中写道：随着新学员的不断增加，加上学校要让出一部分校舍作为陕北公学校舍，学校校舍越来越紧张，我们就报告毛主席，毛主席说自力更生，自己动手打窑洞。延安有个好条件，用镢头挖个窟窿，就能住人，冬暖夏凉。于是，学校号召全校教师、学员，发扬艰苦奋斗的优良传统，自己动手挖窑洞。全校千余师生拿起镢头、铁铲，浩浩荡荡地开赴城北门外凤凰山，在半山腰上挖窑洞。罗瑞卿和我、刘亚楼、杨至诚（校务部长）等学校领导同志，都参加劳动。整个工地上，歌声嘹亮，热气腾腾。毛主席和其他中央领导同志路过凤凰山下时，看到这一动人情景，很是高兴。毛主席赞扬说："你不要小看挖窑洞，这是挖开知识分子同工农隔开的一堵墙啊！"①

抗大原本叫中国工农红军大学，简称红大，刚办了一期就随着形势发展改称为中国人民抗日军事政治大学，简称抗大，所以有"红大无二期，抗大无一期"的说法。

新中国成立后，担任过驻外使节的任均老人回忆说："一达是1938年夏天从北京出发去参加抗战的。他父亲是北洋时期的将军。他出门时，带了一大箱子东西，不光有被子、褥子，还有西装、长袍、礼帽、围巾，全得很。在绕道香港投奔延安的漫长道路上，他的钱花光了，他就一路走，一路变卖东西。同行的乌兰还资助他。到西安时，他把箱子连同几件西服都搁在当铺里了，用当来的那点钱，步行十来天，走到了洛川，进了抗大六大队。从那时起，他就一无所有了。"②

任均的二姐嫁给了革命党人孙炳文，生女叫孙维世，三姐嫁给了历史学家冯友兰，生女叫宗璞。任均自己是被父亲任芝铭亲自办好手续送往延安的，考入鲁艺后嫁给了同学王一达，从鲁艺毕业后任均的表演极受欢迎，被称为"延安的梅兰芳"。王一达则以演《日出》和《法门寺》闻名，新中国成立后担任过中国京剧院副院长。

后来的著名演员，来自辽宁岫岩的于蓝老人回忆说："我是1938年8月份参加革命，同年10月底从北平到达延安封锁线的，是渡过黄河，随着队伍走去的。他们也有人开我的玩笑，说我是走革命，又从革命走到解放。的确是

---

① 《莫文骅将军自述》，莫文骅著，第170页，辽宁人民出版社，1997年出版。

② 《窑洞轶事》，任文主编，第194页，陕西师范大学出版总社有限公司，2014年出版。

这样一个情况。"①

更多的人是在西安办事处中转，再从西安步行到延安。

在诸多回忆文章中，作家白刃记录的场面最别具一格：

"西北是大陆性气候，早晚凉爽，午后燥热。出了西安古城，人人汗流浃背，个个喘着粗气。队伍开始乱了套，有的掉队拉距离，有的敞开上衣，有的摘掉军帽，有的脱下棉裤，穿着杂色的长裤……我的身上像开了河，汗水从额头流到脚上，棉衣裤的里子全湿了，贴在身上，又厚又沉，像戴着枷锁，恨不得扒掉棉军装，穿着背心裤衩走路，又怕不雅观。后来看到有的女同学，把棉裤搭在肩膀上，只穿条红裤衩，也就走到路旁，脱下棉裤，穿上一条打球穿的红条条的灯笼裤。不由庆幸这条长裤没有'轻装'掉，暗暗懊悔送掉了长袖衬衫，责怪自己是个傻瓜蛋！"②

不光是青年学生，范文澜、艾思奇等一些知名学者也到延安来了，这是处在转型中的延安最稀缺的人才，他们立即承担起延安各个院校中理论教学的任务。

就在谢雪萍到达延安的第二天，"日军大本营下达了进攻中国广州的'大陆命'和'大海令'"③，目的是封锁中国通向国际的海上交通线，从而配合解决酣战不已的"武汉会战"。此时的武汉方向，约30万日军正夹江而上，几个月来与中国第五、第九战区约50个军战成一团，步步逼向武汉，期待以战略决战迫使中国政府投降。

---

① 《窑洞轶事》，任文主编，第112页，陕西师范大学出版总社有限公司，2014年出版。

② 《我要去延安》，任文主编，第149页，陕西师范大学出版总社有限公司，2014年出版。

③ 《抗日战争》第2卷，王树增著，第36页，人民文学出版社，2015年出版。

10月底，广州沦陷，日军实现预期战役目的，武汉顿时失去战略防守意义，中国军队迅速决定放弃武汉，参战军队落潮般撤退，历时4个多月的武汉会战结束，武汉沦陷。

中国军队输掉了这场战役，损失接近20万人，但是漂泊在内地深处的中国政府仍然拒绝投降。

在整个国家都处在大沉浮、大动荡的时代，人的命运同样犹如浮萍，无法假设谢雪萍如果晚走几个月，她的人生路线图还会不会指向延安。

谢雪萍口述

到延安以后，我们六个人，男的就分到男队去了，我被分到抗大二大队。

到了延安很新鲜，在广东是住板床，到延安住窑洞，夏天比较凉快，冬天很暖和。

一个窑洞一个炕，一进门就是炕，晚上要挤十几个人。对面一扇窗户连着一个门，桌子、凳子什么都没有，炕上连稻草都没有，好在我们去的时候都带了很少一点铺盖。对那些家庭条件比较好的大学生、大小姐，这个条件很艰苦，对我无所谓，什么情况都能过。

这里就不像广州那么热闹了，广州物资比较丰富点，延安比较贫乏，也有小饭馆，很小，里面吃得也很简单，好点的就是红烧肉、"三不沾"。对我来讲无所谓，没有钱也没去过，我在广州也不下馆子，到延安更不去。有的人刚到延安时还有几个钱，后来也都花光了。

就是吃的不习惯，因为南方人都吃米饭，不吃窝头、馒头、小米饭，我在延安没见过大米，不过慢慢也就习惯了。

晚上在延河边散步，一批一批的。心情很开阔，没什么压抑，人人都一样，也不用想明天会不会饿肚子。来的差不多都是知识分子，像我这样没文化的比较少。

后来成为著名法学家的王仲方老人回忆:"这群人在街上,主要是寻找相约或不曾相约可能在延安会面的亲友,一旦发现了熟人,就情不自禁地大声呼喊着、呼应着,这个时候在延安见面比在任何地方见面都更亲热,彼此握手、拥抱、大声欢笑。初到的人,手里总有一点钱,就请先到的朋友、同学到小吃店会餐一顿,先来的身上钱花完了,也乘机会打打游击。无非吃一盘炒鸡蛋、炸丸子、熘肝尖和'三不沾'。这'三不沾'是延安特有的,鸡蛋加糖搅匀用猪油炒熟的,黄黄的、软软的、甜甜的、香香的,不沾嘴,不沾筷子,不沾碗,很好吃,又解馋,成了延安人心中的名菜。外国朋友不明白'三不沾',叫它'三个没有关系'。"[1]

"三不沾"在延安是响当当的名菜,甚至可以说,不知道"三不沾"的人,一定是没有在延安生活过的。在延安时邓小平和卓琳确定下关系后,在延安新市场的一家小饭馆里请过一次客,主菜就是"三不沾"。

"三不沾"至今仍是延安名肴。

谢雪萍口述

到了10月,国民党反共的形势越来越紧,当时在延安你是来去自由的,你来就来了,你不高兴就可以走。

于是那几位不想待了,为什么呢?他们觉得生活太凄苦。延安都是吃小米,咱们南方人没吃过小米,怎么进去怎么出来,他们受不了就要走,还让我跟他们一块走。我好不容易找着这么一个有吃、有喝、有住的地儿了,怎么能走呢。

他们几个就走了,从那以后一直都没有消息。

六个人里还有一个没有走,但是后来不知道哪去了,这个人长

---

[1] 《永远的延安》,王仲方著,第7—8页,中国文史出版社,2011年出版。

得什么样子，叫什么名字，都不记得了，从延安分开以后再没见过，也一直都没有消息。

到了80年代，第四次全国妇女代表大会，把我选到了主席团里去了，当年离开延安不知去向的堂姐看到我的名字，就写信给我，意思说你原来不过是个工人，现在怎么怎么着了。我一看就火了，就老实不客气地给她回了封信，我说没错，过去是工人现在也是工人。

在这块黄土高原贫瘠的沟壑中，忽然涌进数万的外来人口，但是能调进来的物资非常有限，因而日常生活极为艰辛。多年后，这些新延安人并不讳言这段让他们吃尽了苦头的日子，然而也正因此，他们才被磨炼出了坚强的延安精神。当之后他们"走散到各个方向"的敌后根据地，面对残酷无常的种种敌后斗争时，这样的延安精神不仅被延续，而且在生根。

回顾延安生活，1938年从河南奔赴延安，并考取陕北公学的王淑敏老人说："全校只有几间破民房和十几孔破窑洞，土墩上搭几块破木板就是我们的课桌和板凳。冬天，教室里四面透风，仅靠一小盆木炭火取暖，屋里冷得握不住笔，常常上不了半节课就得停下来到屋外跺跺脚、跑跑步。生活也相当艰苦，顿顿是小米、盐水煮灰条菜或猪毛菜，偶尔吃顿土豆、白菜就算改善生活了。"[①]

从香港出发，比谢雪萍早两天到延安的何琦，那一年17岁，78年后，她坐在新疆伊宁的家里，向一个叫易会林的媒体人回忆着延安生活的艰难："当时的陕北，生活物资十分匮乏。没有大米，大家吃的主食主要是小米和'黑馒头'，副食主要是白菜或'黑豆腐'，而且数量十分有限。军装两年才发一套，衣服上补丁加补丁；生活极其艰难，清水煮黑豆、野菜，时常用菜糊糊充饥；

---

① 《我要去延安》，任文主编，第88页，陕西师范大学出版总社有限公司，2014年出版。

我们还要早出到几十里外的大山沟拾柴,回来时已经是傍晚。"

也是 1938 年到达延安,在抗大就读的泰国华侨马松老人回忆说:"那时抗大生活比较艰苦,学校无课堂,大荒草甸或树林是课堂,土地是板凳,大腿是书桌。衣服只发一套,无换洗的,只好在星期天到河边脱光衣服,一面在河里洗澡,一面洗衣服,等衣服干后穿上才返校。每月只发一元钱零花钱。"[①]

谢雪萍口述

  到 1939 年,日本飞机就轰炸延安了。

  这时我们原来的抗大二大队变成女生队,没多久又变了,把女生统统分散,有分到卫校的,有分到前方的,分到哪的都有。但是留下两个女生队,这就是五大队,下辖女生一队、女生二队。

日军对延安的首次轰炸,时间是 1938 年 11 月 20 日上午,除了延安城,中共领导人的驻地凤凰山也同时遭到轰炸。延安并不是一个战略要地,它被轰炸的唯一原因是,这里是中共中央所在地。

这天的轰炸,有两颗炸弹落在了陈云的窑洞附近,但是都没有爆炸。

"日本轰炸机首次空袭延安,专门密集轰炸凤凰山麓,中共首脑居住地,落弹点仅分布在百八十米的范围内,延安城南门东门北门没有被轰炸。事后,大家议论,一定有特务测绘了中央首长在延安城的居住地,不然,炸弹就像长了眼睛,专门落到这块地方?"[②]

后来的人们,只要提到延安,第一反应就是宝塔山、延河水的画面,其实延安不只有山和窑洞,延安还有一个很小的城,只是出于防空考虑,几乎所

---

① 《我要去延安》,任文主编,第 137 页,陕西师范大学出版总社有限公司,2014 年出版。

② 《窑洞轶事》,任文主编,第 64 页、65 页,陕西师范大学出版总社有限公司,2014 年出版。

有的机构都散落在周边的山沟里，于是在过来人的回忆里，就只剩下清凉山、凤凰山、杨家岭等各种山了。这样的防空措施无疑非常有效，面对苍茫、连绵的黄土高坡，日军飞机投下的炸弹显得那样的渺小。

尽管如此，据1946年3月10日的《解放日报》披露，整个抗战期间，这个偏远而贫瘠的地方，仍旧遭到了17次轰炸。

谢雪萍口述

本来我要求上卫校，我觉得当卫生兵马上就可以上前线，可是组织上没么安排，安排我到五大队的女生二队。延安抗大时后来的女生队，就是五大队的一队和二队。

我当时几次要求上前线都没有被批准，后来才明白是有意地留下一些人，不是谁要求上前方都立马就批。我是1939年6月在女大入党，介绍人是女生二队队长郑玉雯和指导员王修竹，候补期三个月，当时谈话和发展的过程很细。新中国成立后王修竹到了广州工作，郑玉雯没等到全国解放就过世了。

五大队大队长叫庄振风，后来去海南了，是琼崖纵队的领导，挺有名的。他在延安时叫庄振风，到海南以后，名字改叫庄田。

新中国成立后，我们有一个同志在海南工作，他认识庄振风，我跟他说庄振风当过我的五大队大队长。前几年，他的女儿来看过我。

当庄田还叫庄振风时，在1926年就入党了。1929年，他被选派到莫斯科步兵学校学习军事，后回到中央苏区从排长做起，一直做到团政委。因为他是海南人，1940年被中央派往琼崖协助冯白驹工作。临行前，出于对敌斗争考虑，周恩来亲自为他改名为庄田。1955年，庄田被授予中将军衔。新中国成立后曾任广东省副省长，1992年过世，享年85岁。

谢雪萍口述

大概到了1939年的八九月份，王明成立了中国女子大学，五大队这两个女生队，都调到女大去，我们就成了女大的学生，不再是抗大学生。

女大编成了高级班和初级班，高级班是有过工作经验的，或者学历、知识比较高一点，一共编了两个班。其他人都编到普通班，分了三个班，我被编到普通班三班，同学都叫我小广东。

中国女子大学成立于1939年7月，王明是第一任校长。延安领导人非常用心地培养女干部，开学典礼时，毛泽东和周恩来、刘少奇、陈云、叶剑英、邓小平、董必武等人都到场祝贺，毛泽东发表讲话。女大先后向各个根据地输送了1000多名妇女干部，1941年与其他学校合并为延安大学。

谢雪萍口述

我年纪小，不懂事，傻丫头一个。听课时，开始大半年到一年都是白听，听不懂啊。

一个叫陈明智的北大学生，和我在一个班，她教我北京话，就教"西直门外"这四个字，我学了多久？三个月都不止，就是绕不过来这个词儿。所以当时听课听什么？一大半时间都是胡听，根本听不懂，都不知道那普通话说的是什么意思，听都听不懂那说话就更差了，很难啊。

陈明智"八一五"后到了沈阳，她丈夫是辽宁省财经一把手，那时候大部分干部都是从延安过来的。

这位与人为善、教谢雪萍说普通话的陈明智，后来一直活到了91岁，离休前的职务是黑龙江省纪委副书记。

谢雪萍口述

但是白听我也硬着头皮听,不学怎么办呢?到后来也还是听得半懂,什么叫半懂?人家说敌后怎么怎么回事,我就问敌后是在哪呢?在日本跟咱们打仗那地儿。日本跟咱们打仗的地有多远呢?啥都闹不清。

为什么干哥哥那些人跑掉了呢?听也听不懂,吃也吃不了,受什么罪啊,干脆走吧。我能坚持下来,是因为没地方去。所以有的时候啊,大浪潮底下,好多事都是逼出来的。

一个时代来了,浪淘沙就是这么淘的。

在延安,不论是抗大还是女大,学习生活都是紧张的,除了有区别性的讲授军政理论外,都要学习哲学、联共(布)党史等马列主义基础课程。教员都是知名学者或中央领导,艾思奇、冼星海都在女大授课,毛泽东、周恩来、博古、陈云、刘少奇、张闻天也都在女大作过报告。很多历史照片为后来人真实再现了当年的学习场面:教员、学员都身处露天课堂,每人一个小马扎,既是课桌又是坐凳。

面对这样的学习课程,没有文化基础却有语言障碍的谢雪萍,在课堂上能硬着头皮听下来就已经是件很有毅力的事情了。

关于课程设置,王仲方老人记录了一个有意思的细节:"'社会进化史'从猴子变人讲到奴隶社会、封建社会、资本主义社会、社会主义社会。'中国近代革命运动史'从鸦片战争讲起,讲清政府的腐败、帝国主义的侵略、辛亥革命、半殖民地半封建社会的中国。这两门课是延安各个学校(无论是抗大、陕北公学、鲁迅艺术学院还是中央党校、女子大学)都要学。因此,在延安上几次学校就要学几次猴子变人、鸦片战争。"①

谢雪萍口述

冼星海在女大给我们上课,他写《黄河大合唱》的时候,就是我们在练我们在唱,所以他在女大挨个听过我们唱。

当时很多小孩去音乐学院去学唱歌、跳舞,我也很想去,就跟他说我想唱歌行不行,能不能到鲁艺去?他说不行,你的调子是变调的,声调很不稳。

他是广东人,人很和蔼,跟他说话我能听得懂。

在女大期间,学习马列主义、政治学、经济学、敌后形势、军事知识。除了学习以外,我们就是开荒,种地啊,挺热闹的,纺线我也会,没事就干这些活。那会儿经济上很紧张,国民党搞封锁,物资进入边区比较困难。

校长王明知道女同志睡土炕比较寒,对女同志不利,他就让人在土炕上铺几条板子,一个炕睡一个班十几个人。

他经常开会作报告,个不高,口才好,说话一套套的,挺能讲的。

毛主席、总理都给我们讲过大课,就是在大礼堂或广场作大报告。当时都见过。那会儿的保卫没有那么严格,都很普通,王家坪也没那么严禁,说守卫不许人进啊,没那事。

听大课时,一个铺盖卷背上,到那往地上一坐,就是连凳子带课堂全有了。那时毛主席穿的都是带补丁的裤子,实实在在的。没有物资啊,经济上很困难,连穿衣服都有困难,那会儿出门能有匹马就了不得了,刚开始还骑毛驴呢。

1938年一年中,全国各地到延安来的知识青年如同潮涌,抗大、陕北公

---

① 《永远的延安》,王仲方著,第11页,中国文史出版社,2011年出版。

学几乎一个月甚至一个星期就要成立一个新队。人们都希望见到毛泽东，听听他的抗日救亡主张。于是毛泽东就开设大课堂，在清凉山下陕北公学的一块大场子上，摆上一个小桌子，面对抗大、陕公、鲁艺新到的学生，讲演抗战的形势。①

谢雪萍口述

成立女大，王明当时可能有个想法，因为在延安光棍很多。他就做公开大课，每个星期，或者过一段时间，他就会请一些前方回来的人物，或者是高级领导干部来作报告。

作报告的时候是开放式的，女大的学生听课，延安的干部也可以随便去听，其他学校的学员也可以一起来听课，如抗大的、马列学院的、党校的都可以来听课，有些是去听课的，有些就是去找对象了，说白了就这么回事。

但是像我们这样的傻瓜，当时不明白这事，听课就是学习呗，我们就抱了个上课的心，没什么感觉，也不会想其他的。

此时的延安，男女比例高度失调，最严重的时候，甚至达到过30∶1。

在这样的环境背景下，女子大学上千名的姑娘们，毫无疑问地成为延安的一道令人瞩目的风景。

王仲方老人回忆："延安城北门外约3公里，有一条大砭沟。在大砭沟进口处，是一条南北通道，延河由此经过。两边山头，一边是女子大学，一边是中央青委，早上女大学生到延河边做早操，青委的年轻人小伙子也在河边做操。女大学生唱校歌：'女大是我们的母亲'，青年小伙子就开玩笑唱着：'女大是我们的老婆'。我就参加过这个恶作剧，当女大学生怒气冲冲瞪着我们时，

---

① 《永远的延安》，王仲方著，第13页，中国文史出版社，2011年出版。

我们就赶快撤退了。"①

作为法学专家,王仲方一直工作到79岁才离休。2017年,这位当年延安的小伙子过世,享年96岁。

抗战正在演变为长期化,大批的青年男女会集延安,尤其是参加长征过来的干部,普遍进入了大龄青年的行列,革命征程漫长,个人婚姻的解决已经不可回避。毛泽东适时地提出一个口号:死了埋在清凉山。人生必须要做长期打算了,于是有的自己主动出击,也有的由组织出面负责解决。

好不容易恋爱成功,结婚后的居住又是个问题。由于实行集体生活,很多人结婚了并没有地方住,于是"青年宿舍"应运而生,宿舍只有十几孔窑洞,里面只摆着了一张床,没有被褥,入住的人要自己背过来,住一晚交5毛钱,但是不管饭。5毛钱在当时的延安可以买一斤猪肉。

延安的爱情故事,有的发生在知识青年之间,有的发生在知识青年和工农干部之间。由于后者双方存在着天然的差异,在生活的细节上,也发生了一些新问题,甚至闹出了笑话。

新中国成立后担任过国家科委副主任的于光远老人回忆说:"那时流传相当广的有一件撕窗户纸看月亮的故事:有一个参加长征过来的男同志与从国民党统治区过来的女孩子谈恋爱。到了中秋节女同志想赏月,这位男同志就把窗户纸撕掉。这位女同志问他:'你干吗?'他说:'你不是要看月亮吗?我们这里没有玻璃窗,只有把纸撕掉你才能看到月亮。'"②

王仲方老人的讲述也记录了一个类似的例子:"又传说一位女知识分子结婚后,给她丈夫写了一封信,信的最后说'送给你一个吻'。丈夫收到信问警卫员,她给我送的东西在哪儿?警卫员说没有看到她送什么东西。于是,警

---

① 《永远的延安》,王仲方著,第94页,中国文史出版社,2011年出版。
② 《窑洞轶事》,任文主编,第222页,陕西师范大学出版总社有限公司,2014年出版。

卫员就拿着信找懂文化的干部看,人家一看就大笑起来。"①

每一段爱情,后面都跟着一连串的故事。

在这场热烈的恋爱浪潮中,19岁的谢雪萍也没能置身事外。

谢雪萍口述

有一天,我们班一个叫顾红的同学问我,说你想不想去新市场?我说去,星期天去吧,正好我本子没有了。

那会儿,一个月大概有一块钱生活费,吃喝学校里都有了,没啥需要花钱的地方,但是学习的东西还需要买点。

新市场在延安城南,宝塔山的下面。女大是在清凉山的山坡上,底下是延水河。我们下了山,刚刚要过延水河的时候,就看见从延安城的北门那边,跑过来一匹马,马上的人穿灰军装过来了就跟顾红招手,说你们上哪去?顾红说上新市场去,他俩一问一答的我也没在意,那个人听到后骑着马掉头就飞奔走了。

新市场是当时延安的一个著名去处。延安城里的商贸街被日军炸毁后,为了解决交易需求,1939年年底在延安的南门外修建新市场,这在当时的延安是一件盛事。毛泽东亲自为新市场的门楼题写了对联,并提议由舒同题写了门楼上方的"延安新市场"五个字。

谢雪萍口述

到新市场了,我正在那看东西呢,一扭头,呦,后面有个人牵着匹马,挺年轻的一个军人,穿得很整齐,在后面一站,也不说话,仔细一看就是刚才那个骑马的人。

我那个同学也没注意,我觉得特奇怪,就抻抻她。她一回头,啊,

---

① 《永远的延安》,王仲方著,第44页,中国文史出版社,2011年出版。

张昉,叫他一声,他俩人说上话了。他俩唠了一会儿,顾红就介绍,说这是我同学小广东,这是张昉。

我也不知道张昉是谁,就点点头。

他就问你们干吗来啊?我同学一指我,她要买本子。

我要买本子?呵!是她问我去不去,现在变成了我要买本子了。

张昉说不用买,我那窑洞里有的是。我就愣了,怎么回事啊。

再一说我才知道,这个张昉是抗大东干队的队长,住在宝塔山上,新市场就在这个山下。他说上我窑洞里拿去,有的是。我这个同学就说,哎呀去啊,去啊,他就住在山上。于是他不由分说,把我拉上了他的马,让我和他一起骑一匹马,就到他窑洞去了。他是干部有一个自己的窑洞,去了也没事,瞎聊一阵子,拿了俩本子走人了,都不知道怎么回事。

对当时延安物资供应的紧张程度,莫文骅老人回忆说,当时"纸张更为紧张,高级领导干部给点窗户纸用,一般干部都以桦树皮当纸,或用本地马兰纸。穿的是土布衣服,多是本地织的粗布,冬天每人发一套粗布做的棉袄、棉裤和棉帽。不发棉鞋、棉大衣"。

谢雪萍口述

过了一个星期,我有天从山上下来去吃饭,去食堂的路上必须经过总务处的门口。走到那就看见一个人在门框那跷着脚往山上看,我仔细一看,呦,这不是那天那个姓张的人,我就下来跑到跟前。他一看到我就使劲叫我,干吗去啊?我说吃饭去啊。不要去,不要去,咱们出去吃。

出去吃?我在延安没出去吃过饭,都不知道外面咋回事,心想这人真逗。我说你干吗哪,等什么人啊?他说不等什么人,就等你啊。

我奇怪了，等我，干吗等我呀？他说我请你吃饭。

那会儿人挺馋的，有饭就吃呗，管他什么事呢，就吃饭去了，就去离学校不远的一个小饭铺。他说第一次请你吃饭，你是广东人爱吃什么？

吃饭时就要这个要那个，我都不懂。他说，哎，要一个法国面包。我一听这名字，什么叫法国面包？不明白，等端上来一看，什么法国面包啊，就是馒头片裹鸡蛋炸了一下。我就笑了，哎哟，这就叫法国面包？这个挺好做的嘛。

他就开玩笑说，哎，挺好做的？那你天天给我做啊？我一听这个人怎么这么说话呢。吃完饭，我就走了。

第二个星期他还在那等着，还去那吃饭去，这么一来二去，我说这怎么一回事啊？不明白了，我就去问我那个同学顾红，到底咋意思？

顾红就告诉我了，怎么回事呢，她说有一天啊，他在听课的时候看见你，跟你说话，但你爱理不理的。我说什么时候，想不起来。你想不起来？有一天，好早了的，你在那看画报。哦，我想起来了，是有一天，因为去听大课总是要在那等一会儿，这时候没事做，我就从图书馆借了画报，抱着来在上大课之前看。看的时候，是有一个人在旁边问这问那，我也爱搭理不搭理的，都没看那个人长什么样子。我先占了个位置，他是后来的，就和我坐在一条长板凳上，那时条件很简陋的，都是长条的板凳。我说，噢，想起来了，是有那么一回事儿。

但是她说那个人啊，以后每次听大课都在那个地方等着你，但是怎么等这个人也不来了。

我是不会经常坐同一个地方的，今天我坐这儿，下次我就不坐这儿了。这位呢，每次去就坐那等着，可是等不着了。

有一次下课了，他看见顾红，他们都是东北老乡，他就问她认不认识我？他描述了一番，认识啊，是我一个班的啊，还住在一个窑洞的啊。他一听可高兴了，就求她，你帮我认识认识，两个人就设了这么个局，那次我能去新市场，原来是他们设的局。那天他在总务科窑洞门口等了我好半天呢，也都是他们事先说好的，只是我什么都不知道。

我和张学思就是这么认识了，这时候是 1940 年。

张昉是张学思在抗战时期的化名，同时也是一个有来历的名字。

顾红后来嫁给了同样是辽宁出来的热血青年丁丹，丁丹一生经历丰富，新中国成立后担任的最后一个职务是中国煤炭科学研究院党委书记，顾红则在中央党校工作。

谢雪萍口述

我对这个张昉印象很好的，觉得他是个挺英俊的人，又很美，又很直，一副非常正派的军人架势。而且人家很诚心，从第一次见面就一直追你下来，你还怎么说？第一次人家在你跟前坐着，以后每次来，都在原地空等半天，以后人家又想办法把你认识，人嘛，都是有感情的。

而且第一次吃饭人家就表白了，那个法国面包，我记得很清楚的，我一吃，呦，这不就是馒头裹上鸡蛋炸一下，这就叫法国面包了，这不挺好做的吗？啊？挺好做，那你天天给我做。他一说我心里一愣，我说这个人怎么那么直？当然明白他的意思，他那不是明明白白地有意思在这里面，你天天给我做那是什么意思，谁能天天做啊，你不是他家人能天天给他做吗？我说这人说话这么直白啊，能这么说啊？只有心里想但我没说出来。

我觉得这个人还挺不错，挺直的挺好的，这么一来二去就聊出感情了。

他还请我吃过蒸鸡蛋羹，那里叫"三不沾"，是当时延安的一道名菜，"三不沾"是陕北话，反正比较油，那是干部的菜。

我们结婚以后，我觉得这个人是非常忠诚家庭的，没什么乱七八糟、见异思迁那种事，他不是那种人，真是挺好的，这就是为什么我也喜欢他。

直到结婚了我才知道他是张作霖的儿子，以前根本不知道。他给我看他母亲从香港来的信，我都没有回味过来他是谁。人家都跟我说你知道他是谁吗？我说我知道他是共产党员就行了，别的不知道了。

到后来知道了，也不用问了，反正共产党员一切就交给党组织，知道不知道没有什么区别，所以干脆就不问。

张学思17岁就是共产党员了，这个人是挺有意思的一个人。

★ 第二章

大帅府里出来个共产党

从民国到今天，在沈阳，大帅府一直都属于地标性建筑。

从这座府邸大门，最先走出来中华民国陆海军大元帅张作霖，作为北洋军政府的最后一个统治者，他实际在行使大总统的职责。

然后走出来中华民国陆军上将、陆海空军副总司令张学良，他所任职的新政府，刚刚推翻了他父亲所代表的北洋政府。

随后，又走出来中华民国陆军中将张学铭。

最后走出来的是新中国开国少将张学思，他跟着一群共产党人，推翻了两个哥哥曾经供职的国民党政权。

一门四将军，分属三个阵营，这在中国的现代史上绝无仅有，后人为之总结：一座大帅府，半部民国史。

从一个大军阀的儿子，到一名共产党的将军，这两者之间的跨度终究还是大了些，尤其是张学思 17 岁就已经是共产党员了，听上去令人不可思议。

谢雪萍口述

张学思从小的教育，最得益于他母亲，张作霖的四姨太许夫人。他母亲人非常好，也非常有头脑，很愿意接受新的思想。

大帅府当时在东北算是最顶端的家庭了，里面有很多很多坏习惯，他母亲对大帅府里的好多事情都是非常反感反对的，从张学思打小起，她不许他沾的，这个老人非常能。所以张学思从小在母亲那接受到的教育，一开始就是非常平民化的，对那些丑恶的东西，他很厌恶，很烦的，所以说他从小的教育得益于他的母亲管教很严。

只要是老沈阳人，几乎都能说出几段张氏家族的逸事传闻，甚至真真假假、虚实莫辨。但是来自张家内部第一见证人的材料却非常的少，迄今为止，只有张学良的几次口述史料，再就是张学思生前留下了一份1953年亲笔撰写的自传。

新中国成立初期，按照组织要求，每个党员干部都要写一份个人履历自传上交存档，自传里需要说明个人的家庭出身、社会关系、革命履历以及不同时期个人的思想变化，等等。

这份写于1953年的自传，因为张学思正时值壮年，经历过的事情还不算遥远，很多事记忆犹新。这份自传又是要上交组织的，在当时可以说每一个字都是用党性写出来的，因而不仅材料丰富，并且绝对真实。

幸好有这样一份自传，我们今天才得以了解这位民国大军阀家中的四公子走上革命道路的心路历程，以及为何在抗日战争中寂寂无名的张学思，却忽然以"张学思部"出现在1945年8月11日由八路军总司令朱德发布的二号命令中。虽是一份个人自传，彼时中国诸多声名显赫的人物却纷纷在文中出场，为读者徐徐展开的，说到底，更像是一幅中国现代史风云变幻的画卷。

这份自传，张学思是从自己的幼年时代开始起笔的。

张学思自传

我的原籍是山东，曾祖父时移到东北，落户在现辽宁省海城县驾掌寺村。祖父时我家已小康，因遇到了大水灾被冲垮了。父亲张作霖流落到辽西黑山一带，由搞地主武装起，经过日俄战争与清朝末年东北的混乱局面，发展成为北洋军阀中奉系的头子。母亲许氏，原籍河北，外祖父死后，因家贫外祖母带她随移民群跑到东北新民县，给人缝补衣服度日。当时父亲是新民县的清朝哨官，遇见了母亲便强娶她做了第四个女人。

1916年1月，我出生于沈阳，是当时所谓东三省巡阅使的封建

一 封建军阀家庭给我的影响和刺激

我的原籍是山东，曾祖父时移到东北，落户在现辽宁省海城县驾掌寺村。祖父时我家已小康，但遭了大火灾被冲垮了。父亲张作霖落魄到辽西一带，由揽地主武装起，经过日俄战时的族箭末年东北的混乱局面，发展成为也洋军阀中争霸的头子。母亲许氏，辽籍回化，外祖父死后，因家有外祖母带他随移民群踏到东北新民县，给人缝衣糊朋度日，当父亲是新民县的旗骑哨官遇见了母亲便追娶她做了第四个女人。

一九一六年一月我出生于沈阳，是当时所谓东三省巡阅使的封建军阀家庭中，在天三代，我们同父兄弟共八人，大哥张学良，二哥学铭，三哥学曾，五弟学森，六弟学英，七弟学俊，八弟学铨，同父姐妹六人，大姐首芳，二姐怀敏，三姐怀瞳，四姐怀卿，五姐怀瞒，六妹怀曦，同胞单妹四人为三姐与我姐。

父亲是人所共知的军阀，他搞着的是帝国敦民的军阀内战，从我纪事时起，直至其死，我除吃母亲相处外，很遇到他直接的关怀关家表，他请了一些举人秀才之类的老先生，对其子女进行封建教育，他的"智旨"是要正定我的能挽危济天下的健承人。而那些家伙也就专寄取宠，张学良头上有个大疤痕，即是他的"天子"用烟袋铜子充的。

自我记事时起，她一个封建军阀的大家庭中已成了四股，大母亲早已去世，我未见过，其生子女为大姐，大哥英二哥，大姐已出嫁，张学良叫做少帅，参读这三个小朝廷的"军政大计"，所以他领着二哥、大嫂（于风至）成为一股，二母亲卢氏没其生0女一姐四姐是一股，三母亲听同父亲死后，出家当尼姑，我未见过，我四母颁管我的四人是一股，五母亲寿氏是厚废的女人，须看其生的四个早·成为一股，性爱家里最好的房子，尼寺当了一块的家，大母亲马氏带为六妹共军阀家庭中。

至我父死,我们同父兄弟共八人,大哥张学良、二哥学铭、三哥学曾、五弟学森、六弟学英、七弟学俊、八弟学铨。同父姊妹六人,大姐首芳、二姐怀英、三姐怀曈、四姐怀卿、五姐怀曦、六妹怀敏。同母兄弟姐妹四人,为三姐、三哥与五姐。

父亲是人所共知的军阀,他忙着的是祸国殃民的军阀内战,从我记事时起,直至其死,我除与母亲相处外,很少遇到他直接的关怀与家教,他请了一些举人、秀才之类的老先生,对其子女进行封建教育,他的"圣旨"是严,企望我们能做其"家天下"的继承人。而那些老家伙也就遵命取宠,张学良头上有个大疤痕,即是他的"夫子"用烟袋锅子敲的。

自我记事时起,在这个封建军阀的大家庭中,已分成了四股。大母亲早已去世,我未见过,其生子女为大姐、大哥与二哥,大姐已出嫁,张学良已叫作"少帅",参与了这个小朝廷的"军政大计",所以他领着二哥、大嫂(于凤至)成为一股。二母亲卢氏领其生子女二姐、四姐是一股。三母亲因与父亲不合,出家当了尼姑,我未见过。我母亲领着我们四人是一股。五母亲寿氏是得宠的女人,领着其所生的四个弟弟成为一股,住着家里最好的房子,几乎当了一半的家。六母亲马氏带着六妹与寿氏住在一起。

在张作霖的八子六女中,与张学思一奶同胞的是三哥张学曾、三姐张怀曈、五姐张怀曦。

谢雪萍口述

他母亲对他的教育跟大帅府里的环境根本是两回事。那家人呢,吃喝玩乐,爱怎么着就怎么着,我说了算,跟外面人看到的不一样。

他母亲就教育他，你一定要自立，不要靠别人，你别看这么大个家，这么多产业，这张氏帅府赫赫有名啊，那都不是你的，那都是你大哥的，你要自个去创造，不要对这个家有任何幻想。老太太就这样教育孩子。

确实，后来张学思本人也做到了，他不对家里有什么希望，能得到什么东西，他不想这个。而且张学良有几个儿子，什么好事都是这几个侄子的。

到最后，老二张学铭快不行的时候，跟我说过一句话，他说我对大哥最大的意见就是没分家，他全揽到他自己手下，全是他的，他在就全是他的，他不在了，那些事谁说的都不算了。

张学思一共有三个同母的兄弟姊妹，一个哥哥、俩姐姐，他是最小的，那三个都在英国和美国。

这老太太后来怎么能有点钱？孩子怎么能出国去读书了呢？

郭松龄造反的时候，一度形势很紧张，很多人都人心惶惶地准备要跑，因为她是最困难的，没办法，就收拾家里那些东西想卖一卖，身上有个钱心里有个底，是这么个意思。正好碰见老帅路过，看见她在那叮叮咣咣的，就问这是在干吗。她就说了，我这四个孩子怎么办？老帅后来大概也回过味了，应该给这个比较困难的一点钱。

这老人家很厉害，捏住这点钱就在天津买了房子，又把孩子们送出国去了。老太太很有脑子。

要不是郭松龄那次，连这点钱都没有，多亏了那次她收拾东西，正好碰见老帅路过。他平时也不怎么去她那，那几房争风吃醋的，得宠的得宠，不得宠的靠边站，历来都是那样的。所以我们老太太是最反对大家庭的，她说哪怕是吃糠咽菜都是一夫一妻好，三妻四妾没法办。

张家最得宠的是老五,人家的吃喝都比她们好,按我们老太太的话说,是烤着火炉吃西瓜,我们就只有蹲着凉炕的份儿。她自己跟我说的,这老人很逗。

那个五太太(寿夫人),不但她很厉害,连她那个妈都很厉害,那在大帅府里面就是横冲直撞的。帅府里原来有一个厨师,后来我们到沈阳时他找来了,他很小的时候就在厨房里帮工了,看见过那个老太太,就是五太太的妈,姓王,有时候就听他说,坐的那个车里面,打个旗子,叫山东王。

对五夫人母亲的横行,连张学良到了晚年都念念不忘:

"我爸爸这姨太太她妈妈,我们都管她叫王老太太,作威作福。后来我爸死了,我就警告王老太太,我说我可不像我爸爸呀……这个王老太太这个人是坏呀,当年她也是个卖唱的。"①

张学思自传

在这一个家庭里,我看见了两次直奉战争的景象。每次内战一起,"大帅府"便忙起来,我虽没见过他们如何开会,但那些"文武百官"都是川流不息地乱窜,父亲领着我们到家庙去告庙,宣布"出征",看香火如何。回来照例到家庙宣布"胜利"。奉军进了关,接着我们也赴天津、北京几趟。我六岁的时候,他把我作为军阀政治的工具,与曹锟的女儿联姻,我便参加了两个军阀会见的场面。每年阅几次兵,我们也跟着去看。这些威风凛凛的现象,打动了我幼小的心灵。以为自己长大了也应该带兵打仗,当大官,有威有势。

寿氏原是受宠的女人,自生了四男孩后,在众人眼中更高出一

---

① 《张学良口述历史(访谈实录)》,张友坤著,杨天石编,第4卷第1134页,当代中国出版社,2014年出版。

头，衣食住行均讲究得多，奉承她的人也多。奉系中的显贵，均以能与寿氏交往为荣。外来大人物的眷属，也要拜访寿氏或进礼，我们则被另眼看待，我很不服气。在这样一个封建家庭里，我朦胧地感觉到权与势的问题。

"我那个姨妈的父亲是山东的将军，所以她出身很好。这个将军在山东死了。这个王老太太呢，原来是奉天的暗娼。将军死以后，她就跟一个姓王的当差的逃了……

"我父亲这个人大概也很大度。像那个姨妈也不太规矩（的事儿），我父亲肯定知道。我这个四姨妈呀，是很正直的，叫许夫人。我不在家，我的内人我的太太于凤至告诉我的。因为养活小狗的事情，我四姨妈跟我那个姨妈打起来了，吵起来了。我这个四姨妈叫骂起来了，我是某某某的姑娘，但是我到张家以后，我是规规矩矩的。你却怎么样怎么样的。"①

寿夫人本名张寿懿，原本是一个中学生，毕业典礼时作为学生代表发言，被嘉宾张作霖相中，娶为五夫人。

普遍的说法是，寿夫人的父亲是黑龙江将军寿山，但是在晚年张学良的口述中，提到寿夫人时，则说她是山东将军的女儿。在谢雪萍的口述里，当年许夫人向她讲到寿夫人的母亲时，说老太太打个旗子叫山东王。两个说法结合起来看，寿夫人的父亲应该和山东有关。

张学思自传

母亲是个倔强正直的人，她信佛，但又不念经。她的信条是积阴德，不杀生。我小时打猎打死鸽子、家雀，常挨她揍。

---

① 《张学良口述历史（访谈实录）》，张友坤著，杨天石编，第4卷第1318页，当代中国出版社，2014年出版。

她不安于这样的家庭，自己的求知欲很强。她一度折磨掉自己的孕，打破这样一个反动的封建家庭的圈子，到沈阳省立第一女子师范去念书。在当时，一个军阀"大帅"的女人怎能与一般女学生上"洋学堂"呢？所以便因大家议论，家庭反对，最后由军阀的父亲强制停了学。但她并不灰心，和我们一起跟家里的老先生念书，由一个目不识丁的人，以后便能看古书与古史。

她与父亲不合，自己跑到乡下不回来。我们四个人在家里成天哭闹无人管，最后父亲又派我们到乡下把她找回来，这是小时候我最大的刺激。

她时常向我们哭诉对家庭的不满，告诉我们几股间如何争权夺势，生了女孩子被人瞧不起，生了男孩遭人嫉妒。因为谁生了男孩，即意味着将来的家业有了一份，甚至还可分享军阀的继承权。有时她给我们讲点列国上的故事，告诉我们兄弟间为争地位如何明争暗斗，她要我与三哥将来不做军人，应学商或种地，以免遭人暗算。她说一旦父亲死去，"家业大权均是你大哥和二哥的，你们不要妄想，惹下祸害"。教育我们长大要自立，要有志气，不要靠张家的势力吃饭。叫我们平民化，不准我们沾染纨绔之风。我们俩谁要是吃喝嫖赌，她就自尽。她常说："我不是看着你们几个人，我早就离开张家了。"

由于她的坚持，我们几个能入了学校，这是打破我家的先例的。

我七岁进了沈阳省立第四小学，功课不错，老师们以为大帅的儿子来念书，乘机会也就捧了，叫我当了班长，五十几个孩子都听我说，俨如一个小领袖，我领着我班同学打过别班的同学和老师。为了反对学校把我们的老师解职，我领着同学几天不上课，最后是校长通过我的保姆把我管住了。（当时东北显贵的子弟上学，都有保姆、听差之类跟着去，学校单备一间房给他们休息。）

母亲严格教育我们，我们也爱母亲。谁也不愿她伤心。在母亲的影响之下，我逐渐地认识到家庭的复杂与不如意。过去那种天真的继父业的想法，也逐渐地破灭了。但军阀威势的印象仍吸引着我，又常常听老家人讲，父亲"创业"的"英雄演义"，于是我自想：为何我不能像父亲那样自己创业呢？因此，又产生了一种个人英雄主义的思想，我幻想着自己独打天下，另创局面。我把事情看得很容易，以为只要一个人有一个空洞的志气，就可以成事。

在大帅府的大宅门里，六房夫人集结为四股力量彼此相持；大宅门外，东北的军政两界也对峙为新旧两派。

张学思自传

1928年张作霖被日本炸死，张学良不但掌握了东北的军政大权，而且也当了家。张作霖生时在东北曾有新旧两派之分。旧派以张作霖为首，即是一群所谓东北的"元老"，东北的"创业者"或当权者，多是40岁以上的人，呼之为"四、五、六"。他们为巩固地盘，也曾在东北有所谓"励精图治"，集中地表现在东北军阀武装的建设上。新派以张学良为首，东北的少壮派，多为40岁以下的，呼之为"一、二、三"。他们讲究革新与欧化，集中表现在张学良与其挚友郭松龄对东北军阀武装的改革与争取上。

两派明争暗斗很激烈，有"一、二、三"打倒"四、五、六"的传说。直至郭松龄起义失败后，新派暂时被打下去。张学良当权后，大加反攻，利用旧派内部的矛盾，杀掉张作霖的总参议、旧派中的谋士或"中坚分子"杨宇霆、常荫槐，换掉许多旧派的"位子"，新派当了道，整编东北军。

这一时期，我在家里看到的现象是与前大有不同。我们可以自由出入，随便去看电影，看戏，姐妹们也可以剪了发。家里的旧瓦房拆掉盖洋楼，狐仙堂拆掉修了网球场，关帝庙做了仓库。张学良嫌家里太肮脏，要常常检查卫生，要大小厨房里的人均穿上白衣服，管家的老副官说不吉利，被他臭骂一顿。张学良讲究欧化，家里的卫士均换上了西服军装，弄得那些旧时的老卫士，因打不好领带被申斥被革职。他常开大跳舞会，夏天打网球和高尔夫，讲究避暑洗海澡，冬天在家里弄个溜冰场让大家溜冰，家里买了许多美国新汽车和欧美的新玩意儿，旧时的"大帅府"出现了许多西服革履、油头镜面的洋秘书、小副官。

张作霖很相信风水，但是帅府的新主人不信。

帅府的主建筑是由一座早期的四合院和新建的大、小青楼欧式建筑组成，中间隔一道长长的高墙，早期只有一个门互通，两个院落之间往来不是很方便。

"我要在这儿开个门，那多方便。我爸爸规定不许。为什么？一个墙不能开两个门。这是风水，我不懂。我才不管这些，后来我还是开了一个门，一开了门我第三个儿子死了。我的第四母亲第五母亲就骂我。她说，你小子，你爸爸活着的时候不让开那个门，说开那门不好。你一开门，你看没有。我知道她们说的小三子都是开门开死的。我说，是的，我爸爸还没开那门呢，他怎么死了？她说，你忤逆。"[1]

张学思自传

这一些新鲜事，使我很高兴。以为这回该是我们的天下了，依靠这样一个家庭会大有可为，但这种希望不久即毁灭了。首先是过去寿氏一股的威风，只由张学良一股取而代之，张学良的大儿子，虽然尚小我一岁，但也俨俨乎代替了"少帅"的地位。最初玩的时候，

---

[1] 《张学良口述历史（访谈实录）》，张友坤著，杨天石编，第4卷第1140页，当代中国出版社，2014年出版。

张学良尚找兄弟姐妹们一起去，慢慢这样的事情少了，除去年节见他一面外，也很少再见他，想和他亲热都亲热不上，关系越来越疏远，四股几乎是分了家。

张学良对几个庶母说，他再不希望兄弟们学军事与政治，因为他自己已经很厌倦了。但他派他同母弟（学铭）去当天津公安局长。1929年春日本联合舰队来大连请他去参观，因他大儿想学海军，他派他为代表去大连。（因我也想看看，也就同去了。我们在大连参观了日本主力舰陆奥、航空母舰加贺及潜艇与潜水母舰各一）。他对其子女教育很关心，派了些留洋生当教师。但对我们却不管不问。这一切使我认识到这个新家庭里仍有着嫡长权势之分，更觉得母亲预言的正确。因之，也就觉得这个家庭仍然不可靠。

母亲这一时期也更加谨慎，让我们对大哥恭恭敬敬，不准乱讲话，不准讲自己也愿做军人。让我们埋头念书，为了求学，什么事都好办。给我们请家庭教师补课，请英国老太太教英文。

我在家里看到的另一方面，是家里越来越乱七八糟。旧时的封建秩序打乱了、张学良的新秩序也未建立起来，弄成个四不像。老家人就说：还是"老帅"活着的时候好，青年副官就骂他是旧脑筋。不管怎样，我是越觉得家庭的丑恶，我对它是毫无指望，加强了我自谋出路的打算。母亲则用自己的积蓄在天津英租界买了房，打算带我们离开这个家。

我十四岁时张作霖死，我被送入张学良办的沈阳同泽中学。因父亲治丧半年没念书，功课赶不上，被人瞧不起。我被人当作一个特殊人物看待，都要看看张学良的弟弟是个什么人。同学们、先生们在我背后指手画脚嘀咕，使我窘得很。有些同学不顾别人骂他溜须捧寿，多方和我接近要好。结果不是求我给他父兄找事做，便是他家打什么官司求我替他说句话。其实我哪有力量给他办，于是便又疏远了我。我觉得功课很好的同学想和他们接近，因为怕人骂他溜须捧寿不愿理我，我自己又很自尊，形成与同学的隔阂。

人生有很多种巧合，在大连，少年张学思参观了日本海军的两艘军舰。若干年后，同样是在大连，张学思如愿以偿地从地方回到部队，负责筹建大连海校，并最终出任海军参谋长。

而他参观过的那两艘日本舰最后的命运都很悲催，"陆奥号"参加过中途岛海战，1943年，停泊中的"陆奥号"突然发生不明原因爆炸而沉没。"加贺号"是早期侵华海军主力，此后参与了珍珠港行动，中途岛海战期间被击沉。

谢雪萍口述

张作霖死了以后，张学良掌权，各房就可以各自走了，老太太早就想独立，趁着嫁三女儿给赵世辉，就在天津买了房子。

学思后来得益于他的老师和同学。有个老师叫王西徵，这个老师很好，经常介绍新思想给他，当时来讲是倾向共产主义的。张昉这个名字就是这个老师起的，那个昉字，一个日字一个方字，是初升的太阳的意思。

谢雪萍提到的老师是王西徵，同学则是王金镜，王金镜的父亲是奉天警察一署署长。张学思与王金镜相识后，因为性情相投，在后来，彼此的人生轨迹反复交织，最终在王金镜的引导下，张学思加入了中国共产党。

张学思自传

同泽中学里国家主义派的活动很厉害，国家主义在东北与张学良有关系，其中一派是拥张的，一派是打拥张的旗，实际上是反张的，同泽中学里的都是后一派，所以我也成为他们讨厌的对象。其实我是哑巴吃黄连有苦说不出。我不但不能像小学时那样可以做个全班的小领袖，而且更感觉到孤立的苦闷，因此也就对国家主义派有反感。

但是这种窘境对我倒有了好处，我结识了同班同学王金镜（现在叫王岳石），我们很相投。他父亲是沈阳市警察一署的署长，是旧派的小人物。"大帅府"即由他那里直接保卫。王金镜看课外的书很多，小说杂志，三民主义等，不赞成张学良，说民主政治好。当时他也讲不清楚，我也弄不清。不过民主政治对我是新名词，总觉得顶新鲜。而我们由不同角度反对校中的国家主义派的一点是一致的。他组织了一个进学社，我也入了社，共七八个人，开了几次会，要大家互助把书读好，看三民主义，研究民主政治。实际上我并未把书读好，也无看其他书的习惯。不过经过进学社，又多结识了几个同学，自己也就不孤单了。以后王金镜转入省立第三中学，他常到我家去，讲些国民党的事，说国民党也不好。这些对我都是新闻，很爱听。我也常和他讲我对家庭的不满，他也很同情，我们便成了朋友。

张学思在同泽中学的篮球场上还结识了高一个年级的高存信，高存信的父亲叫高崇民，这时正在给东北边防司令长官张学良做秘书。

晚年高存信回忆说："那时我就爱打篮球……我和张学思就是在打篮球中相识的。学思对自己要求很严格，开始他每早坐三轮摩托车来上学，身穿夹克衣。那时穿夹克的人不多，看上去很显眼。但几天后，他好像换了个人，上学也跟我们一样，走着来，不坐摩托车了，身上也不再穿夹克衣，换了灰色的校服。"[1]

---

[1] 《高存信将军往事回忆》，高存信著，第14页，北京市黄埔军校同学会，1999年内部图书。

少年人都喜欢打篮球，那时候球场上的张学思、王金镜和高存信都没想到，很快就要到来的九一八事变，将彻底搅动他们的成长年轮，在随后爆发的全民族抗战的怒吼声中，三个热血报国的青年的人生道路反复重叠交织，最终相聚在延安。

此后，他们又奔赴抗日前线的不同战场，或在前线率队杀敌，或进入敌后开展情报工作，各自都经历过直面死亡的关头，直到抗战胜利硝烟散去，他们不仅活了下来，而且都成长为优秀的青年将领。

解放战争中，三个人分属东北、华北战场，各自独当一面。

1955年，张学思和高存信被授予少将军衔，王金镜被授予大校军衔。

张学思自传

同泽国文教员沈梦九，北京师范大学毕业，是沈阳的小诗人，有点名望。我请他做了我的家庭教师，给我补习数理，并教我作诗，给我改诗句，讲六朝文选。我觉得词好，他便教我填词，我喜什么，他即给我讲什么。一次校中国文教员讲机械救国论，我听蛮有道理，但因他主张"君子周而不党，小人党而不周"被国家主义派拥挤走了。我和沈梦九说起此事，他说本来作诗，六朝文选之类的对你没什么用，你愿学我便教呗，嘿嘿一笑。以后他便找些机械救国等科学救国论的文章教我。我始知道还有各种方法救国的问题。有时联系到古史，便随我的兴趣，讲些史记与通鉴，他随我走，说东就东，说西就西。虽然启发了我的求知欲，但他不能给我一个系统的知识，他那种对一切事情无主见，不敢明辨是非，使我感觉不满足。

1930年春，王金镜与我谈起三中新来一位国文教员，是晓庄师范毕业的，叫王西徵。讲新文学，非常好，脾气古怪，作风也与其他先生不同。是新教育界的人物。我即托王给我请他为家庭教师，说了一个多月才说妥，我也以"礼贤下士"的准备来迎接他。

> 头一次见面他即说你们府中我是不愿来的,唯听金镜说你与一般公子少爷不同,我才来试试。头一件即要我天天看报纸(以前我不看),给我订了《大公报》《东三省民报》《盛京日报》;第二件领我到国民书店买了一本文学概论和鲁迅的《呐喊》《彷徨》,丁玲的《在黑暗中》等一些小说。这些书的名字我不但从未听说过,只连它们的装潢与封面,已使我很大惊奇。他给我讲文学概论,我总是听不进去,但是那些小说却引起我很大的兴趣,里边的新人新事,使我知道,除了我家之外,人间尚有更辛酸不合理的事。
>
> 以后他便多介绍我一些小说,并订了《小说月报》,逐渐地便以谈论小说的内容成为他每次上课的主题。由这个主题便越谈越广,他给我讲晓庄师范的工读生活,陶行知的教育思想,五四运动的科学与民主,大革命的失败与蒋介石新军阀独裁,最后便讲了社会主义与苏联。
>
> 讲到他自己的生活,是无钱的时候,在上海拉过黄包车,当过码头工人,写小说得了稿费就大吃大喝,用钞票点卷烟。他如何进行苦恋与婚后如何受折磨,我看活像《呐喊》上的鲁迅与子君。总之,他使我眼界开阔了,认识了军阀父亲的反动,打破了家庭的圈子,看到了社会的问题,引起我对社会的不满。认为社会应当革命,应当好人当政,实行民主自由,而我自己就应该做这样的好人来做一番事业。当时革命、民主自由、社会主义究竟是怎么回事,我还是不清楚,总觉得是好人干的事。因此王西徵便成了我思想上启蒙的第一个人,而他那种小资产阶级改良主义的思想也影响着我。

在所有研究早年张学思的文章中,都会提到引路人王西徵。但是王西徵究竟从何而来?作为引路人,他自己后来的命运是怎么样的呢?

2009年,曾任北京市人大常委会副主任的张大中过世两年后,中共党史出版社出版了他的口述史《我经历的北平地下党》，书中第七章的题目是《输送进步教授和学生奔赴抗日根据地》，第七章里有一个小节的题目为《王西徵教授奔赴晋察冀引起连锁反应》，该节内容如下：

"王西徵教授，早在南京大学就读期间就参加了五卅运动，带领学生抓捕了镇压学生运动的江苏省警务处长王桂林，因此遭到国民党当局的通缉，此后与陶行知新教育评论社编发《新教育》和《新教育评论》周刊，提倡教育革命。继而在北平师范学校任校长、北平孔德学校任中学部主任。1929 年至 1930 年协助陶行知创办晓庄师范，并任安徽公学教导主任，从事教育革命实践。1930 年在沈阳张作霖帅府任张学思（张作霖之四子）的家庭教师，是张学思同志参加革命的启蒙人。1932 年至 1942 年先后在东北大学、北京大学、北京师范大学、燕京大学、辅仁大学等校任教，主授国文及古典文学、现代文学、文学史、文学批评的课程。王西徵早在五卅运动时就参加了地下党的工作。从 30 年代起，他和全家住在北平石驸马大街 84 号，在庭院的天棚下经常举办昆曲曲会，以咏唱昆曲作为掩护，从事党的地下活动。抗战前，王西徵在阮慕韩领导下做地下工作，属中央特科。此后阮慕韩去了抗日根据地，王西徵遂与党失去联系。城工委了解到他的情况后，决定接他来根据地。1942 年底，我派戈原进入北平，到王西徵教授家，秘密接他到满城交通站，杨成武司令员设宴欢迎。王西徵教授到晋察冀边区后，在《晋察冀日报》上发表文章《望眼欲穿的北平市民》，引起强烈影响。此后担任晋察冀边区政府实业庭长，张家口解放后任察哈尔省政府秘书长；全国解放后，在中央人民政府内务部任参事室主任。

"王西徵教授奔赴晋察冀抗日根据地，在北平的大学教师中引起连锁反应。"

此文的撰稿人张大中，1920 年生，1941 年考入燕京大学新闻系，北平地下党，在接应王西徵教授前往晋察冀时，在晋察冀城工部领导下负责秘密交通站工作。新中国成立后担任过北京日报社社长、北京市委宣传部部长，北京市人大常委会副主任，于 2007 年过世。

由以上内容可知,张大中接应的王西徵,就是张学思的引路人王西徵,此时他的身份是一名大学教授。

1996年第3期的《炎黄春秋》,发表了一篇《张学思与启蒙老师王西徵》的文章,作者名字为刘永路:

"1983年金秋,当笔者再次来到北京团结湖畔那幢熟悉的寓所时,82岁的王西徵先生,将他在铁箱内珍藏了半个多世纪的两封信交给了笔者。这是张学思的两封亲笔信,虽然纸已发黄,但那上面工整清秀的钢笔字迹仍清晰可辨。

"年届耄耋的王西徵先生,除稍有些驼背外,身材仍显得高大硬朗,他的双眸有神,才思敏捷,记忆力尤为惊人,张学思少年时代的一些细节,甚至具体日期,他都记得十分清楚。

"王西徵在新中国成立后,任国务院内务部参事室主任。当年他通过好友、北平汇文中学校长高凤岐博士保送张学思入汇文中学,之后,他便到燕京大学任教授,和学思中断了联系。

"'直到1942年……'王西徵老先生又开始了回忆,'我在敌占区的身份已经暴露,那时我一直利用民主人士的身份为共产党办了许多事。按照组织安排,我要离开燕京大学到晋察冀边区,与我同去的还有两位教授。刚一到边区,聂荣臻司令员就热情地接待了我们,他紧紧地握着我的手说:"久仰!久仰!王先生是世界闻名的人士,能到边区来,我太高兴了。"我惊愕了:"我怎么是世界名人呢?"聂司令员让秘书拿来了日本编纂的《当代世界名人大辞典》,指着其中的一个词条说:"王先生你看,这里写着:张作霖帅府的家庭教师。"说着,聂司令员笑了:"你还是虎口里拔牙的传奇人物呢。你知道吗?张学思,就是你在大帅府里教过的那位学生,两年前就来了咱们边区,还带来了毛主席的亲笔信,也是我接待的哟!""他现在哪儿?"我急切地问,聂司令员回答:"在冀中军区当参谋处处长,他已经是八路军的一名优秀军事指挥员了!"'

"'我当时太激动了,想不到,我们师生二人又不约而同地来到敌后抗日战场当八路军了!为了纪念这一天,我把原名"王西徵"改名为"王纪新"。'"

刘永路此文带来的相关信息更加完整了：王西徵曾经做过张学思的家庭教师；张学思在北平汇文中学就读期间，两人中断了联系；进入晋察冀后改名为王纪新，新中国成立后任内政部参事室主任；20世纪80年代时仍健在。

内政部就是现在的民政部，至此，关于王西徵的基本信息完整而清晰：受过高等教育—中共地下党—北平知名大学教授—任职晋察冀边区—新中国成立后的政府官员。1956年10月15日，中央政治局会议批准：王纪新任内务部参事室主任。

至此，理出来了一份王西徵的革命者履历，只不过，他并没有恢复王西徵的名字，而是沿用了晋察冀时期使用的王纪新的名字。

但是且慢。

2001年第03期《戏曲艺术》发表了署名学昀的一篇讯息，《北京昆曲研习社举办纪念曲家王西徵先生百年诞辰曲会》，相关内容如下：

"2001年5月12日下午北京昆曲研习社在北京群众艺术馆多功能厅举办纪念曲家王西徵先生百年诞辰清唱曲会。王西徵（1901—1988）是中国文学教授、曲律研究家，山东高密人。青年时就读于南京高等师范，师从曲学大师吴梅，遂对词曲和曲律均有精深的研究，著有《五音七音述考》《正乐堂漫录》及创作并谱曲的散曲、剧曲多种。早年曾协助陶行知组织新教育评论社、创办晓庄师范，先后任教于东北大学、北京大学、北京师大、燕京大学、辅仁大学等校。与曲家陆麟仲、俞平伯、庞敦敏等共组珠萦曲社，唱曲工官生和老生，擅曲笛。

……

"王西徵生前友好，学生及其后裔张大中（原市人大常委会副主任）、林焘（北京大学教授）等莅临纪念曲会。"

在今天的昆曲界，王西徵三个字可谓大名鼎鼎，他是北京昆曲研习社的老社员兼艺术顾问。能够以曲家身份召开百年诞辰的活动，足以说明王西徵在昆曲界的地位和影响力。

回到《戏曲艺术》发表的这篇讯息，有两个关键性信息值得注意：第一，曲家王西徵的简历与革命者王西徵的经历高度重合。第二，张大中莅临纪念曲会。

再回到张大中的《王西徵教授奔赴晋察冀引起连锁反应》文中叙述的一个细节："从30年代起，他和全家住在北平石驸马大街84号，在庭院的天棚下经常举办昆曲曲会，以咏唱昆曲作为掩护，从事党的地下活动。"

各方信息都对上号了，著名昆曲曲家王西徵就是大学教授、革命者王西徵，真是一位经历传奇而丰富的人物。

王西徵的女儿王惕在她的博客里说："张学思因为受我父亲的影响，参加八路军，'文革'时去世。父亲参加了他的告别仪式，对于白发人送黑发人，感慨颇深。"

王惕还写道："我老爸脾气就是怪，从小有外号叫'王铁脖'，即宁死不低头之意。"由此可以印证他第一次见到张学思时说，你们府中我是不愿来的，可见其秉性。

但是以上信息中，也有冲突之处，刘永路在《张学思与启蒙老师王西徵》的文章中，说王西徵是沈阳人。刘永路面见过王西徵，此言应该不虚。但是《戏曲艺术》关于"百年诞辰"的信息中，说王西徵是山东高密人。这份履历应该是出自其子女之手，信息也应该不假。

由于东北人多是山东人闯关东过来的，或许可以这样假设，王西徵是沈阳人，但是祖籍山东。

王西徵也并非像张学思自述中所言毕业于晓庄师范，而是毕业于南京高等师范学校（南京大学前身），他是协助教育家陶行知，进行晓庄实验的创办人之一。晓庄师范是中国近代乡村教育运动的发源地，1927年创办，1930年被迫关闭，师生遭到通缉和逮捕，王西徵因此回到沈阳，这才有了与张学思的相识。

然而，张学思的变化到底引起了大哥张学良的注意。

谢雪萍口述

我听我老太太讲，少帅很懂得礼数，老爷子死了以后，张学良规定，过年过节，他爹的这几位夫人，每一户他都去看看。去了以后妈妈这妈妈那叫着，特别关心弟弟妹妹们的具体情况，时间不长，做得挺孝敬。

有一次到了张学思家，一看，什么《大众哲学》呀这些东西都在外面摆着呢。把少帅给惹火了，说看的这是什么书？老太太就跟学思闹，最后把书全给烧了。所以学思脑子里对他大哥，很看不上，认为他是什么呀？顶烦他。而且我们那个少帅大哥是什么事都干的，他就更瞧不起他。

弟弟里面学思算比较大的，再大点儿的是老二张学铭，张学良瞧不上他，说他成天就是在厨房里待着的，老二爱吃。

他就想像老帅当初训练他一样，训练他弟弟，那都是不可能的事，个人有个人的情况。对老三他不怎么看着，特别盯着老四张学思，看他看什么书，所以他们的关系一直就不是很好。

他们根本不是一个系统的，这个是想进步的，是对社会不满的；这个是要保护的，是两回事。

过去的事，我也不打听，也不问，我们那个老张头儿，口风很严的，公私非常分明，属于工作的事不跟你聊。除了有些他觉得可以说的，一般的不讲，这也是工作需要，可以理解。

少年人的求知欲受到了压制，以至二十多年后，张学思在自传中仍然记录了这件事：

张学思自传

五月节的时候，张学良照例到各股去看看几位庶母，在我的屋子里翻到了丁玲的《在黑暗中》，问我哪里来的，我说是在书店里买的，他说这是共产党做的，不叫我看。我即唯唯称是。但是可把母亲吓坏了，向我哭劝几次，不准走歪路学"共妻共产"。其实我也搞不清共产党是怎么回事，不过书上的和王讲的，全是好事，并无"共妻共产"之说。但自己又讲不清那些道理，更不愿使母亲难受，便把那书烧掉了事，自己也就警惕起来。

年前王西徵到冯庸大学当教授，因为我家太远，故不再做我的家庭教师。我与王金镜常去找他玩，我们到郊外去逛游，古今中外，想到什么就谈什么。我讨厌家庭他同情，我愿改名，他便给我起了个张昉。我谈到共产党的问题，他则讲不清，似乎是干革命不一定要入共产党。我问他冯大是国家主义派大本营，为何到冯大任教？他说为生活一时敷衍，打算不久去北京，说东北不是人待的地方。

但是东北的学生多把到关里去读书当作小留洋看。而东北的学校也争聘关内大学毕业生，张学良曾用重金拉了许多关内的教授到东北大学，并让同泽学南开的办法。

我在王的纵容之下，也很想到关内去找个好学校。我以把书念好、自立谋生不依靠张家势力为题，打动了母亲。便在1931年初到北京。以后王西徵、王金镜也到了北京。我们合租了一所房，三人同住。我与王金镜准备考学校。王西徵准备找学校当教员。我并借给他一些钱，以便渡过暂时的困难。他建议我入汇文，设备讲究，功课与南开一样，生活很自由。我去看一下，当然很满意，没有东北学校那种东洋气味。当年二月我便考入汇文初中三年级为插班生，在学校住了宿。打破了过去人跟马随的惯例。

　　这时三姐来津出嫁，婆家是赵尔巽（清朝大官），母亲便趁机把我们这一股搬到天津。

　　出嫁的三姐张怀瞳嫁给了赵尔巽的儿子赵世辉，晚年张学良生动地叙述了两家之间的渊源。

　　"赵尔巽的儿子赵世辉是怎么出世的？你知道为什么他的小名叫天赐？赵尔巽这老头很有意思，他有个姨太太，那天晚上他说，明天我就要死了，今晚上我要干一下子，但愿能生个儿子。赵尔巽那时还没有儿子，结果，后来就这么得了个儿子。

　　"我们兄弟姐妹都一小订的婚，很奇怪，就我三妹没有订婚。

　　"我就简短些说，到了北京，我父亲当大元帅时（1927年），那时赵尔巽还在，赵尔巽就想给他儿子求婚，想娶我们家女儿。那我只有一个三妹了，我父亲就没有答应。什么原因呢？因为赵尔巽呐，我总跟他开玩笑，我就管赵尔巽叫爷爷，那么我的妹妹也就管赵尔巽叫爷爷，那么，他儿子高我妹妹一辈。我父亲很讲伦理，他就对这事不愿意，没答应。

　　"不久哇，这个赵次帅，我们管他叫赵次帅，就病故了。我父亲非常难过，为这件事情难过，说了好几回。他说我呀，真觉得对不起他，好像我阔气了，他想求婚我没答应。我怕他误会，好像这事我不肯。我不肯的原因不是为别的，就是因为辈数。我知道，我应该答应他。

　　"等到回到奉天的时候，我父亲也去世了，我就跟我母亲（许夫人）两个商量：他们两个老头，都有这个心意，我是自由派的，就让他们两个结婚好不好？我的母亲很开通，很赞成，说这样吧，咱们让他们两个会会面。他们如果自己愿意，就好，如果不愿意，我们也不能硬配。

　　"那么就请赵世辉到了奉天，结果他们俩很好，很愿意，就这样结合了。

后来到台湾来了，他们俩到我这来过。

"她后来和白崇禧做了亲，她的姑娘嫁给了白崇禧的儿子。

"我三妹对我说，白崇禧的儿子很好，我说是很好。她说你看到过他吗？你认识他？我说不认识。她说你不认识他，怎么知道他很好哇，你怎么知道？我说我怎么知道他很好，能不好吗？我要有像你这样的一个老丈母娘，我一脚就把你踹出去了。就冲你这丈母娘，他没把你踹出去，我就知道他很好了，你住在白家那。"[1]

张学思自传

军阀封建家庭的环境，使我在幼小时羡慕军阀父亲的耀武扬威，幻想自己长大也要当大官，由于母亲对家庭的不满，与家庭宗法权势的事实，使我感觉家庭的不如意与不能依靠。幼时的幻想受到打击。但这种幻想在我思想中仍占主导地位。在母亲倔强与自立的思想影响下，便产生了自打天下、另创局面的个人英雄主义的思想。这种思想是我的家庭出身与地主军阀阶级意识在我处的具体家庭环境中的反映。

在这种思想支配下，及受学生群的影响，我有求知欲，愿意追求真理、喜欢听些大道理与新鲜事，有好奇心，因此能够与王金镜同志友好，接受了王西徵的启蒙教育。知道了我的外界尚有国家与社会的问题。有了抽象的民主与好人政治的思想。讲究平民化，知道了我的军阀父亲兄长是人所应当反对的对象。我自己站在原来的阶级立场上去和他们划清了界限，但是我不是从改变自己的阶级立场出发的，站在原来立场与他们（父兄）这种划界限的结果，又使我产生了小资产阶级的盲目自尊与清高的性格。由于"深宫后院"

---

[1] 《张学良口述历史》，张学良口述，唐德刚执笔，第15—17页，中国档案出版社，2007年出版。

的家庭环境，使我不能体验外界社会的真实生活。因此也就没有这种知觉与要求。我把一切事情看得很单纯，易于空想，不务实际。我是以小资产阶级的改良主义的思想情绪初步地走出了家庭的大圈子。

若干年后，人们喜欢用"大帅府里出来个共产党"这样一句话来描述走上革命道路的张学思。在人们的心目中，北洋军阀和共产党这两者之间的距离毕竟太远了，张学思的思想启蒙之路就这样开始了，这条路尽管发展得曲曲折折，但是最终还是指向了延安。

★第三章

大浪潮底下浪淘沙

汇文中学是美国基督教会于1871年创办的,张学思入学这一年,刚好是建校60周年。这样的老牌学校必然人才辈出,启功、梁思成、孙敬修、彭雪枫都毕业于此。

在张学思进京求学之前,大哥张学良则步入了人生的新高峰。

1930年,汪精卫、冯玉祥、阎锡山联合反蒋,中原大战爆发,双方伤亡数十万人。战至9月18日,张学良发出拥护蒋介石,倡导和平的巧电进行武力调停。10月,东北军入关,冯、阎阵营瓦解。随即,蒋介石派吴铁城携带国民政府陆海空军副司令特任状专程前往沈阳。

1930年11月,张学良启程南下前往南京,专车路过天津时,国民党元老张群和国民政府参军处参军长贺耀祖上车迎接。

时任张学良的侍卫副官杜兴权回忆说:"火车行至山东济南府停车休息时,山东省主席韩复榘、河北省主席李景林,及各界官员到车站迎接。张将军在火车上接见了韩复榘和李景林,我们随行人员下车休息。火车要开时,正在泰山脚下训练的十五路军军长马鸿逵带领旅长以上军官,跑步来到车站,向张将军敬礼送行。"[①]

蒋介石让张学良充分感受到了什么叫无上荣耀。

在刚刚重建完毕的下关火车站,南京政府文官简任以上,武官少将以上数百人前往迎接,江中军舰鸣礼炮19响。入城时,沿街布满了各种欢迎标语。

南京国民政府极尽之能事,以极高的礼遇盛大欢迎这位避免中国陷入分裂的年轻人。

这一年,张学良29岁。

---

① 《在同张学良相处的日子里》,辽宁省政协文史资料研究委员会编,第115页,辽宁人民出版社,1986年出版。

陆海空军副总司令的行营驻扎在北平，掌握着中国北方管辖权的张学良住在顺承王府，当年他的父亲张作霖以陆海军大元帅身份在北京号令中国时，也是住在这里。

谢雪萍口述

张学思以前对张学良的印象不好，改变看法是从西安事变之后，特别是去溪口看他以后。

他们哥俩儿，有过这么一回过节。张学思十几岁在北京汇文上学时，有一次去张学良的办公地，那个地方是原来老帅买的房子。

他去看大哥了，可是门卫不让进。看他一身土打扮，一个学生，那门卫就说你是假的，要把他轰走。后来，出来一个老家人，一看，哟，四爷！才让他进去。

他那回特火，有什么了不起呀？

那会儿的少帅是很风光的，派头也是很厉害的。

对这个哥俩儿间的过节，张学思在自述中不仅浓墨重彩，而且并不讳言与这位大哥的格格不入：

张学思自传

春天，张学良打着陆海空军副司令的牌子到了北平，住在顺承王府。我照例须去问候一下。穿着布大衫，坐洋车，门岗不让进。我说是张学良的弟弟，他们不相信。周折返转弄上个把钟头，直到老内差出来才算搞通了。他们好笑，我也苦笑（因为在沈阳出入均坐汽车，他们是不认识的），我知道了见一个大官如何的难。

勉强和张学良寒暄几句，他说很忙，看样又该打针了。我也觉得难受得很，便乘机溜了回来。我想他凭什么弄得这样的官位呢？

还不是依靠父亲的军阀遗产。自己觉得比他强得多，非常不服气。尤其他的架子很大，更使我厌恶。以后，我除年节随家里其他人一起去一下，再不登顺承王府的门。他把他大儿子也送到汇文读书，每天汽车接送，卫士好几个，我更看不惯。

我从兄弟关系上、生活上、从我的好人政治的观点上，我对他均无好感。在思想上我和张学良分了家，自己则形成盲目的自尊与清高的性格。

这一年，张学思15岁，三年前父亲张作霖骤然惨死，母亲远在天津，身边的大哥张学良虽然俨然一方诸侯，但是兄弟间却貌合神离。

无从猜测这个15岁少年此时的内心世界。

不久，他与王西徵分道扬镳了：

张学思自传

入汇文中学以后，我常去看王西徵。我发现他把借的钱存在银行生利，并不积极找职业。反而把家布置得越来越讲究，讲起逛公园吃馆子。问他为何还未教书。他以几处均不如意推托。有时我隔久了未看他，他却不满意。我们问他为何不"走出象牙之塔"（王常讲的），他则说你们亦未"走向十字街头"（王常讲的）。我以为自己能够穿上布衣，住在学校已经是很平民化很前进了。我看他却是光说不做，追求安适的生活。因此我对他便逐渐起反感，渐渐与他疏远，暑假后我即再未去看他。

发生在王西徵身上的这个变化出人意料，起码与张学思初识时的王西徵相去甚远，否则张学思恐怕在当时就不会聘他为自己的老师。

重新审读张大中的回忆，会发现《王西徵教授奔赴晋察冀引起连锁反应》

文中有一个细节："从 30 年代起，他和全家住在北平石驸马大街 84 号，在庭院的天棚下经常举办昆曲曲会，以咏唱昆曲作为掩护，从事党的地下活动。"

事情有没有另外一种可能呢？此时的王西徵正在从事地下活动，需要以安逸的生活方式掩护身份，但是限于地下工作的纪律要求，所以也无法向张学思说明。

当事人都已经离去，这只是一种推测。

张学思自传

我在汇文改名叫张述卿，以免校中知道我和张学良的关系。但我的侄子来校后，便也马上知道了我。因此就更被人当怪物来看，我有了同泽的经验，少与人来往，埋头读书。我认为只要把书读好，将来的个人打算就可实现。所以我的功课较好，暑假后便很顺利地升入高中理科。

汇文宿舍是两人一间房，大家抽签住。我的同屋叫杨孟乔，是四川军阀杨森的儿子。他原在天津南开中学，因参加学生运动，一度被逮捕开除的。比我早半年转入汇文。别人说他性情古怪是共产党，谁也怕和他住一起，我是新生无伙伴，单独抽签，他也找不到对手便碰上了。

我有戒心，更想知道居然一个军阀儿子是共产党，也愿知道一下到底是怎么回事。便注意观察，他是个小矮胖子，寡言少语，挺直性，有话便说，无话看书。课有时上，有时不上。天天抱着一本英文《资本论》苦念，有时我的钥匙丢了急着找，他从裤里掏出来交给我。我的脸盆忘在洗脸室，他给我带回放在床底下。我很感谢他，他却满不在乎。我有时上街也给他代买东西，或者一同去逛市场。我们相处倒很好，以后他也知道了我的家世，问起他过去的事，他大骂杨森是军阀，压迫老百姓，说中国社会制度不良，对统治阶级非打倒不行。不是一两个人的问题。他因反对南开黑暗被开除的，不是共产党，他那种对家庭与社会的态度，我看比我干脆彻底得多，我觉得我还不如他，我的自尊清高也就动摇了。

暑假后，"九一八"突然爆发，我虽然对家庭抱有反感，不以为东北就是张家的天下，但究竟国难家仇对我是双重的，刺激了我的民族意识。我积极参加校中当时初起的抗日救国运动。但同学们大骂"张学良不抵抗主义"却也同时以怨眼看我。有的公开向我质问，有的鄙视不理我。我受到很大的打击，自己感觉到莫大的耻辱，愤恨张学良，更悲痛我自己的身世。

王金镜同志暑假后也到汇文读书，这时只有他是了解我的。杨孟乔也不像其他人那样看待我，却与平常一样。我发现他们俩的共同点，是不若旁人那样的激怒若狂，却很坦然，有时王金镜尚替我向别人做些解释，我们便时常讨论一些"九一八"的问题。杨孟乔被其父送到德国留学，以后再未见到他。

王讲"九一八"是国民党反动统治的结果，必须改变政权，否则不能抗日救国。杨则讲工人无祖国，必须改变世界资本主义制度。他们的见解，我均觉得很有道理，我看见国民党一味地退让，张学良仍然是忠实地执行不抵抗主义。依靠国联调查团也无结果，"一·二八"的淞沪抗战也被蒋介石搞垮。我了解到抗日不是那么简单的事，但王、杨所讲也均不能满足我进一步的求知欲。

我渴望知道真理，这时王金镜同志对我帮助很大，他经常与我去东安市场逛书铺，介绍我看了许多书。将近一年的时间，我把过去埋头念课本的精神，转向了课外的书籍。这一时间我看了《社会科学概论》《唯物史观》《大革命史》《中国革命的基本问题》《辩证法唯物论》，列宁的《国家与革命》《二月革命和十月革命》，小说《石炭王》《屠场》《十月》《毁灭》等，这些书我是一知半解地看完了,有时与王讨论研究,我虽然不能完全理解,但却有了马列主义的初步知识。我知道了社会有阶级和阶级斗争,中国之必然走向无产阶级社会革命的道路,打破了我的好人政治与改良主义的观点,参照一年来的事实,使我认识了国民党反革命的统治必须推翻,我知道了共产党是中国解放的唯一领导者。小说《屠场》使我知道了美国资本主义制度的黑暗,对工人的剥削和迫害,《石炭王》中资本家的儿子走向矿工运动,则深深打动了我。

《屠场》和《石炭王》是美国作家厄普顿·辛克莱的小说,其中《屠场》的发表,深刻影响了美国人的社会生活。这部小说真实描写了芝加哥的肉类加工厂,如何用腐烂变质的肉制作成罐头的过程。小说一发表就激发起巨大民愤,促使美国政府立即出台了食品卫生检查法,即《纯净食品和药品法》,这部法律在今天不仅成为美国人生活的保障,而且还影响着世界各国的对美贸易。

这两部小说的中文版译者都是易坎人,这是郭沫若的笔名。

张学思自传

1932年夏,王金镜同志去上海。他经常来信,讲到上海工人与学生的革命活动,秋天他回平时,带给我油印的红军周报,里面是江西苏区红军作战的报道,更鼓动了我小资产阶级的革命热情。1932年汇文中学曾办有民众小学,是义务性质,不收学费,是王振乾同志领导的,我曾去担任教员。

王振乾比张学思大两岁,沈阳人,参加过"一二·九"运动,曾负责中共东北军五十七军工作委员会,抗战时期任八路军山东纵队政治部科长。解放战争期间,国民党将领曾泽生率六十军在长春起义,部队被改编为解放军第五十军,王振乾被派往该部队担任政治部主任。1955年被授予少将军衔,担任过三机部副部长，2005年过世，享年91岁。

王振乾留下过一篇文章，记录了从"九一八"到西安事变前，他与张学思交往的一些往事：

九一八事变后，张述卿（学思）就读北平汇文中学，我们既是同学又是老乡。他为学校掀起的爱国救亡运动所激动，和同学们一起参加示威游行，一起集会演讲，张贴标语。夜间，则又辗转反侧，不能入睡，国难家仇，一齐涌上心头。更难忍受的是不抵抗主义的骂名落在大哥张学良的头上，大哥成了丢失东北的"罪魁祸首"，被指控为"不抵抗将军"，所率东北军亦被斥为"误国军"。人们在责备张学良的同时，背地里也指责他——张学良的弟弟！他感到冤枉、自卑和羞愤，不愿在公共场所露面。在无法抑制自己感情的冲动下，他贸然闯进了顺承王府，见到大哥就问："你为何下令不抵抗？为何弃东北父老兄妹于不顾？为何不念杀父之仇？……"

张学良面对慷慨激昂的四弟，长吁短叹："你还是个孩子呀！难道我就不愿抵抗吗？唉！事情很复杂，不是凭感情冲动就能解决的。你要相信，东北问题中央政府不会不管，国际不会不主持公理的。你们要听蒋先生的呀！"

学思理解大哥似有难言之隐，但仍直言不讳："大哥，你不要再把我当成小孩子了。我觉得你太轻信了，蒋介石能靠得住吗？洋人能靠得住吗？你还是听听群众的呼声吧！"张学良大度地微微一笑，拍拍弟弟的肩膀："后生可畏，果然不错！四弟，你安心去念书吧。大哥不是那种卖国之人。我会对得起国家和民族，对得起祖先和同胞的。"

11月5日，北平学生赴南京请愿团600余人，浩浩荡荡奔往前门车站，沿途散发《请愿团宣言》，吸引了成千上万的观众。张学思和汇文同学一道赶来送行。适逢张学良正奉命亲自出面劝阻，学思乃挺身而出，对大哥哭谏："三军可夺帅，而民心不可辱。今天，这些不愿做亡国奴的同胞，是抱定了至死不回的决心南下请愿的，任何力量也休想阻挡他们前进。阻挠民众的意志，就是阻挡时代的潮流，终将落得千古骂名！你难道忘记了自己的诺言了吗？"兄弟俩四目相对，张学良沉吟片刻，一挥手，率卫队离开了现场。①

谢雪萍口述

　　他17岁在汇文中学的时候，就已经参加了当时北京的反帝大同盟，以后经过叫王金镜的同学介绍他参加共产党。他是1916年生人，1933年他就参加共产党，很多人可能不太知道这个事情，真实的情况就是这样的。

　　反帝大同盟这个名词对很多读者并不陌生，但是真要说个来龙去脉，如果不是史学专家或者发烧友，很少有人能说清。

　　反帝大同盟的全称叫反对帝国主义大同盟，是在共产国际支持下成立的国际性组织。

　　《约翰·克利斯朵夫》的作者、获得1915年诺贝尔文学奖的法国作家罗曼·罗兰，就是这个组织的发起人之一。

　　1921年获得诺贝尔物理学奖的德国物理学家爱因斯坦，也是发起人之一。

　　1927年，法国的罗曼·罗兰、德国的爱因斯坦、苏联的高尔基、英国的萧伯纳、印度的尼赫鲁、中国的宋庆龄等世界著名人士，共同发起成立了反帝大同盟，爱因斯坦和宋庆龄均被推举为名誉主席。

　　这时的宋庆龄，正流亡在欧洲。几个月前八一南昌起义时，发动者成立了中国国民党革命委员会，推选宋庆龄、周恩来、贺龙等25人为委员。随即发表以宋庆龄领衔，毛泽东、董必武等22人署名的国民党《中央委员宣言》，宣布蒋介石、汪精卫背叛革命。南昌起义失败后，宋庆龄不得不出走莫斯科，再转赴欧洲。

　　直到1929年，南京中山陵建成，蒋介石电请宋庆龄回国参加奉安大典，

---

①　《在同张学良相处的日子里》，辽宁省政协文史资料研究委员会编，第198页、199页，辽宁人民出版社，1986年出版。

宋庆龄才重新回到中国。6月1日，孙中山灵柩由宋庆龄等人护入墓室。仪式结束，宋庆龄拒绝留在南京，随即回到上海。8月1日，由任弼时和潘汉年牵头的上海反帝大同盟成立，不久全国各地的反帝大同盟先后成立，成为在中国共产党领导下的外围群众组织。很多后来的共产党精英都有反帝大同盟的经历，如毛泽东的秘书胡乔木，教育部副部长周林，哈尔滨市委书记郑衣平，上甘岭战役前指炮兵司令员、1961年被授予少将军衔的颜伏……

张学思自传

日本帝国主义又开始向热河、察哈尔进攻，国民党的中央军与东北军节节败退，进到冀东。张学良下野出了国。何应钦到北平与日帝妥协，这时也正是平津学生运动日趋活跃的时期。

在这种环境中，我在小资产阶级的革命热狂情绪支配之下，使我不能再盲目地自尊与清高独处了，我积极要求参加党与革命活动。经王金镜同志介绍我参加了反帝大同盟沙滩支部，领导人是关成章。他主持我们七八个人开过一次会，讨论如何进行抗日反对国民党的宣传。给了我一些传单、小册子带回学校，夜里我把它放到阅报室，在天桥组织一次飞行集会，因碰上过部队未搞成。第二次会拟在朝大与左联合并，亦未搞成，只与关成章个别谈了话。

在张学思早期的人生路上，王金镜起过至关重要的作用，抗战初期，王金镜来到延安，

★ 20世纪50年代王岳石和夫人王育新　罗亚军供图

并改名为王岳石。后被八路军总部派入北平从事地下工作，其间与东北军将领王以哲之女王育新结婚。1955年被授予大校军衔，先后任沈阳炮兵学校副校长、旅大警备区炮兵副司令、警备区顾问等职。1994年病逝，享年80岁。

谢雪萍口述

不久，在六十七军，张学思搞过一次兵变。那时候想革命就要掌握武装，怎么掌握呢？看看自己有什么条件，能够把部队拉到自己手里，那你就有力量了。当时是在廊坊大庄头，我后来还去过，到实地看看他搞兵变的地儿。

他们那个支部书记姓杨，很左，拉大旗，说大话，表现得很革命。可是那会儿条件还不充分，这么一弄就暴露自己了，后来就失败了。

正好张学思回天津为兵运筹款，就躲了一劫，失败以后也搞不成了。

因为并非亲历，谢雪萍对廊坊兵变的描述只有寥寥数语，但是已经大致勾勒出了兵变的概貌。

这是发生在1933年的一场失败的兵变，规模不大，也未成功，这样的兵变计划在大革命时期共产党的奋斗史上数不胜数，过去了，就犹如一朵浪花，不会引起史学家的关注。尽管在大帅府时母亲教育他不要走军人道路，当22年后他被授予海军少将军衔时，追溯起来，廊坊兵变也可以被看作军人张学思的起点。

张学思自传

这时"反帝大同盟"响应党的号召，动员盟员去做兵运工作，组织华北红军，我与王金镜同志即积极要求参加。

4月间，我与王即被派到廊坊上、下庄头村东北军六十七军特务大队搞兵运工作。

特务大队有五六百人，大队长叫杜长龄，他与王以哲私交很好。长城战役时，他收了些散兵游勇，王即给他一个特务大队的名义，企图扩兵充实六十七军。杜是"左倾"军官，与我党有联系，在他掩护下，党拟把该部队搞成华北抗日红军。支部书记是杨英杰同志。

我到特务大队，王以哲、杜长龄均不知道。王金镜留在大队部，我改名叫黄树藩，下到班里当士兵。

因为西安事变，王以哲虽然被人广为熟知，对其身世又通常了解有限。

晚年高存信写过一篇《白山黑水忆将军》，被收录在《在同张学良相处的日子里》一书中，文中对王以哲有过特别介绍：

王以哲是黑龙江人，毕业于保定军校八期，先在直系从军，1922年回到沈阳想投效东北军，但是尝试多次后没人理他，心中不满便直接写了封信给张学良："似乎偌大的东北军已经人才济济，连一个小小尉官都容纳不下了。然而我看到的是：东北军军纪不整扰民特甚，为军官者不知其兵，只知吃喝嫖赌；为兵者以老百姓为豕狗。个人固不敢誉为贤者，但在正规军事学校毕业，学有专长，还抱着一颗杀敌报国、整军爱民的决心，回到家乡，自谓当一名下级军官尚可充数其间，不料今竟穷困潦倒于旅途之中，食住皆成问题，望钧座量力而处之，能用则用，否则请速赐回音，以绝留恋之念，俾别做打算。"

王以哲信中言辞激烈，把信投上去后就收拾行装，打算投奔他乡。不料当晚就接到了张学良的召见，随即委任他为东北教导总队第一期中尉排长。"王上任后尽心竭力，其所带之排，成绩突出，学术科考试成绩为全队之冠。第二期开学，王被提为上尉连长。"

迅速升迁的王以哲很快遭到了诬告，张学良为查明真相，到现场亲自检查训练成果，王以哲带的连又为全队之冠。张学良非常高兴，严厉谴责诬告的人，当场把诬告信撕毁，鼓励王以哲："成绩就是你工作的一面镜子，诬告信就是对你的表扬书。"

教导队第三期开学,王以哲升为少校营长。

张学良对王以哲的提升,大都在力排众议的情况下,不到六年其即被提升到旅长,将军衔。到1933年再次提升为六十七军中将军长,这一年,王以哲37岁。此后的王以哲在联合红军和西安事变时成为张学良最得力的助手。

西安事变后张学良被扣押,作为主和派代表,王以哲于1937年2月2日被少壮派孙铭九派人枪杀。

当王以哲遇害的消息传到拘押张学良的雪窦山上时,久居权力场游戏之中的张学良无疑明白,他已经失去了重出牢笼的资本,只要东北军集团在,他还有斡旋的空间,如今他委以重托的王以哲不在了,东北军再无领袖式人物可以统辖全局,从此成为一盘散沙,自己也就成为俎上鱼肉了。所以"张学良闻之失声痛哭,给于学忠的信中写道:'真叫弟不知如何说起,泪不知向何处流。'"①

该事件直接导致东北军分崩离析,张学良失去依仗的资本,复出从此遥遥无期。这样的后果可能也是孙铭九等激进派意想不到的。1984年夏,高存信、白竟凡夫妇去北戴河看望徐向前元帅,徐对他们说:"若是王以哲不被杀害,即使东北军东调,他也能和我们合作。"

死去的王以哲不仅仅是六十七军军长,此时的他还是一名中共秘密党员,这一身份差不多70年后才被人们知晓。

2007年第7期的《党史博览》,刊登了作者散木的一篇文章:《土地革命战争时期中共的"特别党员"和"秘密党员"》,文中重点讲到五个人,王以哲名列其中:

王以哲(1896—1937),原名蓬峤,字鼎芳,吉林宾县(现属黑龙江)人。

---

① 《在同张学良相处的日子里》,辽宁省政协文史资料研究委员会编,第190页,辽宁人民出版社,1986年出版。

王以哲是东北军的高级将领，也是张学良的亲信部属，曾任东北军第六十七军军长。西安事变前，王以哲在张学良向中共提出入党的要求之后，于1936年7月由周恩来介绍，秘密加入了中国共产党。1937年2月2日，在东北军"少壮派"应德田、孙铭九等发动的变乱中，王以哲遇害牺牲。此后，关于王以哲是中共的"特别党员"一事长期湮灭不闻，甚至一些曾在东北军工作的中共党员都不知情，后在叶剑英等证实下才得以澄清。

不光王以哲是中共党员，散木的这篇文章还探讨了张学良是否是中共党员的问题：

据说张学良曾两次提出要求加入中国共产党。第一次提出后，当时中共中央曾连夜在安塞举行会议，一致认为中共与张学良建立抗日民族统一战线的目的是为了争取东北军而不是一部分，并以此推动全国抗日民族统一战线工作的开展，因此，应向其说明此意。后张学良对此表示理解。不久，张学良再次提出要求，中共中央表示同意，但当时中共属于共产国际的一个支部，须向共产国际报批。由于苏联因"中东路事件"已对张学良存有极大偏见，结果没有批准张学良的要求。

关于这一历史之谜，作为当事人的张学良至逝世前也未予以证实。他只是在与张之宇教授谈话时说过："一般人都不知道我的心里，我简单地说，我可以说我就是共产党。"

1933年时的王以哲并不知道他的人生只剩下最后4年了，他也不知道就在他的麾下进行廊坊兵变的人当中，有一个叫王金镜的后来会成为自己的女婿。

80年后，王以哲70多岁的外孙女王伊利，将自己晚年的全部精力，都投入到了对王以哲的历史研究之中。

张学铭有个同学叫杨心梅，经张学铭推荐，从1932年起跟随张学良做文职秘书，西安事变后，杨心梅被遣散回北平。

1943年，曾用名王金镜的王岳石，被八路军总部派遣科科长林一相中，化名为王鉴平，深入北平从事地下工作时，结识了杨心梅并发展其入党。

杨心梅过世后，其子杨方撰文《我难以忘怀父亲杨心梅》，文中就王以哲女儿的情况略有披露："1988年秋，我偕同老伴胡得凤看望王育新（东北军王以哲将军之女，留日学医，王岳石前妻，1988年任全国政协委员），她告诉我们：'1944年间，林一当时是八路军总部情报处派遣科科长，滕代远夫人，从解放区潜入北平，敌人风闻，还是你父亲杨心梅神通，为林一转移多处，平安渡过危险期。'"

六十七军特务大队大队长杜长龄是这次廊坊兵变的主角。

吕正操在《吕正操回忆录》中记述："由于蒋介石采取不抵抗主义，东北军中就有人酝酿兵变。当时有的团已有少数共产党员，在团里宣传抗日。不久发生廊坊兵变，失败后团长杜长龄（在日本留学时入党）跑到新疆，后来被盛世才杀害。张学良的弟弟张学思就是在这个时候入党的，他参加了廊坊兵变。"

杜长龄毕业于东北讲武堂，后留学日本，日本步兵学校毕业，曾任张学良卫兵队上校队长，职位相当于团职。

收录在《辽宁党史人物传9》，由高存信、白竟凡撰稿的《王以哲》也提到了杜长龄："1933年，王以哲为了扩大六十七军的实力，收容了退入关内的部分义勇军，又招收了一些青年学生，组成六十七军特务大队，驻廊坊附近，任命杜长龄为大队长。此时，杜已秘密加入中国共产党，在大队中秘密建立了中共支部。特务大队抗日宣传十分活跃，发展了不少共产党员，张学思就是王岳石任特务大队支部书记时发展的党员。中国共产党这时正处在王明'左'倾错误指导之下，指令杜长龄搞兵变。杜长龄率部于1933年8月起义，准备将部队拉到马兰峪一带打游击。不料此事事前已为国民党特务侦知，密报给何应钦，何应钦严令王以哲查办，并'剿灭'该部。王以哲即让其参谋长赵镇藩告知杜长龄预做准备，离开部队，但特务大队终被包围缴械，起义失败。"

张学思在自述中说，自己到了特务大队下到班里当士兵，王以哲、杜长龄都不知道。从吕正操和高存信的相关记录上看，王以哲可能不知道，但是作为兵变的主要策划者，又是张学思的领导，尤其对于张学思这样特殊身份的人参与进兵变，杜长龄应该知道张学思来了。有可能出于保密纪律考虑，所以张学思单方面不知情。

张学思自传

半月后，王金镜同志介绍我入了党，在支部会上（有五六个人）我说了我的入党要求便通过了。给我的任务是启蒙士兵阶级觉悟，与他们打成一片，搞好对象，先突击一个。我是一个少爷学生，有的是小资产阶级的革命热狂与幻想，如何与士兵打成一片，如何启蒙阶级觉悟，均是新问题。因此，我的言语行动他们均看着两样，又是大队部派去的，不是监视他们，就是搞什么鬼名堂，他们以敬鬼神而远之的态度。开始称我黄先生，我反对，我说我是丰台铁路工厂的工人，念过两天书，被大队部副官招来的。他们半信半疑，什么公差也不叫我去，像是个吃闲饭的。我的幻想被现实打破了，知道搞士兵运动不是像想的那样简单，一号召就起来的事。事实是不但一下子号召不起来，就连话也不能上去。

我觉到苦闷与灰心，找杨、王谈了几次，他们告诉了我一些方法，以后我便班里做饭我就烧火，班里做菜我就去买油盐，站岗放哨我争着去，隔阂逐渐好转了，他们叫起我老黄。讲打仗时如何发洋财（抢老百姓），驻防时如何嫖大炕（妓女），村里哪家女人好，哪家是半吊子，哪个官长是好样的，哪个是谁的小舅子，打仗孬种等等，均已不避我。有时让我给他们讲三国，《七侠五义》，这些书我都未成本看过，也就顺嘴乱讲。讲错了他们自己便接起来，比我知道得多。

一次我讲起苏联怎么好，可真打动了他们。一连讲了几次，有人问到中国能不能也那样，我说能。他问怎样才能，我说须斗争。他们问什么是斗争，却把我问住了。因我自己也不知道一个士兵如何具体斗争，我守着先突击一个士兵的信条，只答了须先抗日打国民党。这个结论他们同意（因当时张学良出洋，东北军无头，待遇与中央军差得很多，所以士兵有反蒋情绪）。我去找杨汇报，他叫我找一个对象突击，启蒙阶级觉悟，但实际上我自己尚无阶级觉悟，如何去启蒙别人。

我选了那个听苏联很起劲的人做了对象，说抗日打中央军他同意，说"老子不怕死，打仗不孬种"。我讲社会有阶级，无产阶级应当组织自己军队起来革命，我把从书上得来的一知半解的知识讲给他听，他越听不懂，我越讲不清。他说我们"无枪无钱无人干什么革命，是瞎扯淡"。我说"红军不是干起来了吗？"他说"你看见几个，成不了事"。我碰了一个大钉子，找杨、王又谈几次，研究一些办法，但仍是进展不大。在实际的困难面前，我便自想假如我自己能掌握了兵权效果便会大多了。

一次党支部开会，说特务大队很困难，军里不把大队与师一样看，吃穿薪饷都发不下来，杜长龄着急无办法，支部便决定我回家设法弄钱来。

在5月间便回到天津，才知家里闹翻了天，校中找不到我，家中不知哪去了，母亲焦急万分。

张学铭已是天津的公安局长兼了市长，便说我当了共产党，不要父母家庭了。母亲更加害怕，怕我成了第二个张学成，一面派人到处找我，一面向张学铭保证我不会是共产党。到家后母亲跟我大闹一阵，我说了我和同学到西山度春假，住了几天没请假。

张学铭听我回来也就不再讲什么。母亲也半信半疑，但把我看起来，说时局很乱，不叫一人乱走。我说回学校，她就要再过几天派人送去。过了几天，慢慢事情已被他们忘记，我便谈起东北义勇军的事，说拿些钱帮助他们，我也要去当义勇军。她说你大哥都无办法出了国，我们哪来的钱，要我好好读书，不要胡思乱想。又拿了张学成的例子向我哭劝一阵。从小时起，我一见母亲哭就心软，我安慰了她一阵，把事放下，当时用什么方法要钱均会引起母亲的疑心，自己着急无办法。

张学铭比张学良小7岁，同母兄弟，比张学思大8岁，在张氏帅府的八兄弟中，排行老二。

张学铭曾在日本学习军事，中原大战结束，张学铭随张学良入关，出任天津市警察局长，1931年4月，出任天津市市长兼警察局长，时年23岁。如果以权力论高低，张氏兄弟此时齐齐都走到了人生的最高峰。

谢雪萍口述

"九一八"以后，老太太离开了沈阳，因为她要嫁女儿，就是我们的三姐张怀曈，嫁给赵尔巽的儿子赵世辉，所以她就在天津买了房子。

老三叫张学曾，属于书生派，不理别的事，就管好自己就行了。

他有个笑话，天津是租界，那里外国人多，很自由。

老三就跟一个外国女孩子好了。他妈，就是我们老太太不愿意，就把他绑上给张学良送去，让他处理这个弟弟。张学良对这样的事是无所谓的，到那就把他放了，没事，老太太也没话说了。但后来他也没跟外国人结婚，跟中国人结婚了。

这个事我是听我们家老张说的，说把三哥绑了，送到北京去，叫大哥处理。结果大哥一看，这算啥事。因为老大无所谓，他什么事全干的,哪管你这事嘛。

以后张学曾到了美国,学习很好,是中国人里面的第一代同声传译,在联合国工作。他说他是联合国人,不是中国人,也不回中国,后来在美国去世了。他的大孩子叫张闾璜,是搞石油研究的。

学思的两个姐姐抗战前都出国留学去了,后来都到了美国,三姐夫赵世辉和张学曾都是第一代的同声传译。

八兄弟中,张学曾排行老三,和张学思是同母兄弟,也是张作霖八个儿子中唯一的一个留学生,张学曾先后留学日本、英国,后来定居美国,在联合国总部秘书处任职。如果张学思不是因为立志于抗日,他的人生路线图应该和自己的三哥相仿。

正是那句话,有什么样的妈就有什么样的孩子。

"我喜欢三弟和四弟他们两个。我三弟和四弟是我第四个母亲生的,三弟不像我四弟。生我三弟和四弟的是(我父亲的)第四个太太。我第四个母亲相当地厉害。她管孩子管得相当厉害。我的三妹和五妹,我的第四个母亲生了两个姑娘两个儿子,都很好。在北戴河那有一个卖外国货的百货公司,有一个卖货员是混血儿。我三弟就喜欢上她了。他母亲知道了,就非常地火,就打他,用鞭子打,他哭着说四弟没有手足之情,我挨打你一声也不吭。四弟他说,不吭声更好。他说,怎么的?我要吭声,她还揍你。我三弟后来娶了蔡家的小姐。蔡家是广东人。他结婚的小姐是蔡十三。"①

蔡十三的父亲是蔡绍基,广东珠海人,首批留美幼童之一,曾做过袁世凯幕僚,担任过天津海关道督办、北洋大学校长,因袁世凯称帝二人反目,此

---

① 《张学良口述历史(访谈实录)》,张天坤著,杨天石编,第4卷第1113页,当代中国出版社,2014年出版。

后退出政坛专注于实业。1933年过世,享年74岁。

对蔡绍基的发家史,晚年张学良有过几句评论:

"他怎么发的财?他好像给袁世凯当秘书。庚子赔款的一部分钱被海关扣下来存在银行里,经他的手。庚子赔款存在银行里,有利息呀!可是利息不能赔给你呀!他问袁世凯,利钱怎么办?袁世凯说,给你。他就这么发了,拿了一大笔钱。这个人也很有意思,那时英国租借地地皮便宜呀。他拿这笔钱买了一大片地。我三弟认识的是他家第十三小姐。"①

乱世中的官也不是好当的,张学铭在天津市长的位置上并没有坐多久。

他出任天津市长时是4月份,不到半年就发生了九一八事变,又过了两个月,在天津,先后两次爆发土肥原贤二在背后策划的"天津事变",通过军方组织上千中国人袭击市政府、警察局,日军以炮击相配合,由于参与者均穿便衣,又被称为"便衣队暴乱"。事变的目的是促使寓居天津的溥仪前往东北。

张学铭此时兼任警察局长,下辖一个天津保安总队,总队长王一民和张学良是东北讲武堂同学,和张学铭是日本陆军步兵学校同学。总队里有两名教官,都是张学铭在日本陆军步兵学校的同学,一个叫解沛然,当年受张学良资助,和张学铭一起去日本学习,还有一个叫孙铭九,这时谁也想不到,日后孙铭九在西安事变后制造了"二二事件",枪杀了王以哲,数年后又投靠日本人当上了汉奸。而解沛然则参加了中共,改名解方,多年征战,成长为知名的解放军将领。

11月8号,是张学曾和蔡十三结婚的日子。当晚,暴乱爆发,以王一民、解沛然、孙铭九为首的保安总队及时出手将暴民击退,日军以炮击警察局进行报复。26日,暴乱第二次爆发,再次被保安总队击败,日军再次炮击天津市

---

① 《张学良口述历史(访谈实录)》,张天坤著,杨天石编,第4卷第1113页,当代中国出版社,2014年出版。

政府和警察局。

事后日本以保护侨民安全为由反应强烈,张学铭辞职。

辞去天津市市长职务的张学铭出国考察,结果途中艳遇天津名媛、朱启钤的六女儿朱洛筠,两人一见钟情。考察回来,张学铭就和原配姚佩贞离婚,这个婚姻,也是当年张作霖包办的。

朱启钤是北洋重臣,代理过国务总理,亦官亦商,1964年过世,享年92岁。朱洛筠的五姐就是"赵四风流朱五狂"的朱湄筠,朱五小姐朱湄筠和赵四小姐赵一荻是中学同学,1930年嫁给了张学良的副官朱光沐。

此后的张学铭一直当闲云野鹤,闲散到1943年,出任汪伪政府的军事委员会委员,做了汉奸。

张学思自传

不久王金镜来到天津,找我谈大队的事,说关成章和更多同志都去了,急需钱用。我把家里情况告诉了他,他主张我不要与家里闹翻了,应该利用这个家。我们便决定把我自己存的一百白洋和一支小手枪交给组织,我先回学校,路过廊坊,王派人取东西(因他一人不好即带走),待我到校,家人走后再回大队。

王即先回去,我以回校读书,并做了一番保证,取得了母亲的同意。便派人送我去京。路过廊坊王未派人来,东西未交上。未过几天王即来校,找我把东西取走,告诉我关成章去后,要马上把队伍拉出去,大家认为尚不成熟,意见不一致,让我等等听信再去,并说北平军委有人与我联系。王走后不久,军委一个姓孙的来找我,让我再等几天,也未谈别的。但仍久无信息。

约在5月底,我突然在一个北平小报上看到六十七军特务大队因叛乱被解决的消息,使我大吃一惊。想等孙来问个清楚,孙也不见。

一天晚上王金镜突然到了我的宿舍,灰尘满面,讲了失败的经过：关成章去后认为大队工作无开展，是机会主义，要把队伍拉出来。杨、王、支部均认为下层无基础，中层军官一个也未掌握，条件不够，周围都是各师部队，拉不动，走不出去，不同意关的意见。

关也不受支部领导，自己在一个队里乱干，天天在大庙里开会，挂马克思像，教士兵唱国际歌，弄得周围都知道，队长们讲怪话。一天夜里四周枪响，大队毫无准备，仓促决定向铁路西拉，上、下庄头村附近共五六个村是特务大队住。距铁路尚有十八里，周围都是军属各师，内部不成熟，外部无联系，队伍连乱带散，等王和一些人到了铁路边，早已入了人家的网，即被缴械扣押到军部，以后王以哲把所捕的百余人（其他均散掉了）集合起来，讲了一次话，每人发了几块钱即行遣散。

王因我去后也下到队里，和士兵关系搞得好，均未给他暴露。所以就一起被遣散出来。说杨已被捕，关不知下落。军委孙某也不见了。我们曾设法去营救杨英杰同志，因当时北平是何应钦的天下，宪兵三团比东北宪兵反动得多，经常逮捕人，情况很紧，我们无法可想，自此我和王金镜便与党失掉了关系，以后也没有积极去找党。

廊坊兵变表面看起来是由于当事人经验不足，做事激进导致失败，但如果回到当时中共在全国的形势来看，就比较容易理解失败背后的因素了。

此时是1933年，周恩来在回忆这一年的革命形势时说："宁都会议以后，毛泽东同志对军队的领导被取消了。1933年又反对罗明路线，反对邓、毛、谢、古，正确的同志都受到打击。搞得最凶的是江西，因为临时中央1933年到了江西，执行国际路线。结果使党在白区的力量几乎损失百分之百，苏区的力量损失百分之九十。"[1]

开国大将粟裕此时在红一方面军担任红十一军参谋长，他在回忆录中说：

---

[1] 《周恩来自述》，第173页，解放军文艺出版社，2007年出版。

"第四次反'围剿'虽取得了胜利,而王明'左'倾错误并未得到纠正。在此后的一段时期内,红十一军同其他兄弟部队一样,奉命进行所谓'不停顿的进攻'路线,举行过多次作战,都因战略方针和作战指导思想上的错误,付出了重大的代价。红军日益丧失了战局的主动地位。"

在激进的、错误的路线指导下,不光是廊坊兵变失败了,"左"倾盲动导致的失败是全国性的,一年后,所有的苏区都被迫放弃,红军开始了大转移、大迁徙,史称长征。

廊坊兵变的几位主要当事人,关成章从此下落不明;王金镜前往日本留学;杜长龄被组织派往新疆,1941年被盛世才杀害;杨英杰被捕,被判刑15年,1937年被八路军驻南京办事处保释出狱,前往延安,在中央党校工作,新中国成立后担任过国家计委副主任、湖南省副省长等职,1978年去世。

个人的命运在这个激荡年代沉浮不定。

★ 第四章

乱世中有人向左，有人向右

张学思自传

几个月的兵运工作,我得出经验是这样搞兵运不成,认为自己设法搞武装是有效的办法,王金镜也同意我的看法,他主张应利用封建关系进入东北军去掌握军队。我也认为对,但均以不懂军事为难,我们共同的结论是先出国学军事。

王即回东北设法从家里弄钱。我则几番以国难家仇的苦劝,最后说通了母亲,她觉得我很有志气,说乱世也是男儿创业的时机。她虽不愿我再当军人,但因我大了,不愿埋没我的志气,误我前途。经她和我三姐夫赵世辉,托了鲍文樾(当时北平行营的副主任,后来任张学良的参谋长),给我向国民党政府办出国学军事的手续。弄了半年,先告诉我可以去德国,后说只能去奥国,因别处已满员,我当时只要不去日本哪国都行,即准备三四年春启程。年初突接张学良自欧洲来电,说他已知道我要出国学军事,他即将回国,要我待他回国后再走。鲍文樾也知道了这事,也要我等张。

鲍文樾是张学良的重要智囊,毕业于陆军大学,和傅作义是同学。中原大战期间,他是张学良和蒋介石之间的联络人。

他也是西安事变的主要参与者之一,事后寓居上海,最终投靠日本,沦为汉奸。投靠汪伪期间,他最大的功劳是拉拢了陆军大学的校友吴化文投日。

军统掌门人戴笠曾奉蒋介石之命见张学良,要求写信奉劝鲍文樾,让他好自为之,不要做历史罪人。抗战胜利后,汉奸鲍文樾被捕,并被判处死刑,他托军校时的同学傅作义出面斡旋,改为无期徒刑。一直被关押到1975年才在台湾获释，在监狱中一蹲就是30年。

鲍文樾于1980年过世，享年88岁。

张学思自传

  冬天王金镜自东北回来说，经其父托伪满关系，可去日本入陆军士官学校，但须自费，他家困难，让我设法。我以王是我的挚友，我想将来做事他是个帮手，目前家境困难，要母亲帮助他。王也见了母亲，说与我相交不是为权势，是性志相投，愿为生死之交。并谓将来卖房地也要还钱，说得母亲蛮高兴。因她早就知道我与王不错，便借给他两千元留学。

  我们分析研究了张学良回国必仍掌握东北军，我欲进入东北军，必须与张学良把关系搞好。应改变过去的态度，争取他的信任，我们决定了以后的通信方法，王便去东北。约在1934年夏，他即入了日本陆军士官学校中华队。

  由于郭松龄与国内革命的影响，张学良有着一定的资产阶级民族意识，"九一八"后日本帝国主义把他赶出来，他为他自己的利益也是主张抗日的，但因久染恶习，与东北军上层军官的腐败，他无力去振奋改革，统率东北军去抗战。

  出国后首先戒掉针瘾，身体强壮，前后若两人。他很羡慕西欧各国强盛的景象，尤其希特勒的登台与墨索里尼对他的招待，他又深受法西斯的影响。

关于张学良戒鸦片烟瘾的话题，是所有研究张学良的文献都喜欢谈及的。他戒烟时，让人把他绑在床上，床头放一把手枪，谁都不许来帮，否则就要拿枪打他。都知道戒鸦片是很困难的事，但是最后他成功了。

所以晚年张学良会对唐德刚自豪地说："烟瘾发作是什么感觉呀，难受啊！我那时候用句土话说，是活人叫死东西给管着。你要不能跟它应付完了，那你什么也做不来了。戒烟要靠很大的毅力。我跟你说，不是我吹，一个人如果能把这烟戒了，那这个人就了不得。"①

张学思自传

回国后主张抗日，决定改革东北军，不管新老，有朝气的就用。过去那些专门捧他吃饭的家伙，就是"一、二、三"之类他也不理了。但他所选的道路是法西斯，他同意"先安内而后攘外"，拥护蒋介石为领袖。同意调东北军去参加内战。当连续在豫鄂皖与陕北被歼灭几个师之后，及我党争取东北军抗日的政策，他才认识到我军力量的强大，蒋介石的不抗日，法西斯道路的不对头，与我党抗日主张的正确，并在北方抗日运动的高压下，而开始思想转变，后有双十二的事变。

1934年春，张学良回到上海，我为出国首先去看他，他精神焕发，谈笑很自然与过去大不同。很赞成我学军事，他希望张家兄弟醒悟为抗日复仇奋斗，并说为我在西欧看了几个军事学校，觉得奥国太小，军事不发达，要我去法国、德国或意大利。但首先他要我必须去中央军校入伍，理由是先知道一下中国军队的情况，二是中央军校办得好，将来东北军的干部也要往那里派，我经过那里入伍后再出国，也算是中央军校的学生，将来好做事，意思是不只他是拥蒋的，就是他的弟弟也是蒋介石的学生。我为争取他对我的好感，而且入伍期只有半年，即同意了。

1934年7月，我在汇文高中毕业后，即由张学良保送入中央军校第十期预备班，后转入入伍生第二团入伍。军校的命令是我入伍期满后即出国。

---

① 《张学良口述历史》，张学良口述，唐德刚执笔，第107页，中国档案出版社，2007年出版。

入校后，我当然又成了特殊人物，我也有了充分准备，知军校是国民党培养军事干部的大本营，我即非常谨慎、苦学苦练、少与人接触。我是中途送去的（预备班已上了一年课），尚须下小操补课，我不但没落后，还赶上了一般的同学。

中央军校的前身即是黄埔军校，实行每日"三操两讲"制度。三操：出早操，上、下午各进行一次训练，叫作三上操场；两讲：上午或下午安排两小时政治教育，晚上进行一次全队讨论或晚点名，叫作两进课堂。

张学思因为中途入学，课程落后，所以需要通过下小操这样的个别训练达到训练要求。

张学思自传

秋天正式入伍，在预备班时其他人均集体入了国民党，我在入伍时队上的政训员要我填了一张简历表，给我补发了国民党证。记得是军预字多少多少号，既未宣誓也没仪式。很久以后政训员找我谈了一次话，问东北军的情况，哪军哪师有多少人，装备如何等，其实我哪里知道，即给他乱谈了一阵应付过去了。

年底入伍期满，到句容附近野外演习，这时张学良到了南京，张治中（军校教育长）陪他到句容去，参观我们基地。张治中向他讲我很好，能吃苦耐劳，成绩优良，最好毕业后再出国。张学良也蛮高兴，因同期中有湖南何键的儿子，与朱培德的弟弟，他们纨绔之风很盛，又不听管束，我与他们不同。因此，张学良似乎觉得我给他增了光，便同意了张治中的意见，一定要我入本科毕业后再出国。我看不听他的话出国就出不成，不干了，又学不了军事，也去不了东北军，就只得同意他。

★高崇民　辽沈战役纪念馆供图

在军校里，张学思意外地和同泽中学时一起打篮球的高存信重逢了。

高存信后来毕业于北平弘达高中，主动跟父亲高崇民提出要考黄埔。报考黄埔需要两个以上的保人，而且必须一个是军队校级以上的军官，一个是地方厅局长级别以上的官员。高崇民出面，在军方找了六十七军中将军长王以哲，地方上找了北平电话局局长徐士达，两个人都是高崇民的好朋友，高存信最终考取中央军校第十期炮科。

高崇民曾任职张学良的秘书，是西安事变的亲历者之一，参与成立了东北救亡总会。新中国成立后，曾任第四届全国政协副主席，1971年过世，享年80岁。

在南京，张学思和高存信第二次成为同学，多年以后，高存信老人回忆说："1934年春，我在南京军校第十期学习。十期的学生中东北籍的320余人，约占总数的百分之二十。张去军校看望他的四弟张学思，在军校大礼堂为全校师生讲了话，介绍其出国考察的体会。又召集我们东北籍学生讲话，着重介绍他应意大利外长齐亚诺（墨索里尼的女婿）的邀请，对意大利进行了考察，齐亚诺介绍了意大利国内的情况，齐亚诺说：'你们国家之所以不能很快富强，就在于领袖太多，主张不统一，力量不集中。'这话给张影响很大，他回国后，极力主张要效法德、意国家，实行一个领袖，集中领导……他鼓励大家学好军事本领，毕业后到东北军去，共同为收复失地而战斗。这是我第一次见到他。"①

---

①　《在同张学良相处的日子里》，辽宁省政协文史资料研究委员会编，第195页，辽宁人民出版社，1986年出版。

张学思自传

　　1935年初,我与七八个同学被派到河北易县入伍实习,住在班里当上等兵,下小操、与老兵一起进行操课。约三个月实习期满,我即被编入第十期学生第二总队步科做了正式的中央军校的学员。我本着入伍时的干法,苦学苦练,埋头钻研军事学,军事操作不落后,其他不闻不问,所以算是队上一名优等生。

　　因为我是张学良的弟弟,校方也有特殊看待,演习各种指挥动作时,我参加也多,所以学到也就多一点。当时军校的教程、操典、教育方法,均是德式,每个总队有德总队顾问,另有特种兵顾问,军事生活很严,管理是蛮不讲理,学员经常受辱骂与体罚,班长以上都有打人权。

　　军校的政治活动则不像我想象的那样严,学员均是集体参加的国民党,每个教授班五十多人编一小组,自我到校至毕业,共开过两次小组会,一次是讨论三民主义,政训员指定两个同学讲话即算完事,并无讨论。一次是组织义务劳动宣传,政训员先在班上讲如何宣传法,把全队分了几个组,到南京下关做了一阵宣传,许多同学都溜走下馆子去。接着我们总队即开到南京市外修了一道堤。在校内平时即无思想、学习检讨会,我也从未见开过什么党的会,政训员有时在队前做精神讲话,但学员们均不爱听。经常有的是纪念周,多为张治中或总队长讲话,不是"开明专制、绝对服从"便是领袖伟大人格之类,有时大演习后,做些学习讲评。蒋介石每回到南京,即在军校大礼堂,召开全南京市的扩大纪念周,学员均知道他的规律,一讲即是两三个钟头,由立正稍息军风纪讲起到攘外必先安内,"剿共""建国"等一套,以上这些会后从来未有过讨论,解答问题等事,此外再没有任何群众性的政治活动。

鲍文樾的弟弟鲍文沛与我同总队，我出国又是他哥办的，他家与我三姐夫有亲戚，论起辈来他得叫我舅舅。他是军校篮球队员，与政训处接触较多，被搞进复兴社，他有时向我讲他的活动，我在军校曾阅《世界知识》，他告诉我复兴社注意看《世界知识》与《生活杂志》的人，我为避免学校注意即停了。他告诉我他如何被指定监视哪个同学，看其有无反动活动，复兴社打算把哪个同学毕业后扣起来等；他可以旷课自由外出，这一点他很满意，但复兴社给他的特务任务，他当时却觉得很苦恼，常向我发牢骚，但糊里糊涂进去了，又不敢退。由他口中我知道了校中暗地有复兴社在监视学员，十期一总队曾于黑夜捕走几个人，在学员中暗地传说，谁也不敢公开问，我也就更加警惕。

多年后，鲍文樾投靠汪伪，汪精卫听说他还有两个弟弟，二弟鲍文震和三弟鲍文沛，要鲍文樾联络他们投奔南京。鲍文沛这时已经是戴笠手下的高级特工，刚接受潜入南京的任务，接到信息正中下怀。

鲍文沛潜伏汪伪期间，向重庆传递的无数情报中间，有一份情报在十几年后直接导致潘汉年被捕入狱，成为潘汉年案件的四项罪名之一：投靠日本特务机关。

1943年，潘汉年在汪精卫官邸与汪精卫会面，当晚，相关信息就被鲍文沛掌握并发送给重庆，国民党政府据此大做文章。

潘汉年在1982年被平反，围绕潘汉年一案至今仍在吸引史学家进行考证研究。事过多年后，二哥鲍文震说，潘汉年为此卷入了悲剧之中，这都是鲍文沛当年造的孽。

张学思自传

1935年夏，张学良由武汉来南京，带着他那种法西斯的拥护领袖的真诚，要我毕业后去中央军工作，做个真正的"国军"的干部，遂把我介绍给胡宗南、桂永清（桂在1936年秋是我们二总队的总队长）。说他俩是蒋介石器重的带兵名将，他俩也就像受托了似的，对我寒暄几句，以后我也未去找他们。不让我回东北军，我听到心凉半截，但又不能马上反对，只得表面从命，心想毕业后再设法争取。

　　这时我三哥五姐去英国留学，母亲送他们到了上海，因想念我，便在南京租了个小屋住下，我每逢假日即可回家去，也便有了看书的地方。这一时期，我看了艾思奇的《大众哲学》，继续订阅《世界知识》与《生活月刊》等。

三哥张学曾就此踏上留学之路，五姐张怀曦和张学曾、张学思都是一母所生，她原本由父亲张作霖包办许配给北洋政府总理靳云鹏之子，属于又一桩政治联姻，但还未等结婚，张作霖在皇姑屯被炸，婚事从此没人提了。

张学良下野在欧洲考察时，于凤至带着孩子陪在身边，张学良回国，于凤至留在意大利照顾正在读书的孩子。意大利承认"满洲国"独立后，于凤至带着孩子离开意大利到了英国。

这次五姐张怀曦就是在张学良和于凤至的帮助下，去英国留学就读剑桥大学。一年后西安事变发生，随即张学良被幽禁，于凤至将三个孩子托付张怀曦照顾，回国与张学良相伴共同面对困境。

1940年，于凤至发现身患乳腺癌，决定前往治疗条件最好的美国就医，孩子也被接到了美国。

毕业后的张怀曦，也前往美国投奔了大嫂于凤至。

2007年，团结出版社出版了《我与汉卿的一生》，这是于凤至在1989年口述的一份回忆录，第二年其即过世。在这份回忆录里，于凤至回忆道：

"1940年春，我病了。送医院，检查出患了乳癌，好似晴天霹雳打击我俩的心。对之，我们商量，汉卿沉痛地说：我们怎么办！？你要找宋美龄了，要求她帮助送你去美国做手术，老天爷饿不死瞎麻雀。你会康复的，一旦病好了，也不要回来。不只是需要安排子女留在国外保存我们的骨肉，而且要把西安事变的真相告诉世人。你尽量努力帮我完成这个心愿吧……在洛杉矶，我依靠我的经济知识买卖股票，每有盈余，就买近处房产出租，在美国安顿下来。孩子逐渐长大了，安家立业了。"

于凤至到了美国后，美国人治愈了她的乳腺癌，但从此未与张学良再谋面，她一直活到了1990年过世，享年91岁。10年后张学良过世，两个中国的东北人、曾经的一对夫妻，都葬在了美国，但是中间隔了半个太平洋。

张学思自传

1936年春，王金镜同志由东京介绍张润波来看我，给我带来党的"八一宣言"，并给我讲了"一二·九"运动及北方民先的活动。我知道了党的政策与1936年前有了不同，提出抗日统一战线的政策，抗日救亡的群众性运动已广泛地开展起来，我听了非常兴奋。他说王拟在士官学校毕业即回国，问我打算如何，我拟军校毕业后不出国争取回东北军。因中途退学张学良也不会准的，回东北军就更困难了，并嘱其转告。

1936年夏，张学良特务营长孙铭九来南京，代表张学良要军校毕业之东北籍学员回东北军（因十期一总队暑期毕业），找我谈了东北军在西北的情况，说张学良如何进步，坚决主张抗日打回老家去，反对蒋介石先安内后攘外的主张，如何在王曲镇办军官训练团，积极改革东北军等。说张对我很器重，要我在二总队物色好的东北学员毕业一同带回东北军，我当然非常高兴，不管张学良进步真假，只要他愿我回东北军就达到了我的愿望。

中央军校第十期分为第一总队和第二总队，高存信所在的第一总队毕业于1936年6月，张学思所在的第二总队毕业于1937年1月。

天津事变后，曾经的天津保安总队教官孙铭九，被同学张学铭推荐给张学良当随从参谋，此时已经做到卫队第二营营长。

这次与张学思见面几个月后，西安事变发生，以营长王玉瓒所在的卫队一营为主，孙率二营数十人配合，发动了骊山华清池的捉蒋行动。

张学良被蒋介石扣留后，激进的主战派孙铭九和王以哲等人发生冲突，孙铭九、应德田、苗剑秋等派人枪杀了张学良委以重托的王以哲等人，史称"二二事件"。事件后，以孙铭九为首的少壮派并无控制东北军的实力，东北军集团由此土崩瓦解，曾在张学良和红军之间起到联络作用的高福源被枪杀，由中共和东北军、十七路军组成抗日的"三位一体"解体，东北军大部相继向南京效忠，甚至主动开始"清共"。

为躲避来自东北军的一片喊杀之声，孙铭九逃出西安，避难于红军苏区。国共开启第二次合作，形成抗日民族统一战线后，延安给王以哲将军举行了隆重的悼念活动。孙铭九自感身份敏感，更不适应延安的艰苦生活，自己离开延安，混迹于天津、上海租界。混到后来，干脆投奔了汪伪政府当起了汉奸。

据刘培植、孙达生、白竟凡三人合作的文章《孙铭九其人》一文介绍：1942年孙加入日本特务梅机关成为日本特务，就任烟台伪保安司令，"不久被提升为山东省伪保安司令，专门'围剿''扫荡'山东各抗日根据地"。东北军一一一师起义后，"1944年改名八路军滨海支队。孙铭九闻讯即派谭永久到八路军滨海支队去策反，煽动他们离开八路军去投降伪军。这件事，当时一一一师的万毅、郭维城、王振乾都可证明。说明孙铭九是个铁杆汉奸"。

抗战胜利后孙铭九投向国民党，以东北人打回老家来的姿态进入东北，后被我军俘虏。对这段历史，《孙铭九其人》介绍说："网罗了近两千多日、伪残余，组织了'东北青年挺进军'第二纵队……对我东北根据地和人民政权进行反革命破坏活动。组织暗杀中共中央北满分局书记陈云同志。他们打进城后就把我们的军火仓库炸了。当时宾县城火光冲天，爆炸声不绝于耳，损失惨重。

孙等罪恶行动被我军及时粉碎，孙被我军俘获。当时马波生同志亲自审讯孙铭九。"

马波生时任松江省军区保卫部长兼哈尔滨市委保卫部长，新中国成立后曾任轻工业部机械局局长。

孙铭九在新中国成立后担任过上海市政府参事等职，2000年过世，享年91岁。

张学思自传

我开始也与同学接触多些。因为只有半年即毕业，学员中也均有了个人打算，有的希望在中央军，认为是嫡系，有的愿去东北军、西北军，觉得个人发展快。我除东北人外，他省人也一样接近，和他们拍照留纪念，大家吃馆子联络感情，发现较好的便动员他去东北军。

秋天突然患了肺炎，几乎死去，在中央医院住了一月，休养一月，回校后赶上毕业前的联合大演习（三个月）。我虽体弱，仍争取参加，以求按时毕业。演习时期，我们住在宣城野外。

"双十二"那天夜里，我突被逮捕，我当时尚不知何事，到了总队部告诉我张学良叛变了，即押我回南京。

到校看情况很紧张，正在开誓师大会。我被带到政训处，一个戴上校领章的人向我大骂张学良当了共产党，把蒋扣起，大逆不道，问我知道不，我说不知，并请他们对我如何处理从速执行。他说现在不能放我回队，待事情解决后再处理。当即把我扣在军校练习营，食宿拉尿均不准出屋，亦未进行任何审讯。

这时我回想孙铭九所讲的话，已知道西安事变大体是怎么回事。以前我对张学良的进步有怀疑，这回看起来是真的了。我很佩服他的英勇与果断，但他这种方式真是出我意外，我希望他真能由此掀起抗日战争。我根据党的"八一宣言"我相信张学良一定与我党有联合，但是如果打起内战，中国就不堪设想了。我对自己也做了思想准备，我想抗日战争如能发动，我就有自由的可能，如打起内战，蒋介石活不成，我也好不了，我便以一切听之任之的态度，等着两种可能的来临。

过了五六天，练习营长突然找我和他一起吃饭，他说蒋夫人、宋子文均到了西安，事变有和平解决的可能，让我写信劝劝张学良放蒋回来。我觉得写信是可以的，反正放不放由他，只要不打内战就好。我便写了一封信，内容是双十二事变，举国震惊，日寇更觉有机可乘，对政治我不懂，唯觉破碎的祖国已不堪再起内战，请他送蒋回京，以抗暴日。这封信是否送到我不知道。

25日张学良却和蒋介石一起到了南京，我也恢复了自由送回队上学习。校中打倒张匪学良等标语均撕下来，同学们以惊奇的眼光看我，以为我早已死掉。队上军官对我非常客气，弄得我莫名其妙。

第二天我去看张学良，他住在宋子文家，很多人看他，他说很忙，几天后即回西安，要我明天再去与我详谈。次日去时张已被扣，不久总队附找我说张被扣是走走形式，蒋自奉化回来后即可释放，要我安心学习，准备毕业考试。

张学思次日再去，张学良已被扣押，这天在执行任务的中统特务中，有一个叫邱秀虎的，多年后撰文回忆到同一幕：

"张将军被囚禁在孔祥熙公馆，对外是绝对秘密的，但仍然有人知道，只不过是怕遭到蒋介石特务的监视而不敢前来探望。在28日那天，正值我在孔公馆门口值班，突然有一个身穿国民党军校军装的年轻人来到门口。他操着东北口音说：'我是张学良的弟弟，请求你们允许我去看看我的哥哥。'他用恳求的眼光看着我们，我们立即回答他说：'这里没有这个人！'他又再三恳求,我们仍板着面孔生硬地回答他:'无此人!''告诉你,没有这个人!'这个年轻人感到万分失望,他明白再恳求也是毫无希望的,便不再恳求我们,只是呆呆地站在门口,满眶泪水,若有所思地一直站立了一个多钟头,直到我们喊他走,才怅然离开,边走还边回头看着这幢华丽的房子。事后,我们才知道这个穿军装的年轻人就是张将军的弟弟张学思,那时他正在南京中央军校受训。"①

张学思自传

1937年1月,举行毕业典礼,汪精卫、程潜去训话,大骂西安事变,共产党与张、杨,并说东北人不抗日,在国内捣乱,劫持领袖,违犯国家纲纪等。我听到气愤流泪,被张治中在台上看到,把我找去安慰了一阵,说他与张学良私交很好,不是那样看法,外面时局尚未定,要我不要到部队去,他已决定我留校见习,将来要出国他可保送。我表示同意,请求准假回家去看看,一定回来,他便批准了,于1937年1月底,我便离开了这个学校。

军校的校歌仍唱着黄埔时代的歌,喊着怒潮澎湃,党旗飞舞,这是革命的黄埔,发扬黄埔革命精神……

我在军校的两年多,所看到的是蒋介石已用德国顾问的法西斯军事教育,完全代替了黄埔的革命教育,用反动的特务统治,完全代替了黄埔的革命精神。我抱着埋头钻研军事的目的,学到了一点书本上的军事知识,锻炼了自己的身体,此外没有任何活动。按该校规定我入了国民党,但在出校后即再无任何关系。

我自军校回津,在家过了春节后,即去北平找万福麟,他当时是东北军五十三军军长,部队驻在北平石家庄间,是东北军留在华

---

① 《在同张学良相处的日子里》,辽宁省政协文史资料研究委员会编,第228页,辽宁人民出版社,1986年出版。

北的唯一部队。

他算东北元老之一,我要求去五十三军见习,请他电请国民党军委调遣,他不好推辞,表示欢迎,答应给我办手续,谈起西安事变,他说"张副司令竟听些小孩子的话,太冒失了,事前也不和我商量商量"很觉遗憾。我看他对张学良不满,即也未表示意见而出,以免他怀疑。

2月间,王金镜同志由日本来到天津,我们交换了今后的意见,我决定去五十三军想法掌握部队。他因快毕业,仍回陆士,毕业后亦设法来东北军,并同到北平,给我介绍了东北大学的冯定庵同志,要我与他联系。

冯定庵也是东北人,2003年8月5日,《北方晨报》发表了记者采访冯定庵本人的一篇文章,题目为《辽宁省营口耄耋老翁入党点睛传奇人生》。

张学思就读汇文中学时,王金镜曾经前往上海,此文中提到,王岳石在上海时就是吃住在上海法政大学学生冯定庵的宿舍里。冯定庵后来留学日本,王金镜这次将张学思介绍给冯定庵时,冯刚从日本回来不久。

张学思自传

2月底,五十三军通知我到部队报到,我即到了保定(军部所在地)。万问我愿干什么,我答愿从下层干起,他很赞成,即派到一三〇师当了见习排长。

万福麟是东北近于旧派的人,张学良到西安后即想把他换掉,"双十二"前张派其亲信黄显声去五十三军当一一六师师长,拟先掌握一个师再接万。万亦看出来路,心中不满,便拉拢宋哲元、何应钦等以保其地位,使张学良亦没奈何。"双十二"后,他干脆把黄显声调副军长,明升暗降,削去实权,更加向国民党靠拢。

黄显声是东北军高级将领当中较早加入中共的秘密党员，全民族抗战爆发后，积极参加革命活动，1938年准备前往延安时被捕，从此被关押了十一年。在牢狱中的后期，和被称作最小烈士的小萝卜头关在同一个监狱，并成为小萝卜头的老师。小萝卜头的父亲宋绮云是杨虎城的秘书，也是中共党员。

1949年重庆解放前夕，黄显声被军统重庆白公馆看守所所长杨进兴亲自枪杀。杨虎城、宋绮云一家也都是死在杨进兴的手里。

1955年，隐姓埋名的杨进兴被捕，1958年被处决。

张学思自传

我去后因旧关系不能不要，表面以长者态度对我很关怀，暗中对我也不放心。我在连上当排长，不是今天营长找我打篮球，就是明天师长找我打网球。有时我去看几个较好的团长，想把关系拉近些，他们则说万老头挺厉害，让我少跑搭。

4月间，部队改编，我乘机去北平找了冯定庵同志，告他部队情况，他说当前方针是尽一切力量扩大抗日统一战线，团结一切可能团结的力量，促蒋抗日。他说我应充分利用我的上层关系，进行抗日救亡的活动，在五十三军中我也只有把上层关系搞好，取得他们的信任，才能达到掌握部队的目的。我完全同意他的意见，我知道他是领导民先的，便谈起我1933年搞兵运经过，与要求找党的关系。他说党的关系尚不知道，可以设法给我找一找。为了在东北学生中进行抗日救亡的宣传，我们办了《黑白导报》，费用由我负责。

5月间，冯以看我为名，到五十三军去了一趟，了解部队情况，我把几个较好的排、班长介绍给他谈了话，他决定我与师长或万多接近。

6月间，万向我讲张有出来的消息，因为华北宋哲元、傅作义均对他有好感。这时我想回家看看母亲,也顺便打听一下。

6月底,我便请假去津。在五十三军这一时期,除与冯定庵同志建立了联系外,工作上并没什么收获。

1937年6月底,我回津路过北平,在三姐家住了几天。遇七七事变爆发,交通断绝,城市很乱,日军到处示威杀人。冯定庵告我全面抗战可能实现,正动员大批学生离开北平,出去进行抗日斗争。给我看了党号召抗战的宣言,说这就是我们今后的方针,要我设法离平回五十三军,只要我能出去,将来就可联系上。

当时卢沟桥正在打,平汉路不通,平津间时通时断,我便候车到了天津。这时天津四周及市内中国地区已被日军控制,我家在英租界,未被日军侵入。

陆路出不去,7月中旬便乘英商太古公司轮船到了上海。

离开军校后,张学思如愿回到了东北军,当年搞兵运未成,转而寄希望于掌握自己的武装,这是策划了几年的思路,然而形势已经不是当年,张氏家族已经失去对东北军的控制力,掌握军权的期待落空了。这一年,张学思21岁。

谢雪萍口述

张学思就通过赵四的关系,说想一块去看哥哥,老蒋答应了,张学思这才能去看他。他在张学良那住了好几天,但就是没有单独的机会讲话,特务盯得很紧,就在那玩了好几天。那地方有一个深水潭可以游泳,挺好玩的一个地方。

后来就想了一个办法,赵四在外面应付特务,他俩在书房用笔写。少帅告诉他,你要抗战到底,跟着共产党。

以前,张学思对张学良印象不太好,从那次他们写过那个条以后,他觉得大哥行,不是他想象中的那种军阀。

张学思那次去的目的，就是去看看他大哥，那时他还没去延安呢，没有人派他去。就是有那么一个机会，赵四要去看张学良。

那两天没谈政治话题，谈不了，看着张学良的那个特务叫刘乙光，很厉害，盯得非常紧，好几十年刘乙光就这样盯着他，对张学良也挺狠，其实后来张学良对他们全家还挺好。

我们的大哥对老蒋够可以的了，人家不管把你怎么着了，最后也把你送回去了，你怎么对人家那么狠呢？

转到了上海，想不到却撞到了一个见到大哥的机会，这时的张学思，还是在考虑着如何回东北军掌握军队，两兄弟都没有想到，这次在奉化溪口雪窦山上短暂几天的见面，就是他们人生中的最后一次相见。

张学思自传

这时赵四在上海，自张学良被送到奉化溪口看押后，于凤至与赵四两人便从上海轮番去溪口看张，有时也带外面的消息给他。我到上海时，蒋介石正派一个姓黄的约赵四去看张，谓蒋有放张出来领导东北军抗战的意思，要他去谈话。我想如果能接张一起出来，正是我回东北军掌握军队的好机会，我便要求同去。因当时二哥三哥均在国外，在家的我算最大的弟弟，去看他合情合理。经过那个姓黄的给蒋介石打了电报，即被批准与赵同去。

张学良住溪口雪窦寺附近中国旅行社，这个房子已改为张的看押所，周围许多宪兵，楼内有二十多特务为内卫，我去后被指定与负责看张的头子住一房间（该人姓名忘记），姓黄的另住一处。

第二天他找张谈了半天，也不知谈些什么，出来看张的面孔并不愉快。吃饭时张与特务头子一起，饭后便随一群特务到处逛，溪口附近的名胜很多，所以也逛不完。张学良和那些特务有说有笑，但我却找不到与他谈话的机会,实际他也极想与我谈谈。

在我走前一天(共住四天),因天雨,我们未出去,我与张在书房中用纸笔谈了话(因每室内均装有听音器)。得知蒋要他写信给东北军各军长,嘱他们服从蒋的指挥,一致抗日,不可乱闹。

张急于知道东北军的概况现状,要我经常设法报告他。他说他是在宋子文保证之下跟蒋介石来南京的,未想到被扣,他认为东北军如能团结,抗日战争扩大,他就有恢复自由的可能,让我把此话传达给东北军各军长。他坚信中国将来一定走社会主义的前途,蒋介石绝不是抗日的人,要我多看进步的书,回东北军去,抗战到底。他态度很沉静,但看他内心是激动的。

多少年来我对他有反感,这一次却是他思想转变后,在被看押的情况下,和我谈了头一次的正经话,也是内心话。我也头一次同情他,同时也感觉非常难过,我想以兄弟之情去安慰他几句,但彼时彼地也无从安慰起,答以他说的话我一定办到,第二天便与赵四及那个姓黄的一同回了上海。

距离张学良居住的旅行社500米左右就是雪窦寺,一个宪兵连住在这里,也就是张学思所说的"周围有许多宪兵"。

在南京孔祥熙公馆门前阻挡过张学思的邱秀虎,也来到溪口雪窦山继续执行看押任务:

"就在张将军心情极端苦闷,精神万分颓丧的时候,张夫人于凤至来到了雪窦山,使沉闷的雪窦山气氛为之一变,活跃起来……张将军从沉默寡言变为谈笑风生,愁云密布的脸上,开始出现了笑容。

"张夫人于凤至在雪窦山住了不到一个月,就离开张将军回到上海自己的住所去了。以后又有张的另一个夫人赵绮霞来陪伴他。赵绮霞是北洋政府时代曾任交通次长的赵庆华之女,大学的'校花',因赵家是名门世宦,她排行第四,一般人都叫她赵四小姐。她和张将军感情甚笃,性格也较为开朗。在这段时间里,于凤至和赵绮霞是轮流来陪伴张的。每逢周末,那边的由上海乘轮船来宁波,这边的就由宁波乘江轮去上海。她俩也曾共同住在一起过,相处得很和睦,不过时间很短。赵绮霞称于凤至为'大姐',于凤至叫赵绮霞为'小妹'。她们对张的生活起居都很关心,尽量设法使张心情愉快。他们三人还共同出外游玩过一二次。都是张走在中间,于、赵在两旁……

"我们称于为'夫人',称赵为'四小姐',称张有时叫'司令',有时称为'张先生'。于凤至样子很温和,对人很客气。大约是1937年5月间,一个星期六,她由上海来雪窦山时,拿了很多物品交给特务队队长刘乙光,说是她赠送给我们大家的,全体警卫人员每人赠给珍珠罗翻领汗衫一件,卡其布短裤一条;队长和队附另加送派克钢笔一支……

"记得在炎热的暑天,张将军每天外出时,我大都跟随。因为太阳暴晒,有两次我又没有戴草帽,真是汗流浃背,汗衫也脱了,结果后背晒起了水泡,疼痛难当,睡觉也极为不便。于凤至知道了,她亲自拿药膏给我搽背上有水泡的地方。这件事,至今我印象还很深……

"张将军和赵绮霞生的一个儿子,当时6岁了。这年3月间从美国回来看望他的父母。这个儿子一直是寄养在美国,所以连中国话都不会说。来到雪窦山,现学中国话,讲起来非常别扭,如他要吃蛋炒饭,说成是'我要吃饭炒蛋'。"[1]

在雪窦山期间,张学良还意外地遇到了一件尴尬事。

根据邱秀虎的记载:"在雪窦山时,有一件事使张将军非常不愉快。那是三月的一天,张坐着滑竿游山归来,从坡上看见雪窦寺庙门口有一个女人在那里指手大骂,方向是朝着我们的。当时还听不清楚她在骂谁,越走越近,骂的话已经听得清清楚楚了,原来这女人连哭带骂的不是别人,正是张将军。张

---

[1] 《在同张学良相处的日子里》,辽宁省政协文史资料研究委员会编,第230、231、236页,辽宁人民出版社,1986年出版。

当时很生气。后来去了解，这个女人便是在西安事变时被打死的宪兵团团长蒋孝先的老婆，因她的丈夫被打死，便衔恨张。这时她是来雪窦寺给死去的乃夫做佛事的，探知张也住在这里，见张游山归来，就破口大骂起来。张只是生气，什么话也没说就回房里去了。

"蒋孝先的老婆在雪窦山住了一个时期。当时，军统特务组织发现监视张的宪兵团特务连连长陆文康，曾是蒋孝先的部下，对蒋的老婆特别奉承，经常去拉关系。我们见情况不对，便打电话给军统局。后来宪兵司令部就把陆文康全连调开，另调宪兵第八团第七连连长童鹤年配合执行监视任务。"①

蒋孝先和蒋介石都是浙江奉化溪口人，幽禁张学良的雪窦山也在奉化溪口，所以难怪有此巧合。

蒋孝先是蒋介石孙辈的亲属，黄埔一期毕业，1936年时，任职蒋介石侍卫长，死的时候36岁，刚刚被授予少将军衔。正是一个好年龄，又逢高官任做骏马任骑的好形势，突然人就没了，一个家庭必然从此衰落。从蒋家遗孀的角度来说，张学良无疑就是自家仇人，有一天突然狭路相逢，心中爆发的愤懑可想而知。

张学思自传

当时全国抗战的烽火已燃烧起来，伟大的民族解放斗争鼓舞着我，我一面想找党，一面想设法回东北军。我认为战争即起，东北军一定要开到抗日前线，他们经过"双十二"的教育，内部工作一定好做。我有张学良的关系，应加充分利用，去掌握武装。

在报上看到东北几个军向沧石线开进，我便于8月初乘车去沧州，到济南时，往北去的车无定时，便在济南住下。

在街上见到许多平津来的学生，闻有东北大学联络处，我便去

---

① 《在同张学良相处的日子里》，辽宁省政协文史资料研究委员会编，第237、238页，辽宁人民出版社，1986年出版。

★张学思自传原稿2 张仲群供图

找到了冯定庵同志，谈了我这一段的经过，及我的打算。他说我利用张的几句话在东北军上层中做广泛的联系。我询问找党的问题，他说可以解决。第二天他与王仁忱同志与我谈话，我把过去参加反帝及兵运，入党失掉关系的经过，做了叙述，即吸收我入了党，介绍人是他俩，恢复党籍还是重新入党，亦未明确，只冯向我讲可以恢复党籍，当时我对如何处理党籍的问题还不懂。

当天冯把我介绍给张迺光（以后我知道即是河南叛变的小项）简单谈了几句话，张迺光说明天来找我，第二天张把我介绍给刘澜波同志，告我以后归刘领导。

小项本名叫项乃光，也是东北人，参加过"一二·九"运动，与张学思相识时任中共东北军五十一军工委书记，1939年叛逃，向第五战区司令长官李宗仁"自首"，成为中共历史上著名的叛徒之一。此事又被称为"小项事件"。

项乃光在叛变之前，负责中原局对国民党军队的联络工作，中共在第五战区各部队的活动情况全部在他掌握之中，他的叛变使得中共在第五战区的地下活动蒙受重大损失，党在东北军的活动陷入停顿，川军、西北军、东北军中的多名亲共高级将领被迫离职。后来在淮海战场起义的何基沣，此时已是中共秘密党员，但未暴露身份，由于受到怀疑，被解除七十七军副军长职务调往重庆，名为受训实为软禁。

项乃光此后加入军统，抗战后进入东北任长春站站长，后去台湾，1993年去世。

受"小项事件"影响，解沛然也被迫离开了东北军五十一军。

"天津事变"后，张学铭被迫去职，保安总队教官解沛然去了于学忠的五十一军，并于1936年入党。全民族抗战爆发后，五十一军先后参加了徐州会战、武汉会战、太行山游击战，后进入山东沂蒙山区建立敌后根据地。留学过日本军校的解沛然逐步升任一一四师少将参谋长，此时他的真实身份是中共五十一军工委书记。

前任五十一军工委书记项乃光叛变，使得解沛然身份暴露，于是奉命撤出五十一军前往延安。毛泽东见到他说，你回家了，解放了，就叫解放好了，解沛然从此改名叫解方。

10年后，解方出任志愿军第一任参谋长，辅佐彭德怀。1955年被授予少将军衔，曾任后勤学院副院长。1984年过世，享年76岁。

张学思自传

澜波同志给我讲了"双十二"的详细经过。党的十大纲领，及党当前在东北上层统一战线工作方针，是争取团结他们参加抗战救亡，团结东北军成为抗日力量。争取东北军集中使用，反对把东北军拆散，争取恢复张学良的自由，要坚持团结抗战到底，反对蒋介石国民党要妥协退让等，使我对"双十二"以来，党的抗日主张与当前的方针有了比较系统的认识。

我提出我去东北军的意见，他说可以试试，但当前要去设法争取释放张学良，即决定我做东北上层统一战线的工作，趁当时抗战全面爆发，组织东北各军长要求蒋恢复张学良的自由，并给我介绍了黄显声与高崇民。

在当年流亡关内的东北人当中，"东总"有着强大的号召力，"东总"全称为东北救亡总会，是在1937年以抗日救国为旗，由来自东北各方的民间抗日团体会集北平成立的，这个组织并非民间组织，它在周恩来直接领导下开展工作。"东总"成立不到一个月，七七事变爆发，在随后中国人的八年艰苦抗战中，"东总"人在抗日前线和敌后战场两条线上都是前赴后继，为"东北人不抗日"正了名。

刘澜波也是东北人，毕业于东北大学，1928年入党的老党员，参加过义勇军，是东北军四十九军军长刘多荃的堂弟，此时是东北救亡总会的领导人之一。新中国成立后，刘澜波担任过电力工业部部长，1982年过世，享年78岁。

张学思自传

> 黄、张均主进行释张的活动，黄并拟回五十三军（原万把他调为副军长后，黄即自行离开五十三军），此时六十七军已到沧州，五十三军在河间。
>
> 我首先去沧州找吴克仁（军长），他对张学良表示很关怀，谈到"双十二"时他说张太急性了，被人包围，他说不上话（当时他是师长）。我把张在溪口的话向他讲了一遍，他说六十七军无问题，我请他给蒋介石写封信要求放张领导东北军抗战，他犹豫了半天，说要求恢复副司令自由可以，要他领导东北军不能提，恐蒋更加害怕，我便拿了他一封温和恭顺请蒋释张的信回到济南。

吴克仁的军长位置，接的是死在孙铭九手里的王以哲的，他原来是六十七军副军长。在张学思去雪窦山之前，吴克仁和周福成等东北军将领曾经在蒋介石安排下上过雪窦山去看望张学良，谈到王以哲被害时张学良说："这些暴徒能够捉住正法顶好。"

张学思这次在沧州见到吴克仁的时间是8月上旬，下旬，吴克仁就率领着六十七军进入了一线战场，配合友军阻击日军，转战两个月，伤亡惨重。随即奉命驰援战况吃紧的淞沪战场，在张发奎指挥下，为掩护国军部队后撤，该军上下全体官兵抱定杀敌决心投入战斗，与日军谷寿夫师团反复冲杀，东北军部队终于得到为"九一八"雪耻的机会。此战六十七军近乎全军覆灭，军长吴克仁和军参谋长一名、师参谋长一名、旅长两名均阵亡。

一个月后，谷寿夫师团冲进南京城伙同其他日军部队制造了南京大屠杀，1947年，乙级战犯谷寿夫被南京军事法庭判处死刑。

六十七军最后两任军长，王以哲死于非命，吴克仁战死沙场，六十七军番号旋即被取消，东北军六十七军从此不复存在。

2014年，民政部公布第一批著名抗日英烈和英雄群体名录，名录内共计300人，吴克仁名列其中。

2015年，民政部公布第二批600名著名抗日英烈和英雄群体名录，王以哲名列其中。

> **张学思自传**
>
> 8月末，与黄显声一同去河间，找万福麟。我说为恢复张自由事，在外跑了一时期，将来要回军里来，他很同意，并把我调为军部上尉参谋。我请他也写了信，他说早有此意，不过他认为东北军越老实听蒋的话，蒋不害怕东北军了，张就可能出来，东北军越闹，蒋越怕，张越出不来。黄显声看万亦无留他的意思，他托病回后方。我们便同万的儿子万国宾一起到了南京五十三军驻京办事处。
>
> 以后我找了于学忠（五十一军军长）及何柱国（五十七军军长）及刘多荃（四十九军军长），他们都写了请蒋释张的信。

张学思和黄显声这次五十三军之行，还到位于前线的六九一团进行了视察，六九一团的团长名字叫吕正操。这时候的他们都不知道，若干年后，张学思会成为吕正操的下属，共同经历了冀中根据地那些艰难困苦的日子。

上述几位东北军实权派军长，后来的人生走向各有不同：

于学忠，陆军上将，参加过淞沪会战、台儿庄会战、武汉会战，做过国民党军事参议院副院长，后隐居乡间不愿去台湾，新中国成立后担任过河北省体委主任。1964年过世，享年74岁。

万福麟，陆军上将，参加过豫东会战、武汉会战，解放战争时期出任过东北行辕副主任，后去台湾，1951年过世，享年71岁。

关于何柱国，张学思记忆有误，何柱国确实曾担任过五十七军军长，但此时的五十七军军长已经是缪澄流，后去台湾。何柱国此时是骑兵第二军军长，率部参加过忻口会战，官至第十战区副司令长官，解放战争期间双目失明在杭州养病，新中国成立后当选过全国政协常委、民革中央常委，1985年过世，享年88岁。

四十九军军长刘多荃是共产党员刘澜波的堂哥，陆军上将，在西安事变时是捉蒋行动的总指挥，抗战期间官至第十集团军副总司令、第十二战区副司令长官，解放战争时任华北"剿总"副总司令，1949年在香港通电起义，新中国成立后担任辽宁省交通厅厅长、辽宁省政协副主席等职务。1985年过世，享年88岁。

张学思自传

> 9月间，王金镜同志随一批回国留学生到了南京，在办事处找到我。王金镜同志愿与我一起去搞军队，便决定他与我一起工作，他负责找些东北进步青年或军官，准备将来同我一起带回五十三军。我即继续活动释张的事。

1937年9月，解方第一次见到了张学思："当时，学思同志在南京中央军校读书，我到南京与他见面。我俩以前并不相识，这次是凭组织关系接谈。一见之下，给我的印象：他是个朴实的青年，一个英俊的青年，毫无纨绔气味。我把组织的意见向他谈的时候，他很恬静地听着，思忖着。最后向他提出，利用他的地位，推动东北元老莫德惠先生、李杜先生向蒋介石说情，释放张学良将军，他从国家民族的利益和个人亲情出发欣然接受，并进行了营救张学良将军的活动。"①

张学思此时已从军校毕业8个月,解方的回忆写于1980年,对40多年前的细节难免记忆有误。解方这时还叫解沛然,一年前任职五十一军军部中校科长,这是他的公开身份。这次见面的18年后,两人双双被授予解放军少将军衔。

张学思自传

9月末,我与黄显声路过安庆,又让刘尚清也给蒋写了一封信,打算让莫德惠持东北军各军长的信去见蒋,但蒋不见。

从张学思的自传中看,他确实听取了解方的意见。

刘尚清是奉系集团的元老,善于理财,曾主政东北金融,兼任过东北大学校长,此时担任安徽省主席。1946年过世,享年78岁。

张作霖在皇姑屯被炸时,莫德惠也在车上,被炸受伤。莫是政务方面的人才,很受张家父子两代的倚重。后去台湾,1968年过世,享年85岁。

张学思自传

他们让我去找宋子文。宋在上海。

10月间,与澜波同志一起去上海,当时鲍文樾亦去上海,经他介绍我见了宋子文。宋即讲了张学良来南京是他担保的,蒋变了卦,弄得他不够朋友。他说张不出来,他也绝不做事,表现很真诚的样子。我把几封信交给了他,他说一定交到,如有信息即通知我。

11月,上海撤退,我与澜波同志即回南京,并见了博古与李克农同志,也要我做释张的活动。后因南京吃紧,我与澜波同志、黄显声、万国宾及五十三军办事处一同到了汉口,不久国民党政府也

---

① 《解方将军(上)》,解方著,第43、44页,军事科学出版社,1997年出版,内部发行。

迁到武汉。

上海撤退，指的是历时三个月的淞沪会战以中国军队战败而告终，日军从金山卫登陆，伤亡惨重的中国军队无力支撑，纷纷向内地溃退，由于部队失去控制，未能成功组织起有效防线，导致南京很快陷落。

吴克仁就是在这一战中阵亡，东北军从此没有了六十七军。

南京吃紧，指的是淞沪会战中冲破中国军队防御圈的日军，长驱直入，前锋直指中国首都南京，淞沪会战仅仅结束一个月后，中国首都南京就被攻陷，发生了南京大屠杀。

日军攻击南京的目的是，期望陷落敌方首都迫使中国政府投降，从而避免长期作战。但是中国政府无论被打得多么被动多么狼狈就是不投降，先是迁都武汉再迁重庆，甚至做好了向更遥远的甘肃兰州迁都的计划，导致日军大本营战略目的落空。

在整个抗日战争期间，日军一次次希望通过战略决战速战速决，力图尽快解决中国战事，以便抽出兵力投入其他战场。但是中国军队始终避免战略决战，以持久战的战略相对抗，等待时局发生变化。

百万日军从此陷入在广袤的中国大地，直至战争结束也未能实现最初的战略目的。

张学思自传

我听说张学良被移到衡阳，我即去找宋子文，他说张可能最近就出来，要我听信。

不久戴笠（国民党大特务头子，张学良由他负责看押）请我、黄显声、万国宾、吴泰勋（吴兴权儿子，吴兴权是张作霖搞地主武装的老同事，与张同被炸死，我们与吴泰勋互称兄弟，此时他自津经香港来汉口）吃饭，戴谓蒋对张学良仍是非常关心的，他保证绝无危险，要我们转告东北朋友放心。我问蒋可否让张回来抗战，他说是时间问题，我要求去看张，他以张在衡阳因日机常去不安全已转移拒绝我。

吴俊升，字兴权，吴泰勋是他的独生儿子。

张作霖在皇姑屯被炸，吴俊升也在车上，当场身亡。本来吴泰勋也在同一辆车上，但是在经过山海关时提前下车，躲过一难。此后出任张学良卫队骑兵队队长，中校衔，时年19岁。

九一八事变后，因不满张学良的不抵抗作为，辞去职务。与戴笠交往甚深，著名的军统大特务王天木就是经过吴泰勋推荐给戴笠的。

吴在抗战时期投靠汪伪，抗战胜利后投靠军统。1949年病故，时年38岁。

张学思自传

我又去找宋子文时，他已去香港。

几个月的活动，我感到释张问题，不是我奔走所能办到的，蒋介石有利用抗战消灭异己的方针，他不杀张是为笼络东北军与一些中上层，不放张是怕张出来后带东北军与我党靠近，所以在不杀不放中，以收买利诱，利用抗战瓦解消灭东北军。

双十二前，张学良想急速改革东北军，军、师长多数均拟换调，计划传出去了，事情并未办，下层无力量，军、师长对张多数有离心，这也使蒋有机可乘，我奔走是毫无作用的，我将此意见告诉了刘澜波同志。

这时吕正操同志在华北搞起抗日武装，同时我党亦号召发展抗日力量，我提出去搞武装的意见。澜波同志同意，并领我见了周恩来同志，也同意我去搞武装。

不久，澜波同志通知我，我算1937年8月入党，候补期为一年。

张学思的革命生涯，从少年人的独立思考开始，再到加入党的外围组织，中间的过程曲曲折折，到此终于迈进了一个新起点。

黄显声和张学思视察六九一团后不久，日军开始大举进攻，突破五十三军防线长驱直入，吕正操奉命率领六九一团掩护五十三军向南撤退，部队边打边撤，向南渡过滹沱河，在随后的混乱撤退中，与大部队逐渐脱离。

此时的吕正操已经是有半年党龄的中共党员，六九一团也已经在党组织的掌握之中，经过部队党组织讨论，决定停止南撤，趁机脱离五十三军控制，回师北上打游击。部队经过整编，改称人民自卫军，毁掉密码，断绝与五十三军联系，向北再次渡过滹沱河进入冀中平原。由于六九一团销毁了和五十三军的联络密码，双方联络不上，军长万福麟只好通过第十八集团军打电报给吕正操，要他把队伍带到河南洛阳，说刘伯承的一二九师会负责保护吕部穿越铁路。吕正操则通过十八集团军总部回电说，沿途日军很多，回不去了。

六九一团就地扎根，成为冀中根据地创立的重要力量。

张学思自传

1938年1月，党决定我与王金镜同志去华北组织抗战武装，或回五十三军或自己搞均可，尽量发展，搞起来即可向八路军靠拢。

此时王金镜同志已找了一些人，有罗文、金浪白同志及军校毕业的东北学生九人，有宁金波、田亮、陈建忠等同志，黄显声给我介绍东北军官何监吾及王孟夫两人。

辽宁凌源人罗文留学日本期间，与同在日本留学的王金镜相识，由于志趣相投，王金镜以拜把子的方式与四名同学结为异姓兄弟，进而将他们发展参加了中共外围组织"东北青年解放社"，五兄弟中，王金镜排行老三，罗文为老四，金浪白为老五。

全面抗战爆发后，罗文回到国内参加抗战。联络到先期回国的王岳石后，来到陕西三原，进入到胡乔木领导的"安吴堡青训班"学习。

罗文过世后，他的子女们根据其留下的资料整理出一部《从留学生到将军——罗文回忆录》，文中回忆道："1938年1月，我被派到驻河南郾城的东北抗日先锋队游击训练班工作。这个训练班是张学良之弟张学思在周恩来副主席的指导下，经与东北抗日救亡总会的刘澜波、黄显声、宁致远等人商议开办的，目的是为东北抗日救亡培养干部。训练班人员中有东北军的下层军官和张学良卫队的官兵，有中央军校学员，还有东北大学、中学的学生共一百多人，分成6个班。我负责全队的训练工作，运用以前学到的军事知识和技能，在课堂和操场上讲理论、讲操作，组织演练，非常认真严格。虽然时值寒冬腊月，大地银装素裹，训练班驻地却一派热气腾腾、生龙活虎的景象。射击的枪声、刺杀的吼声、抗战的歌声和口号声此起彼伏，常常引来周围的老百姓驻足观看。不久日军进犯中原，新乡、郑州相继失守，国民党军队节节败退，局势不断恶化。训练班中的张学良卫队也被撤退的国民党军调走了。根据周恩来副主席的指示，张学思暂去香港躲避，训练班的骨干离开河南郾城转入延安学习，待机挺进东北敌后，这样，我于1938年3月带领训练班的第一批人员千里跋涉奔向延安，参加了八路军。"

★罗文（左）和留日同学、同时参加革命的金浪白（右）在1950年的合影　罗亚军供图

1940年，罗文与张学思第二次共事，两人和高存信一起组成"东干队"领导班子，率队前往抗日前线，被安排在冀中根据地工作。

解放战争时，罗文先后给四野的曾克林、吴克华、万毅几个纵队主官做过副参谋长、参谋长职务。四保临江时的前方指挥员韩先楚，在晚年回忆歼灭国民党军八十九师一战时说："告诉你一个秘密，我有一个好参谋长。"这一仗是韩先楚的成名作，以副司令员身份指挥三纵、四纵，他说的好参谋长就是指罗文。

罗文 1955 年被授衔大校，1964 年晋升少将。新中国成立后担任过总后勤部运输部部长，1996 年过世，享年 83 岁。

新中国成立初期的解放军少将共计一千余人，王金镜先发展张学思，后发展罗文，一个人就贡献了两名解放军少将。

金浪白是黑龙江人，和罗文一样，留日期间也被吸收加入了"东北青年解放社"。卢沟桥事变后，回国奔赴延安学习，然后被派往河南、武汉地区，面向东北军开展工作。

新中国成立后，担任过黑龙江省政协副主席，1989 年过世，享年 77 岁。

张学思自传

当时五十三军已退到河南辉县，五十一军后方在郾城，张学良有一些卫士在那里。

1 月底，我们即把武汉集合的人，先带到郾城，打算找些张学良较好的卫士及武器。

我与宁金波、王孟夫于 2 月初去辉县找万福麟，万允许我把人带走，当我回去带人时，日军已于几天中占领了新乡，五十三军转到太行山区。想去找孙蔚久，我到临汾亦未找见，不久孙蔚久在晋南被国民党搞垮。

撤退中的五十三军在席卷而来的日军连续打击之下无力应战，不得不退入太行山区打游击。

参加武汉会战后，万福麟升任第二十集团军副总司令，军长一职由周福成接任。此后五十三军参加过南昌会战、长沙会战,又被编入中国远征军序列,参加滇西反攻战,抗战胜利赴越南河内受降日军。

辽沈战役时,负责防守沈阳的五十三军并未做有效抵抗,部队被缴械,人员被遣散。

这一时期,张学思竭尽力量力图依靠家族背景组织起革命武装,晚年冯定庵写过一篇《我和张学思的手足情》,可从中感受到此时张学思的百般努力和急迫心态:

"1938年1月,周恩来在八路军驻汉口办事处接见了张学思。张学思提出要组建一支敌后抗日武装。周恩来指示张学思:'或回五十三军,或是自己搞均可,尽量发展,搞起来即向八路军靠拢。'当时,王岳石受刘澜波委派,协助张学思一起组建武装。

"一次,王岳石、张学思和我在一起研究如何把一部分东北军拉出去,成立游击队,进行抗日活动及想办法营救张学良将军的问题。这不是一个简单的问题,不是几个人就可以办到的。

"于是,我们就把主意打在了东北军身上。我曾提出没有武器怎么办?张学思说,他有办法,可以利用他的关系找东北军将领要。后来,经张学思联系,王岳石从黄显声将军处取来了200支步枪。不久,又搞来一些机枪、步枪等轻武器。"

张学思自传

回武汉,知道在国民党地区组织军队不可能,于学忠又把张学良的卫队调走,鄂城五十一军后方也移动。经澜波同志介绍,金浪白同志去确山找彭雪枫同志,我们拟到他那里去,但他也困难,存在不了。

约在3月间,党便决定将十余名较好的干部送延安学习,宁、王两人去自找出路,以后再未见到他们。我要求去延安学习,澜波同志告我,去延安恐对张学良的影响不好,要我再等一个时期,看时局变化如何再定。至此组织武装便告结束了。

4月间，母亲到了香港，我无事做，便去香港看她。

澜波同志将我介绍给廖承志同志，要我与他取得联系，廖给我《论持久战》等许多书看，我也时常去香港办事处，听他们讲些当时形势问题。

7月间，我去武昌见周恩来同志，他仍让我再等等，我又回香港。

我因无事做，便去英商启德机场业余航空学校学了一个时期的驾驶，一个钟头二十万元港币，所以是一些阔家子弟游戏的性质。

戴着手铐走完长征的廖承志跟随着红军的队伍到达了延安，全面抗战爆发后，毛泽东亲自找廖承志谈话，安排他前往香港开设八路军香港办事处。八路军香港办事处成立于1938年1月，考虑港英当局受制于来自日本的压力，所以对外不挂牌办公，至1942年香港被日军攻占时撤销。

谢雪萍口述

他妈妈住在香港，就想把张学思也带到国外去。张学思已经参加共产党了，要听党指挥，当然是不去的。但是这个事也不能给他妈妈讲，只说我要打日本，国恨家仇的，我怎么出去。他只能用这个理由。当时他跟周恩来有联系。

他在香港陪他妈妈的时候，就利用那么一个很短时间，在香港启德机场学会了开飞机，张学思不光会开飞机，火车、汽车、船，他都会开，这个人能得很。

等他妈妈从香港去了国外了，他就回来了，回来以后周恩来就说，那你干脆回延安学习吧，他就到延安了。

时间再次回到了本书的开篇，轰炸广州的日军飞机炸毁了谢雪萍工作的工厂，却为这个南方女孩开启了一条通往延安的路，这一叶浮萍又开始了新的漂泊。

显然，身在武汉的周恩来意识到武汉丢失已经不可避免，在安排相关人员提前撤退时，张学思也被列入了撤退名单。

张学思自传

10月初，接澜波同志电报要我速去武汉。当时三姐、三姐夫也出了国，母亲为了要我也出国，一人到香港等我，我以等张学良出来抗日为词未走。去武汉时她虽知时局很紧，但也阻我不住离开，便含泪送我上了飞机。

我知道以后不知道能否再见着她。我一切毫无牵挂，唯怕母亲落得无人照顾是使我最难过的，在我们四人中，母亲最爱我，因此，我与母亲感情也最深。我在飞机上暗泣很久，但我想到日本帝国主义的侵略，使多少中国人家破人亡，妻离子散，国难当头与党的正义感召，我不应被儿女之情所牵住。我母亲毕竟生活无问题，比战区人民强多了，因此，又鼓起自己的勇气与决心。

到武汉后，当时市面已无人，商店全关了门，黄包车夫均被国民党捕走。

我与澜波同志住在一起，他告诉我组织决定我去延安，澜波同志并给我介绍东北救亡总会的刘春华，经他设法给我买了去西安的飞机票。走前一天的晚上我见了恩来同志，他告诉我武汉即将撤退，我在外面已无何作用，决定我去延安马列学院学习，并给西安伍云甫同志写了介绍信。

1938年的10月，在南方女孩谢雪萍刚到达延安一个月后，张学思从武汉飞往西安，他也在前往延安的路上了。

从廊坊兵变至今5年过去，日军强势入侵，几番动荡后，东北军已脱离张家掌握，他想掌握军权求得抗日的实力，还想帮助大哥恢复自由身，然而在大形势变幻莫测的时代里，他的力量和他的目标比起来还是太弱了。

好在，他找到了一个新方向，有了新的依靠、新的力量。

八路军西安办事处主任伍云甫是1926年入党的老党员，参加过秋收起义，是长征走过来的干部。他是红军无线电通讯的奠基者，在张国焘分裂中央时期，伍云甫竭尽全力保持三个方面军的电台通讯畅通，为最终三大主力会师提供了基础保障。他的父亲伍如春，与毛泽东是湖南省立第一师范时的同学；同族姐姐伍若兰，是早期的共产党员，能双手打枪，在井冈山时期嫁给了朱德。1929年为掩护朱德突围，被捕牺牲，时年26岁。

八路军西安办事处成立时，由毛泽东点名，伍云甫出任第一任主任，因而在很多共产党人的回忆录中，都曾出现过他的名字。新中国成立后担任过卫生部副部长，1969年过世，享年65岁。他的儿子叫伍绍祖，担任过国家体委主任，国家体育总局局长。

张学思自传

10月中旬，我到了西安，王金镜已于前半月到那里，他说组织决定他仍留西安，再多找些人送延安学习。到西安后第三天，我便坐办事处的卡车与史存真等几个同志到了延安。

母亲于1939年春给我办了与曹锟女儿解除婚约的手续，因我过去反对此婚姻。约在1939年夏她即被五姐接去美国。

张学思与曹锟女儿曹士英的婚约，是由张作霖和曹锟共同商定的，彼时，二人权势正是如日中天，共同把持北洋朝政。然而人生犹如波涛起伏，此一时彼一时，先是张作霖于1928年被炸身亡，后是曹锟于1938年上半年病故，加上作为当事人的张学思长大成人后表示异议，这个婚约早已名存实亡，解约是必然的。

在张学思带给伍云甫的介绍信里，周恩来明确要求派专人护送张学思前往延安，并要绝对保证安全。这个任务，最终交给了林千和金浪白执行。金浪白原本就认识张学思，但是林千不认识，林千就是上文张学思自传里提到的史存真。

林千，原名史秉正，曾用名史存真、史林千，毕业于东北讲武堂炮科，西安事变之前就在东北军内为中共从事地下情报工作，1937年入党。1938年年初，跟随于学忠率领的五十一军参加徐州会战，时任一一四师炮兵连长。和曾经奋斗在淞沪战场的五十七军一样，徐州会战时的五十一军与日军主力在台儿庄刺刀见红，奋勇拼杀，此战全军阵亡6000余人，林千所在连队全连阵亡，只剩下身负重伤的林千。

★罗文1940年在陕北　罗亚军供图

五十一军此后参加过武汉会战、大别山游击战、山东敌后作战，在对日作战中五十一军多次受挫，创伤累累。

1938年10月，伤愈后的林千奉命赶到八路军西安办事处，王金镜此时已经改名为王岳石，向他和金浪白交代，立即换上八路军下士的军装，护送一位姓马的八路军上士奔赴延安。

在路上，这位"马上士"听说林千原来是西安"剿总"的，参加过西安事变，就特别细致地向他打听当时的情况。碍于纪律要求，林千不得打听"马上士"的身份，但是对方表现出的对西安事变的兴趣让他印象深刻。

一行人到达延安抗大校部，接头人是罗文。任务完成了，罗文告诉林千，"马上士"就是张学思，林千才恍然大悟。

一年后，当张学思、高存信、罗文带领"东干队"一行82人开赴晋察冀时，林千任第二区队长。此后长期从事炮兵工作，参加过平津战役和抗美援朝，1955年被授予上校军衔。曾任北京军区炮兵副司令员。2001年过世，享年88岁。

在西安中转时，张学思与辗转来到西安的冯定庵重逢，在《我与张学思的手足情》一文中，冯定庵对这一段回忆道：

"1938年春，我和金浪白到武汉东北抗日救亡总会工作。夏天，在中共东北军工作委员会书记刘澜波的介绍下，我考入延安抗大。在西安，我与张学思、王岳石等好友又见面了。当我们准备结伴到延安时，组织上认为我的社会关系和条件留在西安咸阳比较有利，能做较多的工作，以后有机会再到延安去。

"因此，我没有去成延安……临到延安前，张学思将母亲许夫人特意为他在香港定做的两件上衣送给了我，我一直珍藏至今。后来，我到了国民革命军第十四集团军任名誉参议及在战时抗日干部训练团工作，负责抗日战地工作训练班的财务会计和物资收发等工作。我以此为掩护，经常与八路军驻西安办事处的同志进行联络。

"1939年冬，金浪白从延安陕北公学寄来一封信。信中说，他们目前的经费十分紧张,而且还都穿着薄衣,希望我能够帮助他们解决这些困难。接到信后,我立即在东北同乡经营的服装店里购置了加厚的冬装,然后通过八路军办事处给张学思、王岳石、罗文、金浪白等捎去了冬装。其中每人一套棉衣、一顶棉帽。另外,我还给他们寄去了20元钱。"

张学思自传

"九一八"的爆发,激起了我的民族意识,张学良的不抵抗主义给我很大的刺激,使我更痛恨自己的身世,由于王金镜同志的帮助,我看了许多马列主义的书,接受了革命的真理,推翻了我改良主义的思想,认识了中国必然要经过革命斗争与走向社会主义的前途,知道了共产党是中国革命的真正领导者。可是我并没有真正的阶级觉悟与明确的革命人生观,而是在小资产阶级的革命狂热情绪下,使我不能再盲目自尊与清高独处。

我参加了革命活动,参加了党,但既未受到党的真正教育,也未在革命的实际斗争中得到锻炼。兵运失败后,却看重了个人在革命中的作用,所以当失掉关系以后,除与王金镜个人保持了联系外,未积极去找党,只在个人英雄主义的打算下去学军事。

军校毕业和七七事变以后,我基于对革命的基本认识,重新走向抗日救亡的斗争与回到党的队伍中来。释张活动的失败,使我更清楚地认识了蒋介石的反动与毫无信义,在党的发展抗战力量的广泛号召下,我去组织武装,想做个革命的英雄,我的方法是单纯走上层路线,与利用我个人的社会关系,而没有从发动群众、依靠群众去建立武装的思想。看不见眼前的广大地区到处都是可以开垦的土地,所以,在几次碰壁之后,便放弃了这一工作。我归因于客观环境,而未从清算个人英雄主义的思想本质与机会主义的方法上去提高自己。

但从七七到武汉失守,我看见了我党历次主张的光明和正确,八路军在平型关的大胜利及华北游击战争的广泛开展,使我更进一步地增加了对党的信念,使我能够割断家庭的一切联系去延安。这一时期的思想状况,是有对马列主义对党的信念,但没有明确的革命人生观,自己仍带着浓厚的非无产阶级的意识与个人英雄主义的思想与一些非无产阶级的思想。

★ 第五章

延安：一个终点，一个起点

张学思自传

1938年底，我到了延安，自武汉先去的一些同志均去了抗大。

11月，我被送到马列学院二班学习。组织上为秘密我的社会关系，我改用张昉名字。

出于奔赴延安可能对软禁中的张学良有所影响的考虑，张学思启用了张昉这个当年王西徵给他起的名字，对周围的人自称是来自东北军的军官。他也确实是来自东北军的军官，而且这时投奔延安的东北军官兵同样也为数甚多。

与张学思同班学习的，还有杨虎城的儿子杨拯民。张学良的弟弟和杨虎城的儿子都来到了延安，并且都在同一个班级学习，是天意还是巧合？

1922年出生的杨拯民比张学思小6岁，这时刚刚入党，考虑到杨虎城的身份，加上将来有可能要将杨拯民派往国民党统治区工作，因而杨拯民的党员身份是秘密的。

有一天在进行小组学习时，人称徐老虎的徐海东忽然信口开河地说，咱们这个小组也是三位一体,有西北军的代表、有东北军的代表,也有红军的代表。

能称得上代表的，身份自然不一般，杨拯民自知是杨虎城的儿子，那么张昉是谁呢？徐海东的话让杨拯民愕然一惊，大家也都摸不到头脑，但是有一点肯定，张昉一定是张学良的亲属。这样就等于暴露了张学思的身份。

第二天，张学思主动约了杨拯民到河边散步，承认自己就是张学良的弟弟，本来想保密，徐海东这么一捅，保密不成了。

此时，西安事变的两位主角张学良和杨虎城，正分别被软禁和拘押中。先是送蒋介石回南京的张学良被判刑、软禁。不久杨虎城被撤职，被迫出国考察，直到全面抗战爆发后，回国打算参加抗战，在一年前行至南昌时被捕。

谁能想得到，西安事变一位主角的弟弟和另一位主角的儿子，如今正漫步在延河边推心置腹？同命相怜的两个年轻人在马列学院朝夕相处，自此结成莫逆之交。

到达延安两个月后，张学思得到了毛泽东的接见，一见面，毛就问他钱够不够花？他在担心这位从当时中国顶级富豪家庭出来的公子，初到贫瘠的大西北，从生活上到心理上能不能适应。张学思立即表态说，这里虽然艰苦，但是心情愉快，延安是最好的大学，别人能行，我也能行。

在回顾这段历史时，张学思为自己做了一个总结：

张学思自传

这一时期我最大的收获，是从党的建设学习中，有了如何做一个共产党员的基本认识，明确党员与党的关系，知道党员的个人利益应无条件地服从党的利益，党的利益高于一切，党员应为党的事业奋斗到底，党的建设中的许多问题，我都感到好像是在说自己，思想起了剧烈的斗争。

我回忆"九一八"后，我接受了马列主义真理，作为我奋斗的方向，认为党是中国革命的唯一领导者而参加了党，但对于一个党员的具体要求是无知的，因此，不是把个人利益与党的利益完全一致起来，处理解决问题，而基本上是从个人英雄主义的利益出发的。我开始认识到党的伟大与一个党员的光荣与崇高的义务，同时感到我距离党员的标准尚很远。

我也发觉过去党对我这样一个具体的党员是有着极大程度的迁就与耐心的教育，我像个"自由"的党员，内心非常痛苦，自问能否做好的党员？看到有人来到延安又出去了，我自问是否还是出去做个"自由"的党员？在激烈的思想斗争中，我对马列主义真理的良知究竟战胜了旧我,我下定决心愿努力做一个真正的共产党员,去为党的事业奋斗到底。

这一时期的另一收获,是系统地学习了马列主义的理论,使过去的一些零碎的知识有了系统的概念。但马列学院也给我不良的影响。

一是当时脱离实际的教条主义的学风,使我以为有了马列主义的条文就可以万事大吉。我愿意听空洞的马列主义报告,不愿学中国革命问题,乐于做"学院式"的争论,我们天天啃着列宁选集与政治经济学,而对于抗战与边区的实际问题,则熟视无睹,缺乏兴趣。

二是马列学院二班知识分子很多,甚至有新入党未做过任何工作的娃娃,小资产阶级情调相当浓厚。有的人带着党性很强的外貌,以理论干部自居,学习讨论很认真,而深入到每个人的思想深处去挖掘一切非无产阶级的思想意识,培养纯洁的党性这一点是很差的。

我曾听了刘少奇同志关于共产党员修养的报告,也并没有引起我像学教条那样重视。我以为自己下决心为党的事业奋斗到底与服从党的决定就可以了,尚未认识到必须彻底改造自己一切非无产阶级的思想意识的重要性。

在马列学院时期,我学习是努力的,生产是积极的,在总结生产大会上,我受了表扬。

延安的两年及以后在工作中,仍然使我有着特殊的处境,一些同志对我的关怀和帮助,给我的鼓励是很大的,但也有不少人把我当成统一战线的对象,或以民主人士来对待,这是由于对我这样出身的一个具体的人不了解,和我原来的生活作风,而使人产生的自然现象,开始很觉得不舒服,久了,便习以为常。在我的小资产阶级意识的基础上,便养成自己拘拘束束的习惯。这种处境使我多从生活作风上注意克己，不愿被人特殊看待，怕人误解。另一方面在同志们的原谅态度下，我对自我识认与自我改造，也就不够严峻。

刘澜波也来到延安了，也被分配到马列学院学习，并且和杨拯民同班。

西安事变时，刘澜波是东北军地下党的代表，和杨拯民已经是老相识了，两人一见面都是非常的高兴，多年后杨拯民还记得刘澜波来报到的那天，穿了件黑紫羔领子的大衣：

"那时马列学院除了听课、讨论以外，主要是自学，不拘形式。晚饭后的自由活动时间，大多数学员都到延河边去散步，三三两两。我和学思、澜波三个经常一块在延河边散步、聊天。遇星期天有时也一块去下馆子，改善一下生活。那时生活比较艰苦，我和学思在经济上常有点外面接济，因此常请他和我们一块吃饭，澜波就开玩笑说，他有两张饭票，一张是张学思，一张是杨拯民。

"我和学思同住一个窑洞。我们有次谈到刘澜波，学思谈了澜波如何为他活动让他见到周恩来副主席的，是周副主席让他到延安来学习的。意思是说，他之所以能到陕甘宁边区，到马列学院学习，是澜波从中帮助的。我和张学思都是秘密党员。

"那时，张学思尚无爱人，于是给他找对象，就成了同学朋友间的热心话题。好像是1938年底，有一次，我们马列学院的学生去女大听由王明讲马列主义的课，马列学院与女大一河之隔。散课后在回马列学院的路上，张学思说他看到一个很中意的女郎，只是不知姓名。于是一些人就分头通过在女大的熟人去打问、寻觅。很快打听到他所中意的那个女郎叫谢雪萍，外号叫小广东。随后又找人给他俩介绍认识，开始约会恋爱，当学思要调往前方时，他们办理了结婚手续。结婚时我去他的窑洞新房，庆贺热闹了一番。

"新婚不久，他们就上了前线，分配到晋察冀敌后根据地工作。其间，他到延安公干时，我俩还相见过一次。"①

对于杨拯民文中谈到张学思这次到延安公干，2017年，97岁的谢雪萍说，自从到了敌后，张学思没有回到过延安，去延安往返要几个月，作为夫妻自己不可能不知道。

新中国成立后，杨拯民投身于中国西部的石油工业，曾任陕西省委书记，每次赴京公干，总要找到张学思和刘澜波聚一聚，三个人的相聚习惯一直保持很多年，直到被"文革"爆发所终结。

三个人里，最早离开的是张学思，1970年过世，只有54岁。刘澜波是1982年，享年78岁，杨拯民是1998年，享年76岁。

在马列学院期间，一直惦记在张学思心头的党籍问题终于得到了解决。

1939年7月，中央安排由同在马列学院学习的刘澜波和周桓牵头，负责清理东北人的党籍问题。

周桓也是来自东北，辽宁东港人。几个月前，就是由刘澜波和张学思介绍，周桓和延安女子大学一位叫李田的姑娘结婚了，新中国成立后，李田曾担任过辽宁省妇联副主席职务。

当年周桓是在天津求学期间，接触到共产主义思想的，不久他就经上海进入江西红色根据地，成为彭德怀的下属，这样的上下级关系也为他后来的人生命运埋下了伏笔。庐山会议后，老领导垮台，这位开国上将受到牵连，从沈阳军区政委的岗位就地调整为辽宁省委书记处书记，主抓文艺工作。

周桓1993年过世，享年84岁。

张学思自传

我向他们报告了我过去两次入党与一次失掉关系的经过，当时

---

① 《往事：杨虎城之子回忆》，杨拯民著，第182—183页，中国文史出版社，2013年出版。

他们意见是我第一次入党时短，失掉关系时间长，不能算党龄，应以 1937 年 8 月起为重新入党，因我在重新入党前，已在党的领导下进行工作，可以取消一年的候补期，但未做最后结论。

约在 9 月间，我到东干队之后，王若飞同志正式通知我，我算为重新入党，自 1937 年 8 月起计算党龄，取消过去规定的一年候补期。这个结论刘澜波同志及周桓同志均知道并都与我谈过。

当时中央统一战线部，拟组织一部分党领导下的统一战线性质的东北武装，相机向东北挺进，在延安成立东北干部队，进行训练以后开赴前方。

东北干部工作队是在东北工作委员会的主导下成立的，目标是开赴东北开展抗日斗争。

国共达成统一战线之后，八路军的三个师逐步分散成独立的小部队，纷纷开赴敌后发展，足迹几乎遍布中国北部，长江以南则有新四军力量的存在。但是唯独在东北，中共的力量仍处于空白点。

此时的延安与东北抗联的联系处于中断状态，这样的中断是从 1934 年开始的。

1933 年，中共中央迁往苏区，领导抗联工作的满洲省委通过上海中央局与中央保持联系，但是到了 1934 年，上海中央局机关遭遇大破坏，中共中央与东北的联系从此被割断。

同年，经过一年苦战的第五次反"围剿"失败，中央红军被迫开始转移。漫长残酷的转移路途中，一方面要抗击追杀封堵的外部"围剿"，内部还要多次面临关于大是大非的争议甚至兵戎相向，犹如走在一条钢丝绳上的中共中央自顾已经不暇，在生死存亡之间，没有余力再去顾及远在东北的抗联。

失去中央的指导，由于地理方位的因素，满洲省委转而接受中共中央驻莫斯科的共产国际代表团的领导，但是莫斯科的代表团并不信任满洲省委的干部，不断把他们调往莫斯科进行审查，这期间有的领导甚至一去不复返。

到了1936年，来自莫斯科的号令干脆撤销了满洲省委，将其拆解划分为4个省委、1个哈尔滨特委。中共在东北的存在原本就力量有限，既往的一盘棋模式被人为地拆分后，力量更加削弱。又过了一年，驻共产国际的代表人物王明匆忙回国，东北的共产党人就此彻底失去了与中央的联系。

东北抗联在实力最兴盛时共组建了11个军，但是由于满洲省委被撤销导致缺乏统一号令，孤悬东北的共产党人，一直在尝试以各种方式联系中央，期待在艰难困境中得到具体的工作指导和支持，他们在迫切中甚至几次集结兵力向关内进行武力突破，终因驻东北日军实力强悍，加之路途遥远，与内地信息隔绝已久，各种不利因素交织成为一道无奈的墙，诸多努力最终都归于失败。此后在日军最精锐部队关东军的强力"讨伐"下，随着杨靖宇、赵尚志等代表性人物的牺牲，数年后，东北抗联在极为艰苦的条件下，将抗联部分部队转移到苏联境内进行休整。

共产党人在渡过了最艰难的时期后，最终在延安再次恢复生机，随着下辖三个师的武装力量逐步在敌后站稳并开始发展，与东北恢复联络的工作也提到了日程上来。陆续从延安和晋察冀辖区抽调人员前往东北潜伏，建立秘密交通站，努力与抗联取得联系。同时抽调一批东北籍干部成立了东北干部训练队，简称"东干队"。

在延安，东干队先后成立过两个：

张学思自传

李延禄、张秋同志负责成立了一个队。

王金镜同志于1939年1月来延安，改名为王岳石，他前后动员来延安有三十余人，经东北救亡总会介绍及由抗大选调的东北同志三十余人，共七十人，有东北下级军官、张学良的卫士、军校学员，及东大、东中的学生，于1939年夏也组成一个队，由高存信同志任队长，党决定我与岳石同志将来随此队去前方。

这时我与岳石同志相互均有了意见，我感觉他过去也是以统一战线的态度对待我，我们私人关系多，党的关系少，他是想以我为旗帜搞局面，同时达到他个人英雄的欲望，我认为他也像个"自由"的党员。岳石同志完全否认，并说我有领袖欲，但我未能很好地从个人英雄主义这点去检讨自己，只是不满意于他的不够诚实。这是我对他的关系未搞好的原因。

1939年9月，我在马列学院学习结束，便担任了这个队的队长，高存信同志为副队长，徐健生同志为政指，岳石同志到马列学院学习。

1940年8月，我们训练结束，徐健生同志调走，高存信同志为政指，岳石同志也来到队上。党决定我们先到冀中军区，具体办法到那里再决定。

我们于1940年9月中旬由延安出发，到前方。出发之前，我与谢雪萍同志经过三个月的相互了解，经党批准后，于9月初结了婚。

作为东工委领导人之一的李延禄出身于东北军，曾任东北抗联第四军军长，他是经莫斯科到达延安的。由他牵头在延安成立的东干队，后期由于形势需要，中央决定保存力量，将大多数人分配给了王震的三五九旅。

李延禄新中国成立后担任过黑龙江省副省长，1985年过世，享年90岁。

以张学思为队长的东干队，第一任指导员叫徐健生，贵州人，当年红军长征途经贵州时，身为地下党的徐健生接应过红军。全面抗战爆发后，被贵州党组织派往延安抗大学习。他并不是东北人，可能这也是把他调离东干队，由高存信接任的原因吧。

谢雪萍口述

　　1950年，在中央组织部，张学思和徐健生、余英夫妇，还有宋平照过一个相，这张相片我在去年送给宋平一张。

　　新中国成立后徐健生长期在贵州工作，曾任职贵州省委副书记。1993年过世，享年81岁。

★第六章

延安式爱情

担任东干队指导员的高存信，这时和张学思三度重逢。

1936年，从中央军校炮科毕业后，高存信被分配至东北军任炮兵排长。全面抗战爆发后，高所在部队增援华北，与日军华北派遣军指挥官寺内寿一指挥的两个师团激战后，中国军队崩溃，高也险遭不测。目睹溃军南逃的惨象、东北军兵败后部队面临裁撤的命运，高存信决意放弃每月30多元现大洋的优厚待遇，决心投奔八路军。

他向父亲高崇民写信表明决心并求助，高崇民直接找到了周恩来，周恩来一听这是黄埔十期炮科毕业的军事人才，又在东北军有过实战经验，当即写信介绍高存信到八路军总部炮兵团工作。

在西安办事处中转时，高存信向组织上提出先到抗大学习的要求，结果到了延安抗大报到时，大家一看他的条件，正是眼下求之不得的人才，把他直接从学员转成了教员。高存信说，我是来当学员的怎么能做教员呢？最后还是罗瑞卿副校长出面找他谈话做工作，希望他服从安排：军事教学上做教员，政治学习上可以在职学习，一门一门地进修。

教了一年的军事，抗大总校决定开赴敌后到太行山上去办学，高存信正在打点行装准备随抗大出发时，刘澜波和张学思突然登门，邀请他到刚成立不久的东北干部队工作。

东干队的目标是要打回东北老家去的，人员都是东北人，筹建人张学思又是同学，高存信当即表示愿意留下参加东干队。

抗大总校前往太行山后，留下抗大三分校在延安继续办学，从苏联治伤、学习回来的许光达任三分校校长，东干队归属三分校领导。

即将随东干队挺进敌后，高存信得知父亲高崇民这时到了西安，于是请假前往探父，结果他度过了一个并不平静的假期。

抗战时期的西安，被称作前方的后方，后方的前方，经常部队云集。

高存信走在西安的街头，就遇到了黄埔十期的同学周兆楷，任职炮连连长的周兆楷穿着神气的呢子军大衣，突然认出来高存信，一把抓住他说："听说你去延安抗大去了，能不能给我们讲讲那边的情况。"

结果在周兆楷的连部，高存信又见到了同为黄埔十期同学的张哲先，大家听完高存信的延安生活后，都非常羡慕，但是碍于自己家小拖累，难以效仿。

这样的谈话先后进行过两次，对延安十分向往的周、张等人到底未能踏上前往延安的路，高存信返回延安后从此天涯陌路。

★ 1940年高存信在西安八路军办事处门前　高劲松供图

此后张哲先参加过印缅作战，到了1948年年底国共辽西会战时，身为国军王牌主力部队新一军军部少将炮兵指挥官的张哲先被俘，同在东北战场，他的军校同学张学思则担任着中共辽宁省省长的职务。这时，当年同桌畅谈的高存信正在华北战场上担任解放军的炮兵指挥官。

转到1949年，当年的炮连连长周兆楷官至国军九十八军上校参谋长，隶属裴昌会第七兵团。这一年解放军打过长江，国民党大势已去，驻军四川的周兆楷所部在向西南进军的刘邓大军的追击堵截中投诚起义。

对延安心有向往的周兆楷、张哲先未能付诸行动，另一伙人却自己找上门来了,这是几个毕业于贵州都匀炮校的青年军官。都匀炮校原为南京炮兵学校,南京陷落后,一路辗转至贵州办学。

因为来客大多是东北人,又同是炮科毕业,高存信不仅给他们介绍了延安的情况,还透露了东干队即将开赴东北敌后的消息,并告知他们要去延安,得先去西安八路军办事处申请。

对这一伙人,几十年后,高存信在回忆录中写下了几个人的名字,其中分别有郑新潮、尹琪、刘寒。

郑新潮是沈阳新民人,也曾在北京读书,全面抗战爆发后考取中央军校步兵科,毕业前又考入炮校。这次见面后不久,郑新潮就领着几位军校同学到达延安,毛泽东和朱德亲自接见并与之座谈。

郑新潮先是被分配到了东干队,他和张学思都是沈阳新民人,也都先后在沈阳、北平读书,又都是毕业于黄埔,自愿奔赴延安,如今同在一起学习、生活,所以两人一见如故,十分投缘,课余时间经常在一起散步聊天。

但是当张学思率领东干队告别延安前往敌后时,郑新潮被留了下来,担任延安抗大首席炮兵教官,筹备延安炮校。新中国成立后郑新潮先在军委炮兵司令部工作,后转入地方。

1970年,张学思弥留之际,郑新潮带着儿子去看望,张学思给他写下了"恶魔缠身"四个字。第二天,张学思过世。

郑新潮1986年过世,享年73岁。

尹琪是河北人,他也是先考入中央军校步兵科,后转入炮校的。部队途经柳州时,他在三联书店买到一本书,从此改变了这位黄埔军校学员的人生道路,这本书的书名叫《论持久战》,作者是毛泽东。看完了《论持久战》,他马上写了一封信给八路军西安办事处的林伯渠,表达了想去延安学习打持久战的愿望,但是没有收到回信。

令他意外的是,炮校毕业后自己居然被分配到了驻西安的部队,这为他一心要前往延安学习怎么打持久战提供了最方便的条件。

这次与高存信见过不久,尹琪和两名同学步行走到延安,抗大三分校校长许光达亲自接收他们,并安排到了东干队。

抗美援朝时,尹琪任志愿军高炮部队六十四师副师长兼参谋长,开国大校,后来担任过福州军区炮兵副司令员。

刘寒也去了延安,后来在冀中根据地牺牲于反"扫荡"。

有一天,走在街上的高存信又遇到了一个人,这个人叫他高教员,自我介绍说是抗大的学员,两人约好一起回延安,高存信于是把自己的住址给了对方。

可是自己教过的抗大一大队已经去了敌后太行山,这个人怎么会出现在西安?疑惑的高存信回家给父亲一说,高崇民立即警惕起来,说一般从延安抗大自行回到西安的,多半都是特务。

不久传来情报,特务机关即将逮捕高存信。得到信息,高存信立即离开家回到了八路军办事处。果然,当晚高家受到了严格搜查。

高存信担心老爷子的安全,但是贸然回家是有被捕风险的,这时,一个叫白竟凡的女孩子站了出来。她本来是高崇民身边的工作人员,这次刚刚被组织上安排和高存信一起前往延安。为了让高存信放下心回延安,白竟凡冒险返回高家打探,这个刚过完21岁生日的黑龙江女孩带回来了老爷子平安的消息,她的勇敢行为把高存信镇住了,从而为他们后来的感情发展埋下了伏笔。几年后,在遭遇残酷的冀中反"扫荡"时,白竟凡坚毅镇静的性格再度呈现,多次将她从生死危局中挽救出来。

两天后,一辆前往延安送货的卡车从办事处开出,车厢里坐着白竟凡等几个人,高存信则藏在后车斗的货物中间,并用苫布掩盖着,直到车过洛川进入八路军防区确认安全后才掀开苫布。

高存信不平凡的假期总算结束了。

和他们一起蒙着苫布离开西安城的,还有一位叫陈今的姑娘。陈今是东北热河人,流亡关内期间曾经和白竟凡同学,她从成都一路走到西安,准备中转去延安,路上得了疥疮,高崇民担心她去延安传染给其他人,就把她留下先治好了病。

陈今后来成为晋察冀新华广播电台的播音员,在播音科长丁一岚的领导下工作,丁一岚是邓拓的夫人。

★ 1937年,白竟凡于西安竹笆南街　高劲松供图

来自黑龙江的白竟凡,是一名不甘心做亡国奴而两度瞒着父母流亡关内的学生,这次到延安后被安排到女大学习,让她意想不到的是,她在西安城内的义举,使得高存信对她产生了钦佩和爱慕之情。五十多年后,在回忆这段浪漫时光时,高存信老人写道:"每当星期六晚饭后,女大自由活动的时候,我就蹚过延河,去女大找她。延河水特别冰冷,而且变化无常,脱了鞋挽起裤脚就可过河,但蹚到中间延河水狂奔而来,就到齐腰深,到了彼岸,下半身全是水淋淋的。我经过杨家岭中央所在地,到它西边女大的校门口等她出来。我脱下打湿了的衣裤,拧净了水。挂在枣树枝上吹干。我们就到女大门口延河岸边的一片枣树林中去聊天,特别是明月当空,沿河两岸的山中窑洞灯光层次分明,好似一栋栋高楼,万家灯火,景致特别壮观。我俩

坐在枣树干上，东聊西扯别有一番风趣。"①

几个月后，一个月光明亮的夜晚，还是在枣树林里，两个东北流亡青年最终捅破了窗户纸。

炮科毕业的高存信一直到抗战即将结束才重新摸到炮，开启华北炮兵的创建。开国大典时身为华北军区特种兵部队司令员，指挥着炮兵部队的隆隆炮车通过天安门接受检阅。抗美援朝后期前往朝鲜任志愿军炮兵司令员，是金城战役中的炮兵总指挥，1955年被授予少将军衔。新中国成立后先后担任过炮兵学院院长、军委炮兵副司令员。1996年过世，享年81岁。

白竟凡结婚后跟随高存信前往冀中根据地，其间九死一生。新中国成立后担任全国供销合作总社学校教育处处长，2008年过世，享年90岁。

谢雪萍口述

1940年，大约六七月吧，从女大一起调了五个女同学，都是他们队上干部的爱人，调到了他们东干队。东北干部队里的都是东北人，是专门准备打回东北去的。八十多个人，人不多，有东北大学的学生，还有少数是张学良的下级军官，张学良不是被扣了嘛，他的一些下级军官就跑到这边来了。

准备整队开赴冀中，冀中包括现在的北京周围这一大片，叫冀中平原。最初的想法并不是到冀中，是先到华北，然后通过华北再奔东北去，打回老家去嘛。

当时冀中的政治部主任孙志远回延安了，汇报工作，东工委的刘澜波等一些人也在延安。我们要出发了，9月6号下午，张学思叫我和他去见几个人，这时同去的还有高存信和白竟凡，这次吃饭是我和竟凡第一次见面认识，对东干队的人包括高存信等我也不熟

---

① 《高存信将军往事回忆》，高存信著，第68页，北京市黄埔军校同学会，1999年，内部图书。

悉。我们四个人一同来到了大队的总部，当时见到了从晋察冀边区回延安准备参加七大的舒同、孙志远、李延禄、刘澜波等领导，见面会由中央组织部主持，舒同和孙志远介绍了敌后根据地的情况。

晚上他们请我们四个吃饭，在那个艰苦的年代，请吃会餐更是很少有的，我们心里特别高兴与兴奋。

吃饭时就说这次是给你们送行了，也是为你们祝贺了，你们的婚姻中央已经批准了，这一餐饭就是全包了意思。那时，在延安，青年们结婚都要履行组织手续，我们的结婚申请组织上批准了。

孙志远是河北人，1930年的党员，"九一八"后，曾经被派往东北参加义勇军，做过东北军五十三军的兵运工作，短暂留学过苏联，冀中根据地的创建人之一，此次回到延安是前往中央党校报到学习。新中国成立后担任过第三机械工业部部长等职务，1966年过世，享年55岁。

谢雪萍口述

饭后在回队的路上，张、高二人就议论道：组织上已经批准了，我们今晚就正式结婚吧，把事办了。说是"办事"也就把我和白竟凡同志的被褥分别搬到他们各自的宿舍。当时他们一个是队长一个是指导员，都有单独的窑洞。我们两位女同志都听他们的，搬过去就完事了。到了晚上，队里同学听说我们结婚的消息，都向我们起哄，说队长、指导员结婚，不请客怎么行啊。后来一了解还有三对同志结婚，干脆一起办理集体婚礼吧。

所以第二天就开了一个集体结婚的晚会，这个日子我记得，是1940年的9月7号，这天就是我们东干队几对新人结婚的日子。

都有谁呢，有队长有副队长有指导员有教员，一共五对新人结婚。几个媳妇都是从女大调过来的，挑媳妇的时候张学思是一个方法，大家是各有各的情况。

结婚的地方就是我们东干队宝塔山窑洞跟前儿的一块平地，平时大家出操点名的地方，用我们自己动手制作的桌椅围成一个长方形的大圈。9月的时候正好是秋天，枣子、海棠，延安叫花红果，这些东西都下来了，有很多东西都是我们自己种的，就摆上这些，买一些花生，再买点糖，还让炊事班的去买了些猪肉，改善一下伙食。这在当时生活环境非常艰苦的延安，已经是相当丰富奢华了。

结婚典礼晚会由原东干队指导员徐健生主持，他首先代表组织上向大家宣布：张学思（队长）和谢雪萍、高存信（指导员）与白竟凡、陈剑飞（支委）和郝力宁、李长汉和李忠、罗文（副队长）和黎飞这五对新人经组织批准，正式结为夫妻、革命的伴侣，祝这五对新人共同进步、共同奋斗、白头偕老。

李长汉和李忠不是在延安相处的，他们早就认识。

在晚会上，同学们纷纷向我们表示祝贺，有说相声的，有说快板的，有让我们讲恋爱经过的，热闹非凡，大家就是高兴啊，拉歌、讲故事，我们整个东干队队员就这么一块闹一下子，大家高兴，直到半夜才算散会。婚礼非常俭朴，但给我留下了终生难忘的印象。从1940年至今七十多年过去了，我闭上眼睛仍然历历在目。

到延安，我是9月去的，张学思是10月去的，后来人家问我媒人，我说，我才搞明白真正的媒人还是张学良，他要不搞大团结，根本就没这档事。

但是在去敌后的路上就有一对分手了，最后坚持相伴一生的就只有三对，张、高、陈三家。

自从指导员高存信的夫人白竟凡去世以后，五对新人就剩我一个了，那些都走了。从那时候我就说了，现在就剩我一个人，所以

★罗文保存的抗大十周年纪念章　罗亚军供图

每年到这天都请你们后人来一块吃饭。现在每年的9月7日这几家能收集到的子弟们,我都请他们在一块吃饭,纪念我们的日子,怀念我们先辈,年年都有。

在延安,结婚时不是去登记领结婚证书,而是要向组织部门打申请,组织部门批准了就可以结婚。新中国成立后,五对新人中,陈剑飞做过黑龙江省委书记,郝力宁做过黑龙江省建设厅副厅长。李长汉是东北军出身,新中国成立后担任过邢台军分区副司令员。

从延安要出发了,临行前,张学思接到毛泽东的邀请,见面时,毛泽东交给他一封亲笔信,要他带给远在晋察冀的聂荣臻。

★第七章

从 延 安 出 发

谢雪萍口述

1940年9月14号开拔，东干队目的地是路过华北到东北，口号是打回老家去。从延安出发，过黄河到晋西北，就是一二〇师那里。再从晋西北到华北的冀中平原，这就是东干队的实际路线。

我是1938年9月18日到达延安，那年18岁。1940年9月14日离开，这一年20岁。

这两年我的收获是，一个能学习了，起码能说普通话了，能听懂课了；再就是参加大生产，上山开荒、纺线，给我的印象很深刻。

后来，我们女大成立了同学会，还经常搞活动，但是前几年我不在北京，到香港去了，九几年以后我回来了，参加的人由人多变成人少，到现在没剩几个人了，人就是这么变化的。

1993年，女大北京校友会在民族文化宫成立，高存信、白竟凡夫妇和谢雪萍均参加。时任政治局委员李铁映到场向在座的叔叔、阿姨祝贺。当年的抗大五大队女生队一队队长、中国女子大学学生会副主席，后来的中国第一位驻外女大使丁雪松现场宣布："我们女大的女婿们，从今天起是女大校友会的荣誉会员。"

丁雪松是创作了《中国人民解放军军歌》的作曲家郑律成的夫人。

现场的人们尽情地唱歌跳舞，仿佛又回到她们的青春年代。

谢雪萍口述

从延安到冀中，全都是步行，第一天刚开始走，走不到几里就得停一停，第一天走了几十里，累得不行不行了，有脚上起泡的、

★ 1939年5月，东干队副队长罗文；左上：东干队队长张学思（夫人谢雪萍为该队学员）；左下：东干队指导员高存信（夫人白竟凡为该队学员） 罗亚军供图

有走不动的、有掉队的,那里边热闹多了,别看才八十几个人,什么洋相都有。

从延安出发到郏县,开始那一段路,走得特别特别慢,走不动,都唉声叹气,到冀中多远呢?也说不明白有多远,这路怎么走啊?

过了几天就是一天走40里50里,一直到走过一个星期,腿算差不多走出来了,那就能走了。但是一定要有人打前站,烧热水烫脚,最关键的就是到晚上要烫脚,让血脉运转一下。

以后就能走到差不多1天100里了,我们后来还走过一天一夜240里的,而且不是一般行军,是跑啊,敌人在后面追呢。我这两条腿现在不能走了,年轻时候能走着呢,没有马骑。

张学思有两匹马,一匹给病号了,一匹就他自己用。后来这两匹马都给队员用了。有个很胖的女同志,走不动,走走就不行了,就给她一直骑着。

我没骑过,还挺给我们老张长脸的,没给他添过麻烦,一路上有时候还帮大家烧水呢。我们都编班了,我们八十几个人大概编了七个班,每个班有班长、副班长。张学思和高存信带着家属,但他们都不管的,都是班上管,他得管全队不能光管你啊。

东干队里面有三个朝鲜人,都是原来的日本兵,有一个姓吴,就是经过学习,改变了思想,慢慢教育过来了,以后他全部的思想都变了,所以说啊,人的行为是由思想决定的,思想决定他的行为。新中国成立后都回朝鲜了,我们也主张他们回去。

后来到了冀中,我见过有一个整班,全是日本的俘虏兵,就是经过教育,转变了看法,和我们一心一意的日本人,明白他那个国家发动的是侵略战争。

东干队里的这三名朝鲜人分别叫高建基、张志民和吴明星,到达冀中军

★东干队队长张学思　高劲松供图

区后,因为都会日语,被安排在政治部敌工部工作。1941年冬,前方部队抓了一个日本特务机关长大本清少将,审讯时的翻译就是其中的高建基。姓吴的朝鲜人就是吴明星,两年后,牺牲在冈村宁次发动的"五一大扫荡"。

张志民和高建基在"八一五"光复后,均回到朝鲜担任了领导干部。

挺进敌后的东干队成员一共有82人,队长张学思,指导员高存信,副队长罗文。下辖三个区队九个班,三位区队长分别是林千(史存真)、杨国治、何克。

林千是张学思的老熟人了,当初张学思从西安进入延安时,就是由林千和金浪白一路护送的,如今他们又一起奔赴前线了。杨国治是东北军出身,参加过台儿庄战役,多次负伤。此后入党,一年前进入延安抗大学习,1955年被授予大校军衔。

何克到达冀中军区后,被分配至司令部第四科任教育参谋。

向敌后挺进,不是一句口号的问题。临行前,张学思提前嘱咐谢雪萍,一路上不仅能吃苦,而且要做好牺牲的准备,20岁的谢雪萍当即向他表示,一定起表率作用,不怕牺牲。

路上,张学思打头阵,高存信负责收尾,第一天慷慨激昂地走了60里,夜宿青化砭,第二天再走,有的人就一瘸一拐了。队伍行军出现了困难,由队员乔兴北和韩复东组织起啦啦队,鼓动士气。乔、韩二人会说相声能打快板,在抗大名气很大,有一次毛泽东看过他们的演出,还亲笔给他们留下了"继续努力"的赠言。

乔、韩二人不仅能文,而且善武,东干队的篮球队水平很高,在整个陕甘宁边区都有影响,这个篮球队的队长就是韩复东,专打中锋,乔兴北打前锋。

解放战争时,韩复东担任过团长、师参谋长,参加过塔山阻击战。1955年被授予大校军衔,新中国成立后先后任社会主义国家友军体委副主席、全国体总副主席、解放军体委主任等职务。乔兴北担任过中国建筑科学研究院党委书记。

东干队在浪涛滚滚中渡过黄河,直奔一二○师的师部驻地兴县。

谢雪萍口述

我们到了黄河边准备过黄河,看到黄河的河水很大,几里地之远就能听得到河水奔流的轰鸣声,大浪滔滔,翻滚向前,真是壮观。第一次过黄河,心里也是很紧张的,一个大浪来了,浪比船都高,大家都闭上眼睛,相互搀扶,相互鼓励。以前都唱过黄河大合唱,没想到黄河真的是在怒吼,在咆哮,就像一头愤怒的雄狮,这个歌曲写得太好了,完全代表了我们当时坚决抗日的决心与兴奋的心情。

途中我们经过一二〇师的驻地,在那休整了一下,见到了贺龙。

贺龙最喜欢东干队的球队,东干队的球队在延安也出名,非常厉害,打遍了延安,所以他们几个战将,后来都被贺龙收了,有的当了军体部的部长,中国的军事体育在国际上都有名。

贺龙挺豪爽的,他的夫人薛明也是我们女大同学,还是后来女大校友会的第一任会长。他的儿子贺鹏飞,做过海军副司令。

在贺龙那里,我们待了有半个多月,双方打了两场球,留下一张合影的相片。

一二〇师的篮球队叫战斗篮球队,为了迎战东干队篮球队,贺龙多次亲

★ 1940年10月上旬,在山西省兴县李家湾一二〇师司令部篮球场,东干队篮球队和战斗篮球队合影,身穿白色背心的是东干队篮球队队员

后排左起:1.刘卓甫、3.王廷弼、4.陈梦还、5.黄烈、7.张子槐、9.栗树彬、10.邢亮;中排左起:1.甘泗淇、2.关向应、3.周士第、4.续范亭、5.贺龙、6.张学思;前排左起:1.李侃、2.高存信、3.张联华、4.韩复东、5.武选生、6.戴金川　高劲松供图

自部署指示，并提醒大家延安的报纸、电台恐怕也会比较关注这场比赛。战斗篮球队于是制定了详尽周密的战略战术，尤其是针对韩复东的紧逼防守，基本上这位22岁的篮球队长还没上场就已经被看死了。

双方先后打了两场比赛，战斗篮球队均以微弱优势获胜。两场均以前锋位置出场的高存信事后总结道，未能获胜的原因是，一个是长途跋涉后队员体力尚未恢复，一个就是担心打好了，贺龙师长会把韩复东、乔兴北给留下来。

但是韩复东还是给贺龙留下了记忆，新中国成立后不久，就把韩复东从总参谋部要到手里，出任社会主义国家友军体委副主席的职务。

韩复东1998年过世，享年80岁。

谢雪萍口述

这期间，关向应送给张学思一个望远镜，一块指北针，这两件东西我都送给帅府了。关向应是很好的一个老头儿，东北人，张学思那时候二十四五岁，他三四十岁了，他们是东北老乡啊。

送给张学思这两件东西，寓意怪深长的，我自己体会啊，一个是政治方向要正确，一个是眼光要看得远，这是我体会的，不是他说的。他送这两样东西，是想看看这个老乡是不是花花公子，他觉得可能也是个问号，所以送望远镜、指北针。

关向应身体瘦瘦的，从他的相片就看得出来，只在一二〇师见过他那么一次，也是一位东北革命的老前辈。

短暂休息几天后，东干队准备穿越同蒲路前往位于敌后的晋察冀根据地，同蒲路左右两侧各40里均为敌占区，将聂荣臻领导的晋察冀和贺龙领导的晋绥完全分割为两部分，从晋绥前往晋察冀的途中，危险随时会从天而降。根据区域性质，穿越要先后经过晋绥边区—游击区—无人区—敌占区—同蒲路—敌占区—无人区—游击区—晋察冀边区，全程180里左右。

游击区是敌我双方部队都经常活动的区域,无人区的村庄已经消失,人员被强制迁徙。日军通过这样的手段,有效地限制了中国军队的活动和发展。

为确保东干队的安全,贺龙派出了15岁就跟着他闹洪湖的得力将领,七一六团团长黄新廷负责护送东干队前往晋察冀。

黄新廷面如朗月,解放战争时,黄新廷是彭德怀麾下战将。新中国成立后,有一次彭德怀视察文工团,有人夸奖演员漂亮,彭德怀说可惜你们没见过黄新廷。1955年,黄新廷被授予中将军衔,曾任成都军区司令员、装甲兵司令员等职务,2006年过世,享年93岁。

尽管有黄新廷带着一团人护送,这次过路仍然是在小心谨慎中进行。

为了确保当晚能穿过同蒲路两侧80里的敌占区,头一天队伍先行进到敌我交错的游击区边缘隐蔽下来,第二天中午出发,迅速穿过游击区于傍晚到达无人区地带。在这里不能动火,大家边休息边吃提前预备好的干粮。张学思做了最后一次动员,严肃强调当晚穿过无人区和敌占区时,可能会与敌人遭遇,大家要有心理准备,勇敢战斗,同时无论出现任何情况绝对不能掉队,掉队的后果就是被俘,大家要互相帮助。

为防止万一,黄新廷把七一六团分为前后两部,将东干队夹在中间。队里将5名女生分给了5个班,每个班都安排两三个身强力壮的男同志负责帮扶。

天黑时,队伍进入云中山。位于山西北部的云中山是吕梁山脉的分支,主峰老君洞海拔2000多米,因山峰隐没于云雾中而得名。

这天晚上是个阴天,一片漆黑,每个人的背包上都蒙着白毛巾,便于后面的人识别。七一六团是老红军的班底,静默中一路跑步上山,东干队的队员们跟在后面跑得两眼发黑,但是谁也不敢掉队休息,咬紧牙关紧紧跟上。

山中道路崎岖陡峭,前文中谢雪萍提到的很胖很胖的女同志叫李忠,几乎是从延安一路骑着张学思的马走过来的。东干队出发时,贺龙又送给他们一匹骡子驮东西,考虑到夜里强行军,骡子比马有耐力,上山前就把这匹骡子调给了李忠。结果走到后来骡子也精疲力竭了,李忠的爱人李长汉就在前面拉着骡子走,最后骡子累得死活不走了,李忠就下来,夫妻两个一个前面拉一个后面赶,结果在经过一处窄路时,骡子失蹄掉到山涧里去了。

穿过云中山,半夜时分,队伍强行军按时到达同蒲路边,等待来自对面的晋察冀部队接应。结果等着等着,忽然传来命令,原路跑步撤退。夜色中一口气跑出去五六里地才停下,后来才知道七一六团前哨部队与前来接应的晋察冀部队没有接上头,长时间停留在铁路附近有危险,所以暂时后撤隐蔽。

一停下来,大家才感到又渴又饿,随身携带的一壶水早就都喝光了,一路上尽管路过很多沟,但是没有一条是有水的。出发前,一二〇师特地给东干队每人拨付了几斤白面,大家把白面都烙了饼,这且不说,考虑路上不可能有菜吃,特别在白面里掺了盐,现在尽管饿得难受,可是因为嗓子干得直冒烟,都眼瞅着面饼咽不下去,大家只好闷着头,心急如焚地贴着地皮吸凉气。

远处就有村庄,村里肯定有水,但敌占区的村庄常常也是陷阱,另外队伍也可能随时进退,没有人敢冒掉队的风险去找水。

终于等来一句跑步前进,在敌占区阴森压抑的情绪中,这不啻是一句喜讯,众人迅速穿过同蒲路的铁轨,来到一个村庄附近。晋察冀派来接应的是十九团,他们带来了大量的棉花、盐巴等各类物资交付给七一六团,这些物资再经由晋绥运往延安。

延安本身是贫瘠的,大量的人口涌入延安后,整个抗战时期各地根据地都有向延安进行物资供给的任务。

后来的开国上将陈再道,回忆抗战初期率部队挺进冀南时说:"冀南有的是钱,当初刚到冀南时,冀南银圆真多。1938年我们七七一团工作队的范朝福同志在肥乡一个富户家募捐,一下就募了二万多块现大洋。什么'孙中山''袁大头',应有尽有。我们报告给刘、邓首长,邓政委说'你们一个也不能动用,全部送到师部来,我们将它转送到延安党中央'。这些现大洋送去了,以后又陆续送去了一些。当时,冀南真富,几乎每个富户的家里,都埋有成缸成缸的银圆。还有那些土匪头子、游杂司令，只要打进他的土围子，就能缴获大批现洋。我率部队打仗时，就缴获了好多次。这大批银圆支援了山区，也支援了延安。"①

在同蒲路两侧多停留一刻都是危险的。

一方交人，一方交货，人货两清后，黄新廷的七一六团和冀中十九团都急忙各自往回赶。东干队紧紧跟着冀中十九团又是一路急行军，天亮的时候，队伍进入了无人区的一个小山，在这里终于发现了一口井，大家没有喝几口，警戒哨就发现附近的敌人已闻讯出动了。大家继续一路跑，一直跑到中午，忽然就遇到了一条清澈的小河，一声呼喊，全体奔向水边，众人等不及解下喝水的缸子，直接用手捧起来就喝。

直到深夜，东干队终于跑进了晋察冀根据地，连续两天一夜奔行240里，没有走丢一个人，全部到达。

谢雪萍的表现给所有东干队成员都留下了深刻的印象，这天她负责打前站的任务，一共9人先于大队到达目的地，提前为大家烧好了水，做好了稀饭。9个人里，只有她一个女同志。还有一个同志叫贾白水，几年后牺牲在了晋察冀。

穿越封锁线最大的风险，就在于它的不确定性，在整个抗战期间，由于日军以铁路为动脉的封锁线贯穿中国国土，越是干线铁路封锁越是严密，国、共抗战军队由于输送人员、物资的需要，都频繁穿越各道日军封锁线，多数情况下有惊无险，但人员伤亡、物资受损的意外情况也时有发生。

就在几个月前，冀中地区党委书记、冀中军区司令员吕正操的搭档鲁贲，就是在穿越同蒲路时，遭遇日军包围，鲁贲纵马跳崖牺牲。

新中国成立后曾任职黑龙江卫生厅厅长的谢励老人，也是毕业于女大，

---

① 《陈再道回忆录》，陈再道著，第369、370页，解放军文艺出版社，2009年出版。

一年后，她和队友们也是从晋绥穿越敌占区前往晋察冀，她回忆说，因为日夜奔波身体十分疲乏，有两个同志实在走不动了，就坐下来休息，这一坐就被队伍给落下了，大家过了公路也没见他们赶上来，那以后她再也没见过这两个人。

曾经为冀南的富裕所震惊的陈再道，到了1943年已经是指挥数万将士的冀南军区司令员，但是在穿越另一条铁路平汉线经太行山前往延安时，这位叱咤一方的大将军也不得不低头：

"过铁路，当时可不容易。铁路两侧挖的封锁沟有两人多深，你想填平一段过去，不知得动用多少人力，要费多长时间……我们过铁路后，继续西行。要穿过几十里的敌占区，过了最后一道封锁线，走出接敌区，然后才能到达安全地带。这段路程有几十里路，顺利的话，天亮前可通过最后一道封锁线……只想快点走，争取今晚过了这道难关，千万别出什么事，因为刘志坚同志不能走路，遇到大股敌人就麻烦了。王俊让战士轮流抬着刘志坚同志快步西行，我骑着骡子在后边一溜小跑地紧跟。已经走了几十里路，现在进入丘陵地区，西边的高山隐约可见。这时天快亮了。四周的碉堡可以看得很清楚。王俊对我说：'天明了，最后一道封锁线是过不去了，为了保证首长安全，我决定不走了，先在这个村隐蔽住下，傍晚再走。'我同意了。

"在村里刚休息一会儿，枪声响了。原来附近的敌人发现了我们，开始向这个村搜索。最担心的情况终于出现了……我们几挺轻机枪突然开火，把敌人打得晕头转向。我们向西冲去，碉堡的敌人有的向我们射击；有的大喊大叫，不敢出来。穿过公路时又遇到埋伏的敌人，王俊率队又是一阵冲杀，我们冲了过去。正在渡河，后边的敌人又追上来，我让王俊在后边掩护，猛打追兵，我带着两个排在前面开路。两边的敌人有的在喊什么'要捉活的！'经前打后阻，我们终于通过了最后一道封锁线，进入山区……1941年以前，每年我到太行山开会，都要通过这个平汉路。过了多少次，都没有像这次艰险，这次幸亏有王俊这位猛将保驾。

"当时，从冀南到太行的干部，过铁路，过封锁线，真是五花八门。我们是边打边走，有的是坐火车；还有的化装成阔气人物，坐轿车从敌占城镇穿过；有的由交通员领着就过去了，等等。不管怎么过法，都有很大的冒险性。好在我们敌工工作做得好，交通线比较安全可靠，多数过封锁线的同志没有发生大的问题，个别同志也有牺牲的、被俘的。"①

到达晋察冀，张学思将毛泽东的亲笔信交到了聂荣臻手里，这封信的大意是，张学思是张学良的四弟，延安培养的好干部，目前计划挺进东北，让聂荣臻注意培养和帮助。

在当时，不仅指导员高存信不知道有这封信，连谢雪萍也不知道。直到1982年，当年聂荣臻身边的参谋张元泰在一次会议上回忆起此事，大家才知道还有这么一封信的往事。

当时聂荣臻看完了信，表态说现在去东北条件不成熟，东干队进去很难站住脚，不如留在晋察冀工作，等时机成熟再进东北。

张学思表示同意。东干队于是划归抗大二分校指挥，校长是老红军孙毅。

谢雪萍口述

原来是打算从延安到东北的，但是走到半路中央就改变了。

我们是9月走的，走到十一二月，一到晋察冀就遇着敌人大"扫荡"，敌人第一次实行"三光政策"，要把整个冀中平原全部给弄清楚了。那时候孙毅带着抗大二分校，晋察冀司令部就让我们跟着抗大二分校活动，跟敌人转圈，敌人到东我们到西，他到西我们再到东，就那么转。

孙毅将军是很有名的红军将领，个子不高，瘦瘦的，地方上的老百姓都认识他。他当时给我们讲话作动员，还提到之前也有一个

---

① 《陈再道回忆录》，陈再道著，第360—362页，解放军文艺出版社，2009年出版。

东干队，到了前线表现不怎么样，不少人投降了日本。我听到这些话很是反感，我想我们绝不会是那种人的，他的话对我刺激很大。

"文革"后孙毅同志两次到我家里来，给我送条幅，要我看得远一点。

我们天天白天行军，晚上休息。到了12月"扫荡"基本结束，我们就开赴吕正操的冀中来了。

这时候中央来电报了，在冀中就地分配，不让去东北了。为什么呢？当时日本人对东北控制得很厉害，过去了生存很困难，也活动不了。本来的想法，是要这些人锻炼锻炼的，都是二十几岁的年轻人，热情挺高的，实际上都没实践经验，所以说就地分配吧。

"三光政策"是由日军华北方面军司令官多田骏最早提出来的，冈村宁次接任后，太平洋战争爆发，为尽快解决中国问题，将烧光、杀光、抢光的野蛮与残酷推向顶峰。

张学思自传

10月下旬我们到达晋察冀边区，恰赶上敌人开始"扫荡"，我们归抗大孙毅同志直接指挥，打了一个多月的游击，反"扫荡"结束，聂荣臻、彭真同志给我们做了抗战形势的报告，我们休息一个时期后于1月初便去冀中军区。

军区根据当时华北的形势，尚不能组织队伍向东北活动，我们所有同志亦须在战争环境去学习和锻炼，便决定把所有人员分散在机关和部队中去工作，何时需要再集中组织队伍，我们便于2月间被分配了工作。

四个月的行军过封锁线与反"扫荡"，使我初步有了战争环境的体验，经过晋西北与晋察冀两大根据地，我看到我党我军在敌后坚持抗战的奇迹。群众抗日情绪的高涨，我军的坚强，反"扫荡"的胜利，及根据地的建设，使我过去空洞的信念有了实际的信心，而一年的队职工作，也给我很大的教训。

在队结束时，同志们给我许多批评是我完全未想到的，在延安为了队上学习，我到处请教员，为了改善队上生活，我想了很多办法，路上行军我有牲口，自己一步没骑过，我以为我已尽心为大家做了工作，但同志们对区队长班子不满说我用人不当，说我对他们不了解，秉性急躁，态度不好等，认识到这是我脱离群众的作风，一切事情自以为是，个性急躁，对一个复杂成分的队，自己缺乏坚强的思想领导能力的结果。

数十年后，当高存信老人回忆起这段历史时说：

"东干队到冀中军区的干部共82人，分到司令部的军事干部43人。他们大都曾是东北军的军事干部和在国民党中央军校、炮兵学校受过正规训练的军事干部，这些同志的到来对加强冀中军区司令部工作的正规化起了一定作用；分配到政治部的35人，卫生部的4人，他们大都是上过大学或中学的知识青年，后经过延安马列学院、抗大、女大培训，政治素质比较高。

"东干队在战争中牺牲的有15位同志，在那残酷抗日战争中，也有两个人被俘后，成了动摇分子，脱离了革命队伍。"①

东干队失去的第一位队员并不是在战场上，而是在晋察冀军区所在地，这个人叫苗一夫。

东干队初到晋察冀，发现漫山遍野长着野生的黑枣，从贫瘠的延安乍然来到物产丰富的中原，大家都高兴地去一边采摘一边吃。结果苗一夫吃多了，

---

① 《高存信将军往事回忆》，高存信著，第85页，北京市黄埔军校同学会，1999年，内部图书。

腹部疼痛难忍，肚子上能摸到一个大硬块。两名队医束手无策，最终苗一夫生生痛死了。

后来才知道，是因为黑枣吃多了，口渴喝开水，黑枣遇到开水就结块硬化，当地人的解决办法是喝酸菜水可以化解。但是东干队初来乍到，没有经验，也想不到应该去找老百姓寻求办法，所以队上专门开会讲了这个事情，要大家注意。

谢雪萍口述

东干队现在北京的还剩下一个，打篮球的乔兴北，他耳朵不大好。

东干队全是人才，唱歌有唱歌的，打球有打球的，说快板的有说快板的。一进东北，一打仗，一个叫戈军的就阵亡了，他唱歌唱得非常好，男高音非常好听，黄河大合唱的独唱部分都是他唱。

东干队，有不少打死了，也有打出来的，鹤云，他后来到冀东了，他是第一个打进鞍山的。后来到地方做过建工部副部长。

我在延安拍过一张照片，在窑洞门口照的，东干队的人给照的。这张照片后来给了高存信了，"文革"后又还给我了，现在丢了。

鹤云是刘云鹤的化名，辽沈战役后担任过鞍山市市长。新中国成立后担任过西南设计院副院长、中国建筑工程总公司常务董事。

★ 第八章

冀中前线，滚在刺刀尖上

谢雪萍口述

　　冀中司令员是吕正操，政委是程子华。吕正操原来是张学良下面的一个团长，后来起义了。当时贺龙的一二〇师在冀中，吕正操过来了，就成立一个冀中军区，但是力量不是太强，没那么多有训练的、有经验的正规部队。东干队这80多个人一来，给他的机关一个很大的补充。现在有一个冀中研究会，他们有一些资料，就记录了这80多人到冀中以后冀中工作的变化。

　　当时冀中活动地区比较强的是深、武、饶，就是深泽、武强、饶阳三个地方，八路军主要在这一块地区活动。

　　1937年，六九一团脱离五十三军重返滹沱河北岸后，有关冀中地区出现了一支东北军武装的消息很快上报到晋察冀军区司令员聂荣臻。经过分析，判断很可能是吕正操把六九一团拉出来了，晋察冀派出了吕正操的老朋友孙志远和吕正操的弟弟吕正哲前来寻找联络，吕正操随即拉着2000多人的队伍开赴晋察冀整顿、受训。

　　两个月前，一一五师师长林彪率主力南下开辟吕梁根据地，聂荣臻领着3千余人登上五台山，上任晋察冀军区司令，吕正操一下子就拉过来一支装备齐全的2000多人的队伍，这还不算留守在冀中的部队，而且还都是老兵，而当时整个一一五师也不过1.5万人。

　　全面抗战爆发这年入党的吕正操，在1955年被授予上将军衔，先后出任铁道部部长、铁道兵政委、全国政协副主席等职务，2009年去世，享年105岁，是所有开国上将中最后一位离世的。

1937年12月的聂荣臻，在阜平的司令部里向着地图挥手一划，对率部前来接受整训的吕正操和孙志远说："你们就在平津路、平汉路、津浦路之间，南边以浏阳河为界，搞冀中根据地吧！"①

冀中平原，河流纵横、物产丰富，被共产党人称为中国的乌克兰。

谁都没有想到，若干年后，在所有八路军和新四军的抗日根据地里，冀中平原在中国民众心中的名气和影响是最大的，不仅是因为冀中向其他根据地输送的干部和兵员最多，也不仅仅因为这里的战争环境最残酷，而是一大批电影和文学作品，让国人对冀中根据地耳熟能详：从《平原游击队》《平原枪声》《敌后武工队》《烈火金钢》《小兵张嘎》《小英雄雨来》，到《野火春风斗古城》《地道战》《新儿女英雄传》……

能吸引文艺工作者如此集中关注，当年冀中的艰难困苦必然是典型的。

东干队到达冀中军区时，正是冀中大发展的时期，此时百团大战刚刚结束，军区司令员是吕正操，政委程子华，冀中区党委书记是黄敬。

程子华毕业于黄埔六期，是1926年入党的党员，红军时期当过军长和政委，新中国成立后担任过全国政协副主席职务。1991年过世，享年86岁。

黄敬，又名俞启威，1932年入党，冀鲁豫边区创建者之一。新中国成立后曾任职天津市委书记、第一机械工业部部长，1958年过世，年仅46岁。其叔叔俞大维曾任台湾"国防部长"。

谢雪萍口述

冀中一开始土匪很多，后来慢慢就都散了，有的变成了汪伪顽军，也有的被我们收编了。

收编他也是扩大我们的力量，这些土匪有些也是生活所迫，他没饭吃，那个战乱时期很多是被迫走那个路的，我们是教育为主，

---

① 《吕正操将军自述》，吕正操著，第75页，辽宁人民出版社，1997年出版。

慢慢教育过来。一般收编以后，我们就派专门的人去做工作，班里面派班长、副班长，把这一个班都管起来，再就是派指导员啊，连长等干部，开始他有很多坏的习惯，土匪啊，到哪里都抢掠惯了，做了很艰苦的工作把他们改过来，以后也挺好的。

遇到土匪我们就把他当敌人打了，我们很少有跑单帮的时候，都是不得已的情况，机关、部队进行工作安排，一般都是安排几个人在一起。

真成了一个的时候，一般都是打散了，我没遇到过这样的情况。

若干年后，吕正操老人在他的回忆录中，也记录了东干队的到来：

"1940年11月间，张学思、高存信等从延安带来一个东干队。当时军区机关驻在定县的甄村，我们事先接到中央关于东干队到冀中来的电报，在他们到达后，军区机关及时召开了欢迎会，我和程子华、沙克同志都讲了话，热烈欢迎东干队的同志们。

"东干队当时到冀中军区的干部82人。分到司令部的军事干部43人，他们大部是东北军的青年干部和在国民党中央军校受过正规训练的军事干部，特别是又在延安抗大受到革命军事理论和参谋业务的专门培训，对于加强冀中军区司令部工作的正规化建设起了重要作用。分到政治部的35人，分到卫生部的4人，他们多是青年知识分子，经过在延安的马列学院、抗大、女大培训，还有从石友三等部队中撤回的政工干部，加强了冀中军区的政治工作。还有3名朝鲜同志，他们是高建基、张志民和吴明星，根据他们会日语的特长分在政治部敌工部，从事对敌伪军工作。

"张学思分到冀中军区司令部任参谋处处长，高存信任作战科科长。张学思具有较高的军事素养和政治思想水平，工作有魄力，善于筹划，细致认真，作风朴实，勤奋好学。他严格要求自己，刻苦锻炼，作战中勇敢顽强。

"东干队的到来,大大加强了冀中军事工作和文体工作的领导。"①

谢雪萍口述

张学思到冀中,还是一直叫张昉,他被分配到司令部参谋处当参谋处处长,参谋长是沙克,是个老军人,也是很厉害的,司令员是吕正操,政委程子华是老红军。高存信分配到作战科当科长。张学思主要是负责比较常规的事务,制定规章制度,他是黄埔军校出来的,高存信是学炮的,学思是学步兵的。

那会儿没听说过他们班子里闹别扭啊,不团结啊这种事,很少听说。那个战争环境,你不团结也得团结。不团结等于分裂,分裂你就等于自相残杀,不团结什么事都干不成。

其他有分配通讯科、侦察科的。我有个叫东方的同学,分配到侦察科了,是一个非常出色的侦察员。因为要了解敌人情况啊,知己知彼嘛,不然没办法对付敌人,那他就经常化装到敌占区去。他是鹤云的哥哥,新中国成立后在鞍山工作。

后来到了北京,他们两口子来北京,我们见过,当时刘云鹤两口子,东方两口子还有我和学思,一起合了个影。鹤云是刘云鹤的别名,和东方是亲哥俩儿。

沙克是辽宁丹东人,东北军出身,始终是吕正操手下的得力干将。开国少将,曾任空军学院副院长。1994年过世,享年87岁。

张学思负责的参谋处下辖作战、侦察、通讯、教育、交通、机要、管理、警备一共8个科室,高存信一开始是作战科参谋,后被提拔为作战科科长,在张学思的直接领导下工作。

冀中军区下辖五个军分区,36个各级司令部,参谋处下辖的8个科对这

---

① 《吕正操回忆录》,吕正操著,第143页,解放军出版社,2007年第3版。

些作战单位是承上启下的业务关系,更重要的,还要在军区首长决策时起到好参谋作用。

"我到冀中,直接在学思同志领导下,对他我是发自内心的敬佩。因为他既有政治思想水平,又有军事素养和组织工作能力,在司令部工作建设上有很多建树。首先他建立和健全了各种规章制度,使工作秩序井然。如计划总结制度,敌情研究制度,会议、汇报、检查、报告、值班等制度。其次是组织机关干部学习,为了提高干部业务水平,学思把受过正规训练的同志们组织起来,给干部们讲战术课,以加强作战和侦察工作,发现敌情帮助领导下决心,以提高参谋处的整体水平。从他的身上我学到了不少东西。

"凡大的军事决策,首长们都吸收学思和我参加会议,我们确实起到了吕正操、程子华首长的助手作用。"①

高存信这本往事回忆,是从1993年开始写的,此时张学思已经过世20多年,从盖棺论定的角度说,高存信落笔的这段文字应该是客观的。

冀中八路军的力量和武器跟日本人比不了,所以打仗不能靠用强、使蛮力,这就需要开动脑筋研究战术,冀中是平原,开展敌后斗争没有山脉做依托,那就要研究依靠人山。白洋淀里的雁翎队,依靠水势和一望无尽的芦苇荡,用大抬杆就成功地在敌人的腹地开辟出一块抗日根据地。

在西安自己找上门,遇到高存信的尹琪,进入抗大就分配在东干队,到冀中后被分在司令部,在高存信的作战科当作战参谋。

尹琪老人回忆,那时他不上第一线打仗,作战科主要是和军区首长们在机关里进行分析、制订作战计划。当时冀中军区司令部为了保障快速掌握第一手的军事情报,集中全军区财力物力成立了"自行车侦察队",侦察员们的活动半径和反应速度都得到大大提高,情报一回来,作战科科长高存信就带着作

---

① 《高存信将军往事回忆》,高存信著,第86、87页,北京市黄埔军校同学会,1999年,内部图书。

战部的六个参谋，连夜分析敌情，制订计划，供首长决策。

谢雪萍口述

分配工作时，男的全部分配到司令部，女的分配到政治部或者是卫生部。我和白竟凡，就是高存信的夫人，我们俩在路上就怀孕了，所以这一路非常惨。

女同志怀孕走路你说惨不惨，又不能吃又累得要命，一闻着什么都吐，而且那会儿困难的时候还没有油，都是吃羊油，还是山羊的，膻极了，特别特别的膻，一炒菜都是羊油，那个膻啊，一闻到就吐，难受极了。

我们两个被分配到卫生部，但是卫生部不在冀中，在冀西。冀中、冀西的分界线是唐河，冀中军区的司令部、政治部都在唐河东面，卫生部独自在西边，我和张学思这就分开了。

过唐河到西面去，哎哟我的天哪，这段路特难走，路上全是沙子，非常难走，走一步好像要退回来一样，而且又怀孕几个月了，走得特别难，简直要一步一哭的。

我和白竟凡到了卫生部以后，就分配在机关了，帮助人家做点简单的事，快生产了嘛。支部的总支书非常关心我跟白竟凡两个，但是毕竟不是他们那里的长期人员，总支书也想，你们不就是来这生产，生产完你不是还要回去嘛，他也这么想。

我的第一次生产是很困难的。战争年代的女同志，特别是怀孕的女同志，非常痛苦，什么都没有不算，你自己吃的苦也不算，主要是不知道什么时候敌人就来了。一说有情况了，一律立马都上山，得隐蔽起来。就在野地里面，你也不知道什么时候生产，所以特别痛苦、特别困难。而且那时候，也没吃的，连口小米稀饭都没得吃，第一个小孩生下来不到二十天，因为敌人来了有情况要转移，就得过河，那个水很凉，所以我也是一身病，没办法。

以后就把孩子托给老乡了，等过了一年再回去一看，孩子没有了，老乡没有了，那个村也没有了，叫敌人全给烧了，"三光政策"嘛，烧光抢光杀光，所以我的第一个孩子叫敌人给杀了，这是1941年。

谢雪萍和白竟凡到冀西卫生部报到时，是1941年的3月，谢雪萍任卫生部组织处干事，白竟凡任卫生部宣传处干事。到了6月，两个人都临近生产，被安排到后方易县的一条大山沟里。这里是归杨成武的晋察冀一分区管辖。

白竟凡先临产，但是孩子没站住。产后第三天，敌人"扫荡"来了，通知所有人一律上山。

白竟凡老人撰文回忆：

"夜里两点多钟，伸手不见五指，谢雪萍即将生产，行动也很不方便，但仍然搀扶着十分虚弱的我，艰难地往山上爬，我们刚爬了一半，雷电交加，大雨来临，我们就地躲在一块突出的岩石下。我们两人坐在一个背包上，打开另一个背包，把被子取出盖在身上，以防备大雨的侵袭！谢雪萍让我坐在里面，她坐在外面，用自己的身体为我挡雨。我们还要用手牢牢抓住石崖，免得被洪水冲走。

"天明了，从沟里传来一声枪响，这是所里发出的信号，让我们立即隐蔽，敌人开始搜山了。山里的荆条长得不高，我们把被盖好，伪装成一堆石头，一动不动地趴在那里。

"敌人就从对面山坡上了山，进行搜山，一直折腾到太阳偏西，也没有任何收获，只抓了几个老百姓，就从另一个山梁撤走了。我们很幸运地躲过了这一劫。"

对反"扫荡"时的日日夜夜，白竟凡是这样回忆的："我们从不留恋村庄，一般都是晚间八九点钟下山，到老乡的地里掰来玉米，留个借条给老乡，老乡们也都愿意，因为这等于他们收了庄稼交了公粮。我们把玉米粒搓下来，放在碾子上碾几遍，即下锅煮粥。粥刚煮好，就听见瓷碗和小勺叮当叮当乱响，一片吃饭的嘶嘶声，锅中的稀饭很快一扫而光。没有油也吃不上菜，在稀饭中放少许很宝贵的盐，就算不错了。为了节约盐，每餐只放一点点，大家吃起来还感到挺香甜。吃过了饭，差不多也就夜里十二点钟了，我们就上山，今天上这个山，明天上那个山，总是躲着敌人所搜的山走。我们是没有战斗力的队伍，每人只有两个手榴弹，主要任务就是与敌人周旋，不受损失就是胜利。"

谢雪萍口述

　　国民党说八路军光游不击，也不想想，他怎么击啊，他用什么击啊？没有武器条件啊，那可不就是经常游多过击，实在没办法才跟你打一仗，有办法我就跟你游，大多是计谋多于火力。条件就这个条件，他没火力呀，我觉得真是逼的。

　　国民党也在那边抢老百姓，里面矛盾挺大的，老百姓不知道共产党是咋回事，国民党是咋回事，后来看实际，哦，那共产党做的事和国民党做的事不一样，慢慢才知道，哦，共产党打日本坚决。国民党的军队就有可能跟伪军穿到一块，去打共产党，侵略共产党的地方。

　　抗战的事太复杂了，国民党确实打了很多正面战争，但是他也做了很多破坏抗战的工作，要是单纯讲好与坏，这一句话说不明白，具体情况具体说。

原来要打回东北老家去的东干队一头扎到了八路军抗战的最前线，而且是各个敌后战场中敌我绞杀最为残酷的战场。在这样极端的环境下，即使是军区司令吕正操也常常落入险境。

　　1941年4月，以吕正操为首的工作组在两个警卫排的护卫下，前往十分区检查工作，去的路上遭遇到敌人两路夹击，高存信指挥警卫部队，在当地二十七团的支援下，从上午打到下午，与敌人形成了相持局面。枪弹在头上飞来飞去，吕正操酣然睡了一觉。

傍晚，敌人撤退，吕正操一行转移到马本斋的回民支队驻地。但是刚刚睡熟，侦听到风声的当地敌人在后半夜突然袭击，回民支队激烈应战，掩护工作组撤退。

终于绕着圈子到达十分区，因为敌人总是能很快获悉我军行迹，大家决定下白洋淀去开会。

会议开了两天，结束时，坐着当地雁翎队的船，和回民支队的一部潜行到白洋淀南面先驻下，次日天黑出发，后半夜走到蠡县桑园休息。

部队刚刚入驻，四周就响起了枪声。当时的部队从司令到战士，睡觉时是不能脱衣服的，连鞋袜都不能脱，一有情况起来就走，否则穿鞋的工夫就可能把命赔进去。部队迅速分两路突围，这一战，回民支队又有了伤亡。

高存信老人回忆，从桑园突围后，中午还没有吃饭，又一拨敌人围上来，打了一个小时，部队边打边撤，终于把这拨敌人甩掉了，前面又上来一拨阻击，反复多次出现这样的情况。那一天真觉得白天特别长，转来转去，太阳才偏西。

打了一天仗，没有遇到一个老百姓，老百姓都钻地道里去了，累得个个人困马乏，腿都抬不起来了。

桑园突围，回民支队阵亡了二连指导员杨兆卿，他身负重伤后，坚决留下来打掩护牺牲了。

71年后，杨兆卿的女儿杨秀华因为偶然的机会才找到了父亲的墓，从杨秀华的家到父亲墓地只有50多公里，但是这段路女儿从6岁一直走到77岁才走到。

下半年吕正操又遇到一次险情。

"我们从深泽大堡过来，敌人的飞机就一直跟上司令部了。走到安平的宗佐，司令部住进了一个紧靠村边的大房子，作战室住正房，子华住东厢房，我住西厢房。刚进屋敌人的飞机就直冲我们的住房轰炸，一个炸弹打中了正房。紧接着用机关枪扫射，四五架飞机轮番扫射，反复轰炸。敌人可能认为我们住正房，所以重点炸正房。飞机轰炸时，我们都趴在床底下。轰炸过后，我和子华就互相呼唤，子华喊我，我喊子华，谁也不知对方死活。当我们住下后，警卫员吴天增去打饭，饭还没有做好，敌机就来了，他和四科长郑义保马上往司令部跑，半路上敌机就轰炸了。他们不顾一切往司令部跑，冒着炸弹的烟雾跑到司令部院内。吴天增连声叫着我和子华的代号说：'快出来，敌机过去了。'

"我们出了屋后，才发现炸死了作战室的一个值班参谋田苏同志和一个通信员。郑义保也很危险，差一点没被敌机上的机枪扫射着。敌人飞机走后，又在村边小树林子里反复扫射，直到下午。

"敌人飞机这么紧紧跟着，过去从未有过，当时都怀疑有特务、内奸告密。经过查问，用电报问过分区部队，没查到结果。"[①]

当时也在被炸现场的尹琪老人回忆说，反"扫荡"的时候，每天都要换地方，一天跑八九十里路都很正常，当时的生存全靠转移。炸死了田苏，6个作战参谋成了5个，那段时间就靠成天东跑西跑地与鬼子周旋。

谢雪萍口述

遭遇敌人的情况经常发生，1941年，敌人"扫荡"，要"抢光、杀光、烧光"，到处找啊。那次我们在战斗中就碰上日本鬼子了，离得比较远，看见日本兵穿着黄衣服，戴着帽子。

我们韩指导员就是那次被打死了。

敌人到跟前了，哨兵已经跟敌人接触上，枪响了才知道。在山区，山头一隔，能看见谁啊。到这时候撤退那就很麻烦，都没有时间，就四散跑，所以有人就逃脱了，有人就被打死了。

---

① 《吕正操回忆录》，吕正操著，第204页，解放军出版社，2007年出版。

那次是我们在山坡上休息，敌人老远都知道我们在这个地方了，我们连望远镜都没有，附近情况也不了解。敌人一个队过来了，等看见了就到跟前了，下边的哨兵与日本鬼子接上火了。当时是两座山，我们要钻山才能隐蔽，从这边山转到那边山，必须经过一条小路，敌人跑得快，很快就封锁了那条小路，要过路就非常危险，当时我和白竟凡就坐在这边山坡上的一棵大树下，听到下边枪声一响，我们立刻起来就跑，我们跑得快，很快就上山了。

敌人占了山口以后，就没有路跑了，他用机关枪把路给封锁了。咱们只有手榴弹、只有步枪。那会儿一个人发两个手榴弹，放腰这儿，一个给敌人，一个给自己。两个手榴弹的任务就是这个，只能有两个手榴弹，多一个还没有。

撤退时我们都有预案，事先都知道这个地方有没有退路，你上了这个山，如果遇到情况，往哪个地方退，哪个地方是出口，都会事先说一说。因为打仗嘛，事先得明白这个地形，一旦发生情况应该往哪走。

我们当时被困在山坡上，前后敌情不明，有没有敌人也不知道，那都是小土山，有点树林也不茂密，路也就那么几条。事先都给说清了，应该怎么怎么退。敌人也很明白，他到那个地方，也弄清了哪个是制高点，控制了制高点，你那些路都通不了。

那机关枪"嗒嗒嗒嗒"，他总是要换子弹吧，就在他间歇的时候，就是"嗒"停的时候，"唰"就过去了。没过去，第二次"嗒嗒嗒"一打，就倒了。现在说起来好像是笑话一样，实际当时就是那么残酷。那么一下子，你过了就过了，过不了就完事。

那种情况下还知道什么怕？你跑了就是跑了，跑不了就死了。这样的情况遇到好多回。

那次我们就是听着机关枪的声音，先跑出去了，韩指导员要掩护我们撤退，顶到最后边，带了一个连坚守阵地阻击敌人，敌人把他打死了，我没看见，后来知道了。

大家都很难过，因为指导员很年轻，很好，是冀中卫生部本部的指导员。这是1941年。

遇到敌人轻机枪封锁路径时，有经验的老兵会隐蔽在封锁区附近，等敌人机枪快停时，有人喊准备，大家都做好起跑的姿态，耳边枪声一停，就迅速飞奔，必须在敌人换上第二梭子之前，跑过封锁区域。

谢雪萍口述

这次战斗，我和白竟凡两个在一块儿，因为一块儿去的卫生部，一块儿去生孩子。她后来写了很多文章记录这时候的事，她脑子清楚，出了《高崇民传》《高存信将军》，都是她写的，她还研究了西安事变。

我们有时在一起，有时分开，有一次我们分开后，她又找到了我，她一看见我，就把包袱一扔，抱着我就大哭起来。我还想这是怎么了，白竟凡从来没有哭过。原来是找到我了，当时我们都是寄放在老乡家，找不到部队，找不到战友，是很危险的。她见到了我高兴激动得哭了起来。

没有投降那一说，发给你这两个手榴弹干吗的啊？说得很明白嘛，一个是给敌人的，一个是给自己的。投降以后你怎么活啊，你还有以后的生活。当然也真有投降的，那没好日子啊。

你以为那叛徒挺好的？是叛徒都没有好下场。你叛变了到时候他也把你枪毙了，不是自己人把你枪毙了，就是敌人把你枪毙了，肯定都是这个下场。那干吗你要叛变啊，你还不如一下就死了呢。

没有想回家的想法，家是怎么回事还不知道呢，敌人也在那占着呢，那是全面抗战啊，没有什么安全的地方。那时候别的什么不想，脑子特简单，一门心思打日本，活着就是你能逃过这一劫，下面还有希望，接着走。

混在老百姓里面，你自己觉得和当地人一样了，实际上人家来一看就知道，你是外来的。我们在冀中坚壁的女同志，且化装了，都不像，只要他们一盯到你，你就完蛋，一盯一个准。肯定跟那村里人不是一回事，一讲话口音都不一样。

汉奸也很厉害，其实坏就坏在汉奸了，我们的人都特别恨汉奸。他什么都报给日本人，要没这汉奸，我们也不会被包围，特可恨。所以后来说，凡是汉奸都该杀。

42年我回冀中了，又遇到了1942年冀中大"扫荡"，我到西边呢西边"扫荡"，回东边呢东边"扫荡"，哎呀，那也没法。

这次敌人是下了狠心了，调了很多部队，就想把吕正操的部队灭掉，所以地道战就是那个时候开始的，没法了，就挖地道，钻地洞里面，不然敌人来了你也没地方躲没地方藏。

冀中平原的战斗很频繁，所以想的招法就多一点，后来那地道都发展到通村了，那不是逼出来的嘛，常说那个法子，什么叫法子？法子就是人想出来的，逼的没法了才想出来。你说那锅台下面钻进去就是地道，谁能想到？上面烧火，下面就是地道，你们想的话想不到，这都是老百姓想出来的，他要逃命。

因为一般人想不到你这还烧火呢，下面就是地道。

平原打日本人，这门道可多了，老百姓都能给你想出来，地道战、坑道战，井底下还有地道，一般人他想不出来，深井里面还有地道，井还是轳辘摇的,他从旁边出来,老百姓都想出来了,他要活命,怎么样保存自己。

武工队、平原地道战,是实践里面证实的,可以保存力量的办法,你没这个办法不能保持力量。这就是一个群众的实践,群众在保护自我的时候,发明创造的。在平原的地方怎么生存呢?我要想办法活着,那是老百姓的创造。

我没有钻过这个地道,1942年、1943年冀中最残酷的时候,我已经离开到平西去了。他要拉网式地合围,但是老百姓发现他来了,钻地道就钻出去了。道高一尺魔高一丈,日本人见到老百姓,三光啊,哪都杀。

我寄养孩子那个地方,整个一个村一个人都没了,房子没有了,人也都没了。所以后来我对日本人的恨,很长时间都过不来。

后来到北京了,日本人来访问,带了水果分给我们的学生,我就觉得不应该要。

我们有个女干部,她有对双胞胎男孩,几个月大,那天就遇到敌情了,敌人进村了,没办法,大人出去躲了,孩子在炕上,等敌人走了,回来了一看,孩子被劈了,煮到锅里去了。等妈回来看到,差点死了。

你说狠不狠,罪恶不罪恶?跟孩子有啥关系?!

所以他后来不认账,现在不认账,他不认为他是罪恶,现在我还恨着呢,不是因为我的女儿没有了才恨他,是他们干的这些事。

两个孕妇一起到的冀西,白竟凡的孩子生下来没站住,谢雪萍一日三惊地生下一个女儿,由于经常要钻山躲避搜索,带着孩子不方便又容易暴露目标,就寄放在老乡家,但是也没能保住。在烧光、杀光、抢光的三光政策下,老百姓家里已经放不下一张平静的饭桌。

冀中平原的地道战在早期的发展并不是一帆风顺的，实际上刚刚出现地道的雏形时还被当作退缩、畏战、消极逃跑的反面典型来批判过。

日军实力强大，反应迅速，在一望无际的平原地带一旦遭遇就是凶多吉少，总不能做无谓的牺牲。一开始地方干部和老百姓遇到危险就躲到菜窖里，但是菜窖终究目标大，由此开始挖隐蔽洞，俗称"蛤蟆蹲"。但是躲在"蛤蟆蹲"里一旦被发现就只能束手就擒，于是又想到把隐蔽洞互相挖通，这种早期的地道雏形最早出现在蠡县，因为那里靠近保定，斗争形势更加严酷。

但是出现在蠡县的新生事物却受到了上级领导的批判，强调既然抗日就不要怕牺牲，县委书记被撤职，派来了新任县委书记王进学。

"王进学到蠡县后，根据吴立人的指示，把地道全部填埋了，还在群众大会上代表县委向群众道歉，承认错误，并说这是'右倾退却路线'，强调要和敌人拼命，提出每个人要一条枪两个手榴弹的号召，敌人来了就打，到房上去打，子弹打完了就投手榴弹，手榴弹投完了就用房上的砖头打击敌人。在敌人面前不能落个'草鸡毛'，怎么样也不要钻地道。同时，要县、区领导机关都集中起来，随时和敌人战斗。

"现实是不到半年的时间，也就是1941年10月17日，发生了震惊冀中的'齐家庄惨案'，蠡县县委机关被敌人来了个'一锅端'。县大队除了五六个轻伤员在中队长谷振海带领下突围而外，全部壮烈牺牲，而县委书记王进学则被子弹从眼里打入，从耳朵里钻出，当时已死了过去，后经当地群众抢救苏醒过来，结果一只眼睛瞎了，一只耳朵聋了。"[1]

到底还能不能挖地道了？一直到冀中军区政委程子华亲自下来调查后，认为这是消灭敌人保存自己的一个伟大创举，要求在冀中根据地全面推广，地道战由此迎来大发展。

---

[1] 《王夫和地道战》，王端阳，《炎黄春秋》，2011年第3期。

谢雪萍口述

因为没粮食，冀中有一段很难的时候，反"扫荡"整天走走走，又没有吃的又没有喝的。有时候用什么解渴呢，渴得不得了了，就拿地里的高粱秆、玉米秆嚼吧嚼吧水，那渣子咽不下去，吐了。没得吃了，饿得不得了了，揪一个棒子，咬两口，都是生的，慢慢嚼着，那也不敢做多呀。那是实在饿得不行了，真是没招了。有时候饿了挺难受，但是渴了比饿了还难受，各种滋味我都挨过。好几次，我嚼那秸秆子，像我在广东嚼甘蔗那么嚼。

有一次我们转移，临出发了领这一天的口粮，我就领到一个玉米粒。一个玉米粒怎么吃啊，饿了只能含着，还不敢咽。

军队平时吃的口粮，基本都是几年前的陈粮，敌人又搞得很厉害，老百姓也没办法，部队什么都靠老百姓，老百姓收不上来，你可不就吃陈粮，陈粮有的吃就不错了，很困难。现在人不知道什么叫苦过来，现在甜他也觉得那是苦的，其实那会儿真是很困难。

我怀孕时吃的那东西，现在想都不敢想，蔓菁，长得像萝卜似的，但是它那味很呛，用羊油炒蔓菁，那个难吃啊简直没法说，特别特别难吃。

在冀中我参加了一个婚宴，也是集体婚礼，这个集体婚礼挺特别，是吕正操结婚，中央批准他和刘沙结婚，刘沙是冀中妇联的。

这次集体结婚有哪几个呢？一个是吕正操，一个是参谋处的张副处长，一个是沙克，三对人结婚。那真是闹得一塌糊涂，不像现在首长啊士兵啊什么分得很清楚，那会儿大家都在一起，晚上热闹得不得了。大家会餐时吃点肉，这是当时最好的事了。

再后来就闹着逼着他们讲恋爱经历,挺逗的。底下这个程子华就出了副对联,特别逗,上联是:三对新夫妇,下联是:五个旧家伙,中间横批是:一盆花。你想想是什么意思,这边是三对新夫妇,这边是五个旧家伙,中间是一盆花。一盆花就是刘沙,她没结过婚。刘沙是冀中区地方上妇联的干部,和吕正操结婚。

战争时期,经常有牺牲,很残酷。这对联多有意思。程子华出的,我对他印象太深刻了,挺逗的,程子华这人挺好。

这场婚礼的准确日子是1942年元旦,节前,总司令朱德专门发来电报,批准吕正操和刘沙可以结婚。

刘沙是白洋淀人,比吕正操小13岁,当时是冀中区妇救会宣传部副部长,在黄敬的领导下工作。有一天,黄敬写了一个条子给刘沙说,老吕想追你。刘沙没同意,但是也可以算是个铺垫,吕正操于是亲自出马终于成功。新中国成立后,刘沙曾任过八机部教育局副局长。

战火中的婚礼常常也意味着自信和希望。有的婚礼甚至真的就是在战火中进行的,在与冀中相邻的冀南根据地,新中国成立后担任过最高人民检察院检察长的杨易辰,1941年在馆陶县与妇救会主任肖塞结婚时,被敌军追了三个村才完成结婚典礼。

但张学思更渴望到战斗部队去,晚年吕正操回忆道:

"1942年三四月间,他和我到九分区去,住在博野县庄窝头村。当我们和分区领导仔细地研究部署了打安国石佛镇战斗之后,他坚决要求直接参加战斗,他的这种实干精神深深感动了九分区司令部的同志们,都称赞他少年英俊,青年有为,前途不可限量。'五一反扫荡'后,冀中军区转到太行,九一八事变纪念日那天八路军总部举行阅兵式,并召开了欢迎大会。会上彭德怀同志讲话,表扬了冀中军区艰苦奋斗、勇敢机智的对敌斗争精神,同时当场向大家介绍张学思同志，说：'这就是张学思，是张学良的弟弟，现在叫张昉。论他的家庭是大军阀大资产阶级，是革命的对象，但是他早年参加了革命，又到延安学习，受到党的培养；他在敌人后方，虽然环境残酷，战斗频繁，但不畏艰险，勇于战斗，表现很突出。'"①

石佛镇战斗，俘敌副团长以下40余人。作为参谋处处长，第一任务是做好领导的助手，经常要跟随首长左右，亲临一线的机会是不多的。

石佛镇战斗结束不久，整个冀中根据地迎来了自创建以来最为严峻的考验。

1942年5月1日，华北驻屯军司令冈村宁次调集日军3个师团、两个旅团共计5万余人，另有伪军和警备队配合，采取求稳不求快的"铁壁合围"战法，对冀中发动残酷大"扫荡"，史称"五一大扫荡"。大"扫荡"期间，冀中部队减员一万余人，吕正操被迫率部转移到晋西北。下属5个军分区中，第八军分区司令常德善、政委王远音双双牺牲，第九军分区政治部主任袁心纯牺牲，第十军分区司令朱占奎被俘。

最终，日军占据冀中根据地所有县城和较大集镇、村庄，用封锁沟将冀中分割成2600余块，冀中根据地全部沦陷为占领区和游击区。

在"五一大扫荡"发动之前，对战事敏感的冀中领导人已经有所警惕，吕正操和黄敬、沙克、卓雄、张学思几个人商议，决定把军区、区党委、行署大量机关人员从四千多人大幅度缩减到不足一千人。并调来擅长打防守的二十七团，加强机关的警卫力量。

"该团是一支战斗作风顽强、能攻善守的部队，尤其擅长打村落防守战，打过不少白天依托村落坚守，晚上反击突围的大仗和恶仗。人们称这个团是'门板战术团'（坚守村落时，用群众的门板做工事），该团的战士们有一句挂在嘴边的话：'打仗先接鬼子三百发炮弹再说。'……所有人员都轻了装，装备

---

① 《吕正操回忆录》，吕正操著，第143、144页，解放军出版社，2007年第3版。

物品减少到最低限度。但每个人都要带个可装5斤粮的米袋子。干部一律剃光头。为此，先进行了动员和思想工作，张昉处长带头，吕正操司令员以身作则，先剃成光头，摘下军帽让同志们看，大家很快都剃成了光头。"①

事后来看，这是一个富有远见卓识的决定。

记录这个细节的原星和成学俞，都是"五一反扫荡"的亲历者，原星当时在司令部当情报科科长，1955年被授予中校军衔。1993年过世，享年73岁。

谢雪萍口述

> 缩小后的机关基本是一个部一个人，我被编到机关了，在民运部，部长姓王，是个老红军。
>
> 领导机关里面有吕正操，还有沙克、张学思、卓雄。卓雄是锄奸部部长，他是侯外庐的女婿，矮矮的、胖胖的，人很温和。
>
> 黄敬是当时的冀中区委书记，他是大学生，很有才。他的夫人叫范瑾，是个才女，是冀中日报社的总编，不得了。我们在一块的，很熟悉，第一个孩子跟她一块生的。

人们通常都知道侯外庐是著名的历史学家，但实际上他还是1927年入党的共产党员，入党介绍人是成仿吾，地点在法国巴黎。回国后与党组织失去联系后，专注于教育。新中国成立后担任过中科院历史研究所所长等职务，1987年过世，享年84岁。

卓雄曾当过红军团长，参加过长征，先后在冀中军区担任过锄奸部部长、军区政治部主任等职务，新中国成立后担任过民政部副部长。2009年过世，享年94岁。妻子侯寓初是历史学家侯外庐的女儿。

范瑾时任新华社冀中分社社长，新中国成立后担任过北京日报社社长、

---

① 《冀中平原抗日烽火》，冀中人民抗日斗争资料研究会编，第219、220页，河北人民出版社，1987年出版。

北京市副市长等职务。2009年过世，享年90岁。她的舅舅是历史学家范文澜。

谢雪萍口述

整编下来的都分配到部队去，分到部队的又全部坚壁到老百姓家里去。

这时候白竟凡又怀孕了，高存信是作战科科长，白竟凡应该是跟着机关，但是高存信被编到团里去了，所以白竟凡就跟着部队，这时就分到老百姓家里去被坚壁起来了。所以她生第二个孩子的时候很惨，天天都是提心吊胆地过日子。

★ 第九章

鬼子一下乡，
人和兔子就换防

1942年5月1日，在饶阳县的一片枣树林里，冀中军区召开纪念五一节大会，会议进行中，日军侦察机已经在头顶盘旋侦察。刚好当了五个月新郎官的吕正操最后讲，也许冈村宁次就坐在飞机里，咱们晚上再演一出戏给他看吧。

这天晚上演的是《日出》，灯火通明，动静弄得很大，故意让日军认为大部队就在此地。

谢雪萍口述

在冀中还有一件事印象深刻，就是看火线剧社的演出。

有个话剧叫《日出》，曹禺写的，看这个戏很少能看到最后，看半截了，就有情况了，敌人都到附近了，立马把灯一熄，都撤退。很少有能看完的时候。

火线剧社在冀中很有名，经常演出好戏。后来北京很多剧团都是原来冀中出来的。

曹禺的《日出》在当时各个抗日根据地名气很大，属于大戏，冀中火线剧社也想排演，但是找来找去都找不到剧本。还是区委书记黄敬听说后，亲自通过地下关系从北平找来剧本，解决了这个问题。

冀中的领导人非常支持文艺创作。1941年，在吕正操、程子华、黄敬倡导下，发起过一次《冀中一日》的征稿活动，一共从军民中征集到9万篇文章，精选其中的35万字用蜡纸刻印出版。新中国成立后，天津百花文艺出版社再版了这部承载着冀中历史的作品。

"有很多人，在抗战初期，是少年儿童；到抗战胜利，已成青年，文学修养深厚了，生活经历丰富了，写了很有水平、富有冀中特色的作品。如杨沫的《青春之歌》，傅铎的《冲破黎明前的黑暗》，冯志的《敌后武工队》，李晓明、韩庆安的《平原枪声》，徐光耀的《平原烈火》《小兵张嘎》，刘流的《烈火金钢》，雪克的《战斗的青春》，张凡的《洞箫横吹》等。"①

1942年5月1日这场《日出》演完时已经是半夜了，各部队随即分散出发。

反"扫荡"时期，敌情瞬息万变，部队每天都要转移驻地，以防敌人袭击。每晚行军约走七八十里路，甚至从一个军分区跳到另一个军分区。几乎所有从冀中、冀南根据地出来的老人都会眉飞色舞地讲出若干这样昼伏夜行的故事，穿梭不定，远距离跳跃为的是让敌人摸不着头脑，同时也让敌人误以为我军众多，到处都出现了八路军。

按计划，冀中军区机关分为两股转移，吕正操和黄敬为一股，张学思、高存信在这一股里。卓雄、沙克率领政治部、冀中行署为一股，谢雪萍和白竟凡此时在政治部的民运部工作，所以在这一股里。程子华因另有任务不在机关。

5月7日晚上，谢雪萍、白竟凡跟着部队到达豆店村短暂休息，民运部部长王逸群向大家传达敌情，部队马上要继续前进，任务是向白洋淀方向运动。

王逸群是红军干部，是红军电台的创始人，解放战争时任职四野四十五军副政委，新中国成立后担任过全国矿产储量委员会副主任，副部级干部。1986年过世，享年78岁。

王逸群刚传达完，高存信来看白竟凡了，原来司令部今晚也驻在这附近。

作为军区作战科科长，高存信预感到这次大"扫荡"不同寻常，白竟凡毕竟怀有身孕，部队要连续强行军突破日军包围圈，残酷战斗随时都会发生，谁知道这一别会不会有什么意外？他抓紧机会再来看看24岁的妻子。

---

① 《冀中平原抗日烽火》，冀中人民抗日斗争资料研究会编，第465、466页，河北人民出版社，1987年出版。

见到白竟凡和王逸群，高存信又把面临的敌情介绍一遍，这次敌人"扫荡"兵力之多、决心之大是前所未有的，思想上要做好牺牲的准备。又嘱咐妻子，一定要谨慎小心，照顾好自己。

部队很快就要行动了，今晚高存信突围的方向是向南，白竟凡的方向是向北，两个人手挽手走到村边告别。后来高存信回忆道："那天是阴历三月二十三日，天空中不但没有月亮，也没有星光，乌云遮天，一片漆黑。她望着我一直到看不见才转身回去。不久，我就听到政治部集合出发的哨音。"①

当晚，高存信所在的司令部顺利到达预定地区，天亮后，得知白竟凡、谢雪萍所在的政治部突过滹沱河的行动失败，又转回了豆店村。当夜色再次降临时，政治部这股转向司令部方向最终会合到一起。会合后方才得知，白竟凡并没有随队过来。

豆店村距离滹沱河大约30里。7日晚上，政治部的人马经过一夜行军，拂晓时接近了滹沱河准备偷渡时，密集的枪声骤然响起，河边已经被敌人封锁。部队紧急掉头跑步撤退，目标是返回豆店村。

孕妇白竟凡已经走了一夜，此时跟随紧急撤退的部队，在密集的枪声中跑了十几里，渐渐体力不支，就闪出通道便于部队快速通过，自己走在边上，谢雪萍见状主动陪着她走在一起。

当卓雄从后面赶上来发现她们俩时，提出来把自己的马让给白竟凡骑，可是白竟凡不会骑马，她让卓雄放心，就这样慢慢走，保证不会掉队。

早晨8点，白竟凡跟随部队回到了豆店村，这一夜，一去一返跑了五六十里。

下午，部队传达精神，今晚沿司令部突围路线行进，部队上下全部轻装，精干队伍，只有身强力壮的才能跟随部队，其余的都坚壁到群众中去。

---

① 《高存信将军往事回忆》，高存信著，第100、101页，北京市黄埔军校同学会，1999年，内部图书。

谢雪萍口述

我们是在一个河边集合,不能走的就留下,跟着队伍走的只有两个女同志,就是我和侯寓初,好多女同志都精简下来到地方了,白竟凡和黄敬的夫人范瑾都留在地方了。

在那个环境下,要是没有老百姓,这些人根本就活不下来,都钻地洞了。当时的伪政权,都是两面派,白天给日本人干活,晚上给八路军干活。

在河边一分完,立马就走了,民运部的部长王逸群都被精简了,可是把我留下了,民运部的大印都是我拿着,可想而知精简到什么程度。剩下的单位很紧凑。

广西人谢雪萍,也许考虑到她的一口南方话,才没有被精简。

孕妇白竟凡拿到了一封介绍信,她被安排给了敌占区的一个地下关系。谢雪萍帮助她精简了物品,把暂时不用的东西埋了起来。

50多年后,白竟凡用了一个深情的题目,写了一篇长文,回忆了当年难忘、曲折又令人惊心的遭遇。

"在夜幕即将降临的时候,队伍沿着交通沟向正南方向出发了。这天夜里,天色阴暗,每个同志都在背包后面绑上一块白毛巾,以便于互相辨认,防备掉队。雪萍同志是广西人,她随队而行。我提着一个随身携带的小包袱,送部队出发。部队已经出村了,我站在交通沟边的高台上,目送队伍远去,直到他们的身影渐渐地消失在沉沉的暮霭之中……

"暮色苍茫,兀自独立,思潮澎湃。回忆起来,我自从1940年从延安到敌后——冀中工作以来,一直都是集体行动,跟着部队作战和生活。从现在起,只有我一个人了,单独在敌占区坚持斗争……一时,惆怅于怀,一种难以克制的离队索居感向我心头袭来,同志们今晚南下突围能否成功,也使我忐忑不安。

是生离,还是死别?我呆呆地站在那里遥望南方,望啊,望啊。"①

白竟凡要走的方向是西南,部队出发的方向是正南,也是前一晚丈夫高存信刚刚走过的路线,几年来一直相互依靠的白竟凡和谢雪萍,这次从豆店村岔向了两条路。

半夜时分,白竟凡走到了深泽县的中东录村,和村长任顺义接头后,住到了王大娘家,王大娘的二儿子是军区司令部的侦察员。拂晓,王大娘的大儿子王敬贤陪她上路,把她送到了根据地的边缘地带。

两个人分手,白竟凡刚走进一个村落,就看到拖儿带女的老百姓成群结队往北跑,他们看白竟凡还在往南走,就喊"敌人来了"。白竟凡半信半疑,加快速度穿过村子,刚出村头,就看到从南面密密麻麻地上来了日军的步兵、骑兵还有自行车队。

白竟凡掉头就往回跑,一直跑了十七八里路,又跑回了中东录村,迎面就碰到了村长任顺义,任顺义急忙把她领到了李家坟的地洞隐蔽。但是很快有人来报信,张家坟的地洞被发现,里面的人都被叫出来了,不久孙家坟的地洞也被发现。

1942年的地道还远没有后来发达,只是具备被动的躲藏功能,一旦被发现就只能束手就擒。

大家都紧张起来,白竟凡的着装和当地人不一样,一旦被堵在洞里很容易成为重点怀疑对象。商量后的决定是,都出去,混到外面的群众中去。但是出来一看,邻近几个村的老百姓都会集在平坦的旷野里,5月初的麦苗还没有长起来,一会儿喊敌人从南面上来了,大家就向北跑,一会儿又喊敌人从北面上来了,人流又向南跑。天上日军的飞机不时扫射,不断有人中弹倒下。

白竟凡终究有一定的军事常识,分析敌人是在把旷野中的人往集中赶,最后收网甄别。就和一直陪着她的村妇救会主任徐国珍商量还是回到洞里去。

---

① 《冀中人民——我的母亲》,白竟凡,《党史博采》,1996年第8期。

徐国珍说，那个洞是上下两层，让我侄女陪你躲在下面吧。

果然如白竟凡预料的，旷野中的人群最终被穿插合围，抓走了很多青壮年。而她藏身的洞口也未能幸免，敌人进来搜查发现没人就撤了，没想到这个洞是双层洞，人就藏在下一层。

这一拨日军过去，白竟凡躲过第一次拉网。

深泽县尽管不是冀中根据地的核心地区，但群众基础也非常好。

孕妇白竟凡和以各种方式脱险的八路军战士会聚到了村公所，还有伤员也被陆续运来，村公所里一时挤满了人。村长任顺义赶紧安排饭菜，白竟凡已经一天没吃没喝了。

狼吞虎咽吃完，白竟凡和大家一起包扎伤员，再将他们分散安置到可靠群众家，一直忙到头遍鸡叫。回到王大娘家，看到白竟凡不合时宜的衣装，王大娘把自己结婚时穿的衣裳拿了出来让白竟凡换上。

白竟凡头刚沾枕头，拂晓，一阵激烈的枪响，敌人又来了。

王大娘先是把白竟凡藏在粮囤后面，然后又觉得敌人来了肯定要搜查粮食，又让白竟凡躺在炕上盖上被，敌人来问就说是回娘家的闺女。

中午，街头上响起了喊话声，要大家都去场院集合，谁留在家里谁就是八路。商量的结果，反而觉得留在家里的风险大，白竟凡就跟着村民一起来到南场院。

这个村里的人都互相认识，谁是陌生人大家一看就知道，而且十有八九就是八路。白竟凡老人回忆说，当时人群中应该有好几个八路，但是敌人先是把一个中年汉子打得满地滚，然后吊了起来，又把一个老人、一个孩子毒打一顿，威胁他们指认谁是八路，但是谁都没有指认。

折腾到晚上，敌人抢了些东西走了。白竟凡又躲过一劫。

在八路军抗战的低迷时期，冀中老百姓显现出了从容不迫的担当。不可能统计出究竟有多少老百姓都提供过什么样的帮助，但有一点是肯定的，每一个失散掉队的八路军战士，如果没有受到冀中老百姓的连续帮助，都不可能活下来。

当地流传一句老话，叫作"鬼子一下乡，人和兔子就换防"。意思就是日军下来"扫荡"，老百姓都从村子往野地里跑，结果把野地里的兔子都赶到村子里来了。日本人喜欢拂晓合围，枪声一响，老百姓就炸营似的往外跑，用当时的话讲，这个村就是炸了。

端着三八大盖的日本兵间隔三四米一个，从野地兜到村子，从5月11日开始的5天时间，多次进行上万人的"拉大网"，几千、几百人规模的拉网无数次。能从那几天的"拉网扫荡"中闯过来、活过来的就是一个奇迹。每一位有过这段经历的战士，都会有一长串的故事。

5月1日晚，表演完《日出》，火线剧社的团员们也开始了分散突围。刘燕瑾回忆说，那天晚上跑了一百多里，按以往经验这就跳出敌人包围圈了，大家就进村找饭吃，结果没想到是跳到新的包围圈里了。大家就开始跑，最后刘燕瑾和丁冬两个人混在几百人的人群里，被日军步骑兵围住，日军端着三八大盖逐个搜查。

刘燕瑾赶紧弄点土扑在脸上，可是手里啥也没拿，不像个逃难的，正在着急，一个包袱啪地扔在她的脚边，旁边一个瘦小的大娘小声说："闺女，拿着。"刘燕瑾赶紧抱在怀里，回头一看丁冬穿得比自己更不像老百姓，赶紧又把包袱扔给她。

很快一个日本兵发现了丁冬，走过来一言不发，端起刺刀就挑她的包袱，一堆破衣服、破布头掉出来，日本兵不再怀疑，回头就发现了刘燕瑾，喝问她是哪个村的？刘燕瑾一时张口结舌说不出来，又是那位大娘接过话，就是这村的，她是良民。

日军抓走了一个男的离开了，刘燕瑾和丁冬互相望着，不敢相信闯过了这一关。

脱离险境的二人转了半天，没找到一个自己的同志，两人从昨晚到现在一口饭没吃，又饥又渴的时候，遇到一个给躲在野地的儿子送饭的老大娘，腿脚麻利的大娘把狼狈的两人领回家，一进门就说，我给你们烙饼。

烙完饼，大娘说，也没有菜，炒两个鸡蛋吧。两个人不好意思，大娘说，你们不吃也得叫鬼子抢走。她炒完了鸡蛋往焦黄的大饼里一卷，一下子塞在她们手里，说："闺女，快吃吧。"

刘燕瑾老人回忆说："我和丁冬咬一口饼，心里酸了一下，眼泪直流。"

孕妇白竟凡仍被困在中东录村。

忽然一天夜里，村治保主任跑来说，敌人挖封锁沟时，把村里的组织名册挖出来了，村干部必须马上分头躲避。这样一来，白竟凡也必须得离开此地了。

白竟凡分析，敌人现在都集中在滹沱河南面这一带，滹沱河北岸很可能比较空虚，建议去往那里躲避，自己对那一带也比较熟悉，说不定还能找到自己的部队。又找了几个人商量完，大家决定连夜出发。

几个人不敢走大路，望着北斗星专挑荒野路走，走几步就要停下来，听听动静，担心遭遇暗哨埋伏，一晚上也走不出去多远。天亮了就藏到麦子地里，麦子还没长高，一白天只能躺着，晌午的太阳晒得头昏脑涨，身上的干粮已经吃完了，更难忍的是一口水都喝不上。

白天要注意观察附近的村子是否有敌情，天黑了接近没有情况的村子去要饭讨水。

一共四五十里的路，这点路在过去一夜能跑个来回，现在他们小心翼翼地走了四五个晚上，才算接近了滹沱河。但是河两岸很可能埋伏陷阱，几个人不敢贸然过河，只好躺在5月份潮湿的地上睡觉，仔细观察敌情。夜色里白竟凡冷得牙关打战，心里就盼着天亮，天亮了又热得要死，又盼着天黑。

这条河，就是5月3日晚上政治部向北突围时受到阻击的那条河，白竟凡辗转许久,又回到了起点。

他们一连观察了几天,直到确认河边是安全的,才在一个黑夜蹚着没膝的河水过河。结果几个人刚一上岸,就被两个突然出现的年轻人持枪喝住,向他们了解了一些河南面的情况后,两人涉水过河南去,白竟凡估计对方应该是我们哪个部队的侦察员。

在河北举目一望是三里一碉,五里一堡,公路密集,但是由于主要兵力被抽往河南"扫荡",情况反而好于河南,经常有八路军小股兵力出没。白竟凡过河后,开始独自寻找部队,她过去在这一带做过民运工作,所以对当地情况比较熟悉。

6月底的时候,在安平县报子营村,白竟凡见到了冀中军区司令部的侦察队长王芸山,王芸山此时负责将安平以东的失散人员偷运到冀西去。

"他告诉我们冀西和冀中相衔接的交通线,已经建立起来。但是由于敌人实行了'囚笼'政策,在县界、区界上都挖了封锁沟,特别是平汉线两侧的封锁沟、墙,一般人难以越过,那是沿铁路两侧挖了两条宽一丈、深一丈的大沟,挖出来的土堆在沟边,又筑成一道六七尺高的土墙,土墙的外边是公路,公路的外侧又有一条深沟,沟里放满鹿寨。敌人在封锁沟之间,筑有炮楼。严密地监视铁路和公路沿线,阻止我方人员突越沟墙。这样的路,光凭机智勇敢是不够的,必须有一个强壮的身体,才能乘隙快速地爬上爬下,突过路去。经过研究,只有卫生部的高所长,他们三人有条件过路。而我的身体情况,不言而喻都认定是不行的,我只好暂时留在安平县,待生了孩子再设法过平汉路。"[1]

在报子营村,白竟凡还偶遇了军区骑兵团的宣传员王淑珍,王淑珍只有十三四岁,本地人,骑兵团在反"扫荡"期间被日军合围,部队损失很大,王淑珍突围时腿部受伤,家里父亲不敢收留,只好流浪。

骑兵团是在5月12日被千名日军合围的,部队分散突围后,又遭到日军

---

[1] 《冀中人民——我的母亲》,白竟凡,《党史博采》,1996年第8期。

反复合围，副团长宋辅廷率部在5月20日左右与敌遭遇，团长马仁兴之子马乘风牺牲；6月初，政委汪乃荣负重伤，自杀身亡；随即，总支书记高尚勇、政治处主任杨经国先后牺牲。

作家孙犁曾经写过一篇叫《小胜儿》的小说："在五月麦黄的日子，冀中平原上，打得天昏地暗，打得树木脱枝落叶，道沟里鲜血滴滴。杨主任在这一仗里牺牲了，炮弹炸翻的泥土，埋葬了他的马匹。"

这篇小说是写冀中骑兵团的，杨主任，就是政治处主任杨经国。

团长马仁兴、参谋长卜云龙率领余部转移到冀鲁豫根据地，与当地骑兵连合编为独立骑兵营，卜云龙任营长，冀中骑兵团的番号自此取消。

马仁兴原是冯玉祥所部的少将师参谋长，两年前从朱怀冰处率部起义。冀中骑兵团撤销后，马仁兴改任二十七团团长，1947年四平保卫战时，为七纵十九师师长，在前线指挥作战时牺牲，时年43岁。

卜云龙后来做过四野骑兵第五师副师长，1955年被授予大校军衔，1996年过世，享年85岁。

白竟凡终于联系上了安平县县长张晓舟，张晓舟和王芸山在距离报子营不远的相各庄，给她们选了一个堡垒户吕大娘家隐蔽下来，很巧，这家还是王淑珍嫂子的娘家，过了不久，县长张晓舟还特地来看望白竟凡，叮嘱她不要乱跑，注意安全。

几天后，相各庄突然被敌包围，吕家有两处可以藏身，一处是夹皮墙，一处是地洞，吕大娘说，夹皮墙不安全，万一敌人烧房子那就只能等死了。白竟凡和王淑珍钻进地洞没多久，就听到大皮靴走过来的声音。鬼子没发现地洞，抢了一袋子粮食走了。

这次历险让大家发现了吕大娘家地洞的缺陷，一旦被发现就会无路可逃，于是吕家兄弟俩隐蔽地用了半个月时间，把地洞拓展成了地道，并发展出三个出口。工程完工，大家都很高兴。

白竟凡就此暂时避居在吕大娘家，等待预产期。

谢雪萍对冀中平原艰苦的对敌斗争也有着深刻的记忆：

谢雪萍口述

平原就难了。平原没办法，他给你封锁了，那你就等着吧，一锅煮了。为什么有地道呢？为什么有交通壕呢？没办法啊，人要活着，就得想办法活着。

有时到了再没办法的时候，就钻梯田。什么叫钻梯田呢，就是一个梯田，下面掏空了，上面种的庄稼，人从下面钻进去，外面人把你封死了。

我怀第二个孩子时就是钻的梯田，钻了一个反"扫荡"，敌人要来了我们就进去了。那里面能装几个人呢，最大的梯田能装三个人，最多四个人。进去以后不能坐下来，要坐下来就是曲着腿、弯着腰那种，梯田嘛，一梯一梯上去的，上下很矮的嘛，上面种庄稼呢。在那里面待着。敌人路过，我们能听到外面响，他不知道里面是有人的。

在冀中卫生部的时候，他们就做了好多这样的梯田，都是为伤兵做的，重伤员动不了，就送梯田里去。

唉，抗战的时候，什么土办法都想了，还不都是为着活命。你说怎么办？

吃饭就是干粮。上厕所那就憋着吧。外面没什么动静了，就抠开石头出来了。我告诉你，什么事，人到什么时候，他总有办法。我现在想着没办法、绝望了，到时候了全有办法。

这一进去，那起码得五六个小时，或者十来个小时。你得听听周围有动静没有，敌人要在这叮叮哐哐总有响声。我们那儿的梯田离村不太远，村里狗叫、猫叫基本听得见。外面太安静了，你可别出来，不了解情况。

村里要特别干净，不能有一个坏人，有一个坏人就完蛋啦，要知道梯田里面全是人哪。所以那时候，遇到好人的村了，你真没出事。有时候你真遇不着了，你真出事。

也有出事的，他告诉敌人梯田那里面有人，敌人撬开两个砖，人的腿就在那待着，因为它也不大。在里面只能躬着躺着。

当时不害怕，现在想想那个日子真不知道怎么过的，多难，我那时带着个孩子。

有孩子的很麻烦，不能让他哭。一哭把奶塞过去，堵他的嘴。实在堵不了就掐死他，都得狠下这个心。那时候都有规矩，孩子哭了，你实在堵不了了，而且外面实在有敌人，你只好把他掐死，都是这么安排的，做起来非常残酷。真要把孩子掐死，怎么下得去手啊。可是来了敌人真没办法，他站到旁边了，你那孩子真哭了，那你只能下手。你下不了手别人就遭殃，到时候你就得下手，难哪，现在说起来很轻松，实际当时真挺难，你把大家都毁了，实际上孩子也得毁了，也不可能让你活着，所以说战争很残酷的。

我们有一个女同志，刚生完孩子，就遇到敌人"扫荡"，也进梯田了，孩子没弄好，没有药就死了。死了怎么办，就扔到沟里去了，半夜狼就来了，叼那孩子来了，嚎的声音那个惨哪。狼的叫声听得非常惨，嗷嗷叫，我们那个同志哭得不得了，你有什么办法。

我和侯外庐的女儿，我们两个就在一个梯田里待过。侯外庐写过《中国思想通史》，山西平遥人。他女儿叫侯寓初，是我女子大学的同学，但是她到延安比我晚，我俩是在冀中认识的，她怎么到冀中的、怎么结婚的，我不知道。新中国成立后任北京宣武医院的党委书记，跟我很熟悉。

后来我俩经常回想起钻梯田那段，两人就哈哈笑。为什么呢，因为很困难的是咸盐，没有咸盐吃。她的老头子卓雄老远给她捎了一包咸盐来，她把香菜切了，晒干了，揉到咸盐里去，变成香菜咸盐了，吃窝头时吃这么一点香菜咸盐，很好吃的。我们躲敌人，这是很要紧的东西啊，她就把这包咸盐带到梯田里了，挂在那儿。结果就叫老鼠给吃掉了。我们人还在那，老鼠什么时候去吃的咱也不知道啊。

我们一想这段就笑得不得了，就说老鼠吃咸盐变蝙蝠飞跑了，好笑极了。

"文革"时我心情很不好，就请侯老给我写了一个条幅，那时候他已经快九十岁了吧，第一次我没有裱就那么挂着，挂坏了，以后我又跟侯寓初说，不行，你请侯老再帮我写一下，这老人家挺好的又给我写一个。写了两次，两次都是同一个内容。

不过现在人都没有了，侯寓初走了好多年了，现在，能跟我聊那时候事的人都没有了。

★ 第十章

漫长的突围

和白竟凡在豆店村村口分手后，谢雪萍跟随政治部经过急速行军最终与司令部会合。

冀中军区首脑机关在吕正操的率领下，几乎每天都要转换一个地方，每天夜里都要行军，在日军"扫荡"的网兜里钻来钻去地周旋，尽管屡次有惊无险，但是感觉到在敌人的大兵压境之下冀中已经难以立足。部队于是准备北渡大清河转移到平西地区去。

"这时，接到了彭德怀同志的一个电报，让我们坚持两个月，不要离开冀中。当时，我们对敌人的这次'扫荡'估计大致不错，但也有不足之处，认为坚持两个月，敌人的'扫荡'也就结束了，这样我们就按照彭德怀同志的指示，继续在津浦路和浏阳河之间这块地区同敌人周旋。"①

无论彭德怀还是冀中军区领导，都没有意识到，冈村宁次此番率部5万余人前来，不是"扫荡"完就走，而是要把抗日力量消灭掉或者排挤走后，到处修碉堡、建炮楼，然后不走了。

新的周旋又开始了。5月16日夜，部队南下渡过子牙河；17日夜，西渡子牙河；18日子牙河水突然上涨，判断是上游敌人放水形成封锁线，要合围我军，部队立即向东抢渡子牙河，在风雨交加中一夜向东南跃进80余里，在此隐蔽一天。

21日夜，又向西南行进80里，回到冀中的一块根据地。吕正操写道："我们的队伍，连续反'扫荡'行军二十多日夜，回到根据地里好像松了一口气。傍晚前，我和黄敬、卓雄、徐达本等几个人，还到村边场院里打起高尔夫球来。其实球场只是用军镐挖了几道小沟，球是用木头现削的，球棒是用杂木杆装上个横拐头。但打起来却蛮有兴致，妙趣横生，我们也似乎忘了在同敌人几万大

---

① 《吕正操回忆录》，吕正操著，第226页，解放军出版社，2007年出版。

军对阵。"①

能够兴趣盎然地打高尔夫球,还有一层心理是,以为敌人的"扫荡"结束了。

有多种历史资料表明,在21日及随后的几天,冀中首脑机关连续发出指示,要求各主力部队返回各自根据地的腹心地区。

从八路军总部到冀中军区都误判了敌情。

冀中首脑机关随后几天的行动路线,也表明其认为敌人在撤退:

5月22日,住在后陈庄,从几天来得到的情报分析,敌情可能发生变化,因为敌人分区"扫荡"以后,撤走了六七千人。同时,平大公路上天天有敌人的汽车向北开去,好像是陆续撤兵。我们决定要靠近敌人边缘去,进一步弄清敌情。

5月24日晚,向着根据地西行五六十里,住在交河县西南边界的前后四小营村。

5月25日晚,继续西进,原计划到滏阳河东岸观察,在西进当中得到我军前哨报告:小范镇仍有敌重兵把守,戒备森严。当地群众报告,在小范镇南面滏阳河边一个小村里,驻屯着一千多日军,这些敌人白天也不出动"扫荡",只在河边树荫下钓鱼。还有河间、献县送来的情报,都说白天敌人坐汽车向北开走,夜晚就又返回了,不知搞什么鬼名堂。得知这些情况,我们才恍然大悟,原来敌人佯作撤军,实为潜兵之计,设下陷阱,用钓鱼战术,诱我上钩。我当机立断,连夜返回,转向东北插到敌人的富庄驿据点背后冯三番村住下。②

犹疑中的冀中军区顿醒,敌人是以迷惑战术设下陷阱,于是急转身向东北方向一夜疾行。

但是26日天一亮,零星的枪声还是响起来了。傍晚,部队向南转移,夜

---

① 《吕正操回忆录》,吕正操,第227页,解放军出版社,2007年出版。

② 《吕正操回忆录》,吕正操,第227、228页,解放军出版社,2007年出版。

里刚住下，就接到情报说这一带有"扫荡"迹象，部队紧急一夜向东南连续行军100多里，靠近了津浦路。28日，察觉情况有异，午饭未吃又向西南转移，饭后继续向西转移。29日晚，再向西南长途行军，到达冀南根据地的一个模范村，这里已经是宋任穷和陈再道的辖区了，眼前敌情没那么紧张，大家暂时喘了一口气。

从5月1日"扫荡"至今，部队四渡子牙河，五临津浦铁路，18次越过封锁线。冀中军区机关一直处于这样高强度的疾行中，一个不小心就会钻到敌人的合围圈中，实际上已经有多次与险情擦肩而过。作为冀中的首脑机关尚且如此被动，下属军分区机关以及一线作战部队的境况就更加困难了。

谢雪萍口述

行军的时候，背一床被子，手榴弹两个，再就是一个干粮袋。干粮袋也叫粮袋，这个粮袋有的时候装干粮，有的时候装粮食。装干粮的时候里面是什么东西呢？炒面。有时候是磨的小米炒面，再好是白面炒面。到时候有点水和里头吃了。有时候装炒米，这叫干粮袋。有时候行军，一个星期根本生不了火，也没法煮饭，就吃干粮。

我们自己背着的粮袋，那是给伙房背着的，不然谁背啊。你背着粮食，但粮食不是归你自己的，是归这个集体的，到哪把粮袋都拿出来，走的时候有新粮灌上，一个个都背上，伙夫背得了那么多粮食吗？他只能背个锅。

这些加一起能多少斤哪？起码有三十来斤。那会儿还没有孩子，有孩子就不能跟着走了，一天走一百来里，背着孩子，谁有那么大本事啊。

顶端的首长和家属带孩子，人家都有马、骡子，两边一边一个筐，这边装孩子，那边装行李，那叫驮骡。

关键时刻，八路军副总指挥彭德怀的电报到了，同意冀中军区领导机关通过冀南转移到外线的意见。

这是一个正确的、并且是重要的决策。

战争期间，让你坚持某地作战，就是不允许你离开此地，没有命令擅自离开就是逃跑，条件再困难，哪怕是打转转、打游击，也要在本地坚持。这就是为何冀中首脑机关一个月来不论怎样被动紧急始终不离开腥风血雨的冀中地区的原因。

但是冀中面临的困境是前所未有的，冈村宁次寄希望于这一次彻底解决冀中的问题，在手段、办法、力量、筹备、后续措施等各个方面是带着一整套计划方案开始"扫荡"的，用老百姓的话讲，是下了碾子上磨，过了筛子过箩，是来了就要住下而不是打一圈就走。与对手经过了将近一个月的角力之后，从冀中首脑机关到八路军总部都开始意识到，来势不对，需要应变。

实际上，就在四天前，八路军总部的2000余人在位于太行山深处的十字岭也遭遇了合围，彭德怀、左权、罗瑞卿分头突围时，在后掩护的八路军副总参谋长左权被炮击牺牲。1942年的这个夏天，不光是冀中在承受着日军的反复蹂躏，太行山根据地、冀南根据地同样也在刀光剑影中厮杀。

不知道彭德怀遭遇十字岭合围和他同意冀中军区领导机关转向外线是否有关联。

收到电报后，冀中首脑机关当即大幅度南下转移，彻底进入冀南地区，随即于6月4日，与冀南军区的宋任穷、陈再道短暂会合。

同时，连续发出电报，指示各主力部队转向外线。但是为时已晚，此前很多部队已经执行命令重返内线，等于自动跳回了敌人的包围圈，现在再向外突破包围圈，非要经历九死一生不可。

6月7日，回到中心区的八分区正处在这样的困境中，司令员常德善提出，敌人有向我合围迹象，应连夜跳出包围圈，转移到远处去。政委王远音则认为，敌人一来就转出去，不好向群众交代。两人意见不统一吵了一夜，常德善甚至说，老子打了这么多年仗，还没人说过我怕死。最终王远音以政委有最后决定权拍板，决定部队留在根据地内坚持斗争。

8日拂晓，部队到达新的宿营地薛村，正在布置岗哨，构筑阵地，即发现被敌包围。混战中，常德善亲自带一个连的兵力想撞开一道缺口，但敌人兵力雄厚、火力旺盛，反而被包围的越来越紧，猛将常德善身中27弹后牺牲，时年31岁。学生出身，参加过"一二·九"运动的政委王远音因腿部受伤无法脱离战场，自杀身亡。

常德善是从西北军参加红军的，曾经做过关向应的警卫员。冀中创建初期，贺龙率部援助冀中，吕正操跟贺龙要来了常德善。贺龙曾说："在湘鄂西转战时，一次常德善把我背扶出来，把余秋里扛出来。常德善身挂重彩，身上带着三颗子弹，打起仗来非常骁勇，真可谓，没有常德善，就没有余秋里和我贺龙。"①

军分区司令员、政委同时牺牲，是冀中抗战史上从未有过的。

这一战，与军分区一起行动的还有三十团，团政委汪威自杀殉国，副团长肖治国、总支书记沈笑天均牺牲。有一种观点认为，这一战八路军伤亡近千人。

也是因为这一战，改变了政委最后决定权的惯例："1942年9月1日，中央军委为此做出决定：改变部队中政委最后决定权的规定，在战争中的军事行动，统一由部队军事首长最后决定。"②

据说当时对常德善的悬赏是7000万日本票，常的头颅后来被日军砍下来，装在鸟笼里挂在河间县（今河间市）的城门楼上，挂了很长时间，最后就剩下了骨头。

---

① 《吕正操回忆录》，吕正操著，第241页，解放军出版社，2007年8月出版。

② 《吕正操回忆录》，吕正操著，第242页，解放军出版社，2007年8月出版。

常德善、王远音殉国的四天后，不断南下，希望尽快脱离危险地带的冀中首脑机关，也被敌人包围了。

谢雪萍口述

这天是 1942 年 6 月 11 日的晚上，快夏天了，已经暖和了。当时情况紧急，光是强行军就过了两次河。冀中有好多好多河，唐河、滹沱河、沙河几条河，我骑着马，都过了哪个河也不知道。

走得非常快，累得不行，有时走着走着就睡着了，后边的人向前一推你，醒了接着赶快走。那天走得是实在太累了，就给了我一匹马让我骑上。

我为什么讲这个事呢？在华北打游击的时候，天天转这个圈，谁知道转到哪去？真不记得。我看有一些回忆录里面他们记得很清楚，哪天哪个时辰，到的哪个地儿，但是我确实不记得了。

但有一个地儿，我还记得，因为我在平原里面转来转去，就参加这次战斗了，叫掌史战斗，后来中央也认可这是一个比较突出的战例。因为什么那一仗我记得呢？因为那次我掉到沟里去了，受伤了，起不来。

我们走路的时候都不能走上面的路，是走路边挖下去的交通壕，就是走地下。因为我带着民运部里面的章，所以就规定我可以有匹马，经常是强行军啊，机关里没有别的女同志，就我一个。

那天晚上转了那么一夜。转到天快亮、大概三四点钟的时候，我骑的这个马，走着走着突然从壕底下跳上来了，一下子把我摔得好远，摔了个半死。那会年轻啊，二十一二岁，自己还能爬起来，他们别人把马抓回来了。

冀中平原的大道利于日军机械化部队运行，被逼出来的对策就是把大道挖成只能走大车的道沟，道沟一律挖到3到5尺深，宽度仅能通过大车，隔一段设一待避所，便于对行时互相让路。

这样的道沟遍布整个冀中，平原成为山地，每条道沟都一直通到村口。

谢雪萍口述

天亮了，也就是12号了，到了掌史村住下了。走了一夜又摔这么一下子，进了老乡家，我倒到炕上就什么也不知道了，就睡了。

当时民运部部长王逸群被精简了不在，就把我放在组织部里了，组织部只有三个人，我一个，侯寓初一个，就是锄奸部长卓雄的夫人，我们两个女同志，还有一个部长叫李梦龄，后来在东北吉林当过省委书记。

我倒在炕上一下什么也不知道了，那炮咣当咣当老打进来，墙上的灰都震下来了，我也不醒。他们两个就奇怪，这炮都打到跟前了她还不醒？其实他们也不知道我还摔了一下，因为我也没说。摔都摔得半死了嘛，还知道什么事。

到晚上突围了，人家就说了，你们这路从这突围，前面有个沟，沟上过去就是平地，突围出去在什么地方集合，都说好了。三个人一小组，互相帮助，因为白天打仗看不清楚地形，晚上突围时有沟有坎的，三个人可以互相帮助一下。

谁知道掌史村的沟一下子就下去得很深，晚上稀里糊涂地走，我这一脚踩下去就不知道了。我摔下去后肯定是晕了，可能就掉在边上，那人就一个挨一个叭叭全都下来，人家身体好的个子又高的，下去以后能起来，三步两步就跑到前面那个口从那上头出去了。

过去了多少人也不知道，等我醒来爬起来一看，什么都没有了，人家全跑光了，就看着敌人乒乒乓乓地打枪，不知道哪是方向，闹不明白了，打多久了也不知道，不时有敌人打的照明灯，可就是不知道别人都哪去了。

看对面好像有豁口似的，让人走得已经有点斜着了，那就往对面走吧，我也跟着上去了。上去一看完了，茫茫一片也不知道哪是哪，找人找不着，不过后来向远处看去，哦，在月亮的照耀下，前面天上有堆土飘着，肯定是很多人往前面走，路上尘土飘起来。学过军事的都会看风向，一看就知道这人是往哪个方向走。当时你没别的办法，琢磨吧。

唉，那我就看着这堆土跟着跑，跑了好久，路也不是正经路，坑坑洼洼的惹人烦。走到一个树林子里，人家正在那里集合查人数，一查说丢了一个，把我丢了。那时候丢了人是很平常的事，等我找着了我那个队，人家说正往上报把你丢了呢。

这个事我从来没给张学思讲过，反正我也找回来了。

敌人包围了我们一整天，他们不知道里面都有些什么人，他又没突进来，等我们突围以后，冲出去了，他们才知道原来整个冀中的领导机关都在这。

这一仗打得挺了不起，基本都突出来了。就是作战科有一个叫罗文的副科长，是原来我们东干队的副队长，敌人打炮，把他打伤了，别人都没事。

马真是有灵性的动物，我的马头一天把我摔了，突围时都是三个人编一组整排走的，不能骑马，马有人带着走另外一条路，结果突围时它就被打伤了，第三天到了驻地就把它宰了，我从此又没有马骑了。我带着部队的那些章啊啥的全都没有了，突围时都拴到马上了，我自个哪能拿得了。现在想想就好笑啊。

从此也没马骑了，就这么又走路了。一直到调到平西才又骑到马，那会我有了一个孩子，后头背着。骑马不用学，上来就骑，战争年代什么都不用学,谁给你机会去学。

2014年我去过掌史村,沟基本上已经没有了,但沟边的树还在,地形也没有变化。

原本任职作战科副科长的罗文此时正代理科长,掌史战斗时,敌人的一发炮弹落在了指挥所的房檐上,罗文被炸伤倒地。多年后,他的战友原星回忆道:"这时敌人见村内烟雾多,不断进行迫击炮袭击。只要通讯鸽一出现,敌炮火必来。会后不久,作战科罗文副科长和我出房门,拟到二十七团检查工事加固情况,他先行到院中,正逢敌迫击炮袭来,一发炮弹击中首长正房,在房檐上爆炸,罗文同志头部、肩部负伤,我们当即抢救,当时罗文同志言明手表送×人,钢笔给×人,高呼共产党万岁,表现了以身殉党的感人局面。经包扎,伤势较轻。在突围前,吕司令员说,要给罗文同志骑马,一定安全带出。"①

当年东干队的队员,掌史战斗亲历者、作战科参谋尹琪,从他的视角回忆道:

"大概是6月12日傍晚,我们军区机关人员和一个团的战斗部队又随吕正操司令转移到了冀南威县的掌史村。吕正操和冀中区党委书记黄敬住里屋,我住外屋。掌史村有二三百户人家,村子很大,村里有一条天然的深沟向村东延伸,我们进村后,战斗部队立即挖工事,将工事与深沟连在一起通向村外,住稳之后,炊事员埋锅做饭,我们几个作战参谋和吕正操司令开始看地图研究转移方向。

"不一会儿突然传来枪声,侦察参谋跑来报告说,昨天敌人已经在村南边建起一个碉堡,刚才来了三十多名日军,已经被我们消灭了十几个鬼子。吕

---

① 《冀中人民抗日斗争文集》,冀中人民抗日斗争资料研究会编,第7卷第2425页,航空工业出版社,2015年出版。

正操立即发火说不该打,嫌暴露了目标。

"在这种情况下,我们决定和敌人打'蘑菇战'和'顶牛战'的同时,准备当晚连夜突围,命令部队只准用步枪和手榴弹,不许用机枪和迫击炮,要伪装成游击队,让敌人摸不清我们的底细。打了一上午,结果二十七团的一个排长临阵投敌,暴露了吕正操和冀中军区、区党委领导人都在村里,也被鬼子知道村里有不少战斗部队。此刻,我们立即想到敌人会紧急增派援兵,我们赶紧要求下面准备重武器。

"中午过后,日军逼迫一位村民送'劝降信',说我们已被五千皇军包围,让我们赶紧投降。吕正操说,别说五千,就是一万今天也得打。打了一天村落防御战,估计鬼子也是疲惫不堪,我们决定所有人马连夜突围,机关人员由政治部主任张学思率领从深沟向东跑了出去,我和吕正操、黄敬在炮火的掩护下也向村东方向开始突围,冒着毒气和炮火,终于突围成功,但在突围的过程中,我们损失了四十多人。"①

此文中尹琪的回忆有两处不准确,一个是时间上应该为 12 日凌晨,再一个是张学思的职务并非政治部主任,而是参谋处处长。

冀中首脑机关是 6 月 12 日凌晨进入威县掌史村,因为周围有很多敌人的据点,部队一进村就把村庄封锁起来,所有人员许进不许出。

正在吃早饭,枪声就响了,在阵阵枪声和手榴弹的爆炸声中,还夹杂着轻机枪和掷弹筒的响声。原来是敌人向各村派夫修岗楼,但是掌史村被封锁许进不许出,民工不能出工,敌人派来几十号人进村来催,被我前沿阵地一阵猛打,随后一直追击到敌人据点。

值勤的团、营长受到了批评,擅自追击敌人导致暴露目标,如果被敌人发现是冀中领导机关在此,后果难料。

---

① 《我们的抗日——十八名抗日老兵口述实录》,黑明,《人民文学》,2015 年第 8 期。

吕正操和黄敬、沙克、卓雄、张学思商量决定，白天行动容易被敌人打散，只能在村子里固守，等到晚上突围。并且示弱于敌，在敌人攻击时只用步枪、手榴弹还击，不准使用重武器，待突围时再使用。重武器留着晚上突围时使用，可以发挥重火力的突然性。

大"扫荡"前未雨绸缪，调来善守的二十七团，此时正是发挥其优势的时候。

敌人以为村里只是小股八路，先是集合了几百人进攻，失败后又增加到千人左右，下午又增加到2000人，打了几百发炮弹，甚至施放毒气，前沿的压力越来越大，以至出现了尹珙老人所说的排长阵前投敌，一线部队再三请求使用重武器。

吕正操一直压到傍晚，才下令放开使用重武器，迫击炮，轻、重机枪密集火力突然一开火，敌人一下子就被打蒙了，不知道村庄里八路军的实力到底有多大，反而不敢进攻了。

晚上九点，部队分三路突围，吕正操、沙克和黄敬率司令部、区党委向东突围；张学思、卓雄同志率军区政治部和冀中行署向南突围，还有一支部队负责掩护。

天黑地暗中，敌人的步机枪子弹到处穿梭，卓雄、张学思率领向南的一路突围比较顺利，没有遭遇敌人阻挡。

吕正操、沙克率领部队冲出去正找不到事先侦察好的道沟，两发照明弹一亮帮了大忙，部队纷纷跳到道沟里突围。敌人没想到会从村里竟然冲出来这样大的队伍，竟然吓得一时呆住了。

晚年吕正操也在回忆录中记录了掌史战斗：

"在混战中，我军指战员身负重任，保卫军区首脑机关，格外严肃沉着，千军万马一条心。当我们冲出敌人重围时，大家都松了一口气，黄敬立刻风趣地对我说：'刚才那么多炸子来回穿梭，真像小金鱼儿。'然后又颇有感触地说：'经过这一仗我才体会到，一个指挥员的决心多么重要。'

"第二天早五点,我们在掌史村东南威县附近的一个叫柳町的小村子休息,吃了饭。敌人龟缩在这个村子的碉堡内连枪都不敢放。

　　"在这场坚守阵地、突出重围的战斗中,我军指战员都是英勇果敢,沉着应战,隐蔽力量,后发制人。敌人伤亡七八倍于我。我军一个团的兵力保卫了领导机关两千人安全突围,取得了反'扫荡'的重大胜利,受到了中央军委的电令嘉奖,誉为'平原游击战坚持村落防御战的范例'。第二天上午八九点钟,还听到敌人围打掌史村的枪声。据村里的群众说,直到他们摇举白旗高喊:'八路军早走光了!'敌人才敢停火进村,进村后野蛮地屠杀了伤员和许多老百姓。"①

　　部队突围集合后,最初不光是谢雪萍丢了,连参谋长沙克也丢了。沙克带着一名参谋和一名警卫员失踪,吕正操立即命令侦察科派出人员查找,双方在路上相遇,于当天晚上归队。

　　脱离险境后的冀中首脑机关先转移到了冀鲁豫军区,与杨得志、苏振华会合。这里的敌情不那么严重,部队在此休整了一个多月。8月底,向八路军总部所在的太行山根据地转移。黄敬受命留下就任冀鲁豫区党委书记。

　　从冀鲁豫到太行山需要穿越平汉路,大部队穿越更加不易。历经又一番艰难困苦后,这天,部队已经走了一天一夜,疲惫不堪,在一个大山坡爬到半山腰处时,忽见山脊一线站起不少人,难辨服色。即派出侦察人员查看,如是我军就挥舞白手巾,如是敌人立即还击。部队在处于极为不利的地势地形上警戒着。待侦察人员到山顶时,白手巾挥舞,一块石头落地,原来是刘伯承、邓小平同志派来接应的一二九师新三旅。

　　又走了一夜,第二天早上到了涉县。刘伯承、邓小平同志亲自来迎接了。

　　后来彭德怀一见到吕正操,就握着他的手说:"第一个电报对情况估计不足,是我的错误。"

---

　　①　《吕正操回忆录》,吕正操著,第247—250页,解放军出版社,2007年出版。

彭德怀说的第一个电报，就是 5 月中旬要求冀中军区坚持两个月，不要离开冀中的那封电报。

就是这次见面，彭德怀当众表扬了张学思。

谢雪萍口述

什么叫游击战？就是走路。彭德怀后来认错了，他原以为敌人"扫荡"两天就过去了，没想到冈村宁次来来回回地，下决心就想把这个地方弄干净。

吕正操到了那见到彭德怀，后来他也认识到了，但是指示下晚了，包括好几个很著名的团长都战死了。他专门道了歉，这个人真直，好人一个，讲实话，办实事。

在冀中，睡觉时是不脱衣服不脱鞋，一有情况起身就走，情况严重时甚至不解背包、不进村庄、不进房屋。在太行山区，大家终于不用三天两头转移甚至一天转移几个地方，也可以脱光衣服、盖上被子睡觉了。

在罗文的回忆录中，记录了当时的情景：

"彭德怀副总司令和刘伯承师长、邓小平政委及杨秀峰、罗瑞卿、薄一波等领导同志接见了我们，检阅了部队，高度赞扬了冀中军区英勇顽强、艰苦作战的对敌斗争精神，还开了欢迎会，腾好房子，改善伙食，发了里外簇新的衣服。刘伯承师长曾对我们说道：'你们带着这样大的机关反"扫荡"，就好像背着一包袱电灯泡赶集一样，随时有被打碎的危险。但是你们胜利了。'"①

就在太行山休整时，刘伯承相中了在吕正操手下当敌工科长的王岳石，任命他为一二九师作战科科长。

在冀中首脑机关到达太行山的人群里，没有高存信，他的作战科科长的位置由罗文在代理。

---

① 《从留学生到将军——罗文回忆录》，罗文著，第 55 页，未出版。

当"五一反扫荡"一开始,政治部向滹沱河突围受阻,掉头与司令部会合的两天后,参谋长沙克和参谋处处长张学思就找到高存信谈话,中央打算把山东北部、河北东部的冀鲁边区划归冀中区,组织决定成立冀鲁边参观团,由高存信担任副团长前往冀鲁边根据地考察,考察团很快离开了部队出发前往冀鲁边。

任务完成后,敌情日益紧张,冀中部队已经离开冀中。凭借掌握的微弱线索,高存信辗转找到了冀鲁豫军区,见到了杨得志和苏振华,他与苏振华在延安抗大时就已经相识,苏振华告诉他,冀中司令部已经去太行山了。

当高存信一路穿插到太行山找到冀中司令部时,时间已经是10月下旬了。反"扫荡"至今形势已经大变,整个冀中都在日军的碉堡和封锁沟控制下了。根据指示,八路军所有主力部队均从冀中退出,分头转移到冀鲁豫、冀鲁边和北岳区。地方党组织和地方武装全部转入地下活动。

这时的冀中军区警备旅政治部除奸科干事,后来的河北省文联主席徐光耀,以一部反映冀中抗战的小说《小兵张嘎》而为人熟知,他在另一部小说《平原烈火》中写道:"鬼子""皇协"到处跑,到处发横,爱杀就杀几刀,爱打就打几枪。抗日的政权都不见了,穿军装的八路一个也没有了,妇救会,青抗先,还有哪个胆大的敢提一提?各村都成立了"维持会",都给敌人"挂上钩"了。看吧,满眼尽是敌人的势力:白天,满天都是膏药旗;黑夜,遍地都是岗楼灯……时间好像几天之间就倒退了二十年!在"倒退了二十年"这样的客观环境下,百姓们见不着我们的队伍,见不着我们的干部,只瞧见村口岗楼的太阳旗,只听见这个叛变那个投敌,也不由有些悲观感叹地说:"难道五年抗战就这样结束了吗?"

10月下旬,日军开始对太行山地区进行大"扫荡",吕正操率部告别八路军总部、离开太行,向晋察冀根据地返回。由于日军此时集中在冀鲁豫"扫荡",一路比较顺利,但是在接近晋察冀时,还是出现了险情。

一夜行军穿过正太路后,部队正在休息,拂晓,发现远处有异常。

"行署公安局局长张国坚在村外发现,村南约3公里远东西向的山脊上,有人由西向东运动,正在分辨是敌人还是自己人时,张昉处长到了,他拿望远镜一看是敌人,马上回村向吕司令员报告。吕司令员命张昉处长带司令部特务二连立即占领村北山脊,掩护机关转移,令司令部作战科科长高存信带领特务一连和机关人员按预定转移路线迅速转移,并由特务一连掩护二连撤回。敌人遭到我警戒部队的阻击,又受到我二十七团部队的侧击,同时看到我机关已经转移,打了一阵子枪之后,就不再敢前进了。"①

11月下旬,冀中军区首脑机关回到了晋察冀根据地的北岳区,与不久前被任命为冀中区党委书记的程子华在张各庄会合。

由此,因各种原因滞留冀中的各类人员开始向张各庄汇集。只要是从冀中过来的,高存信就会去找对方打听有没有人知道白竟凡的下落。这天,他遇到了民运部的胡友孟,胡友孟说,白竟凡还活着,他们在白洋淀打游击时,听说有人看到过白竟凡在安平县打游击。

冀中区党委书记、冀中军区政委程子华听说后,马上安排人去寻找白竟凡。程子华1991年过世后,胡友孟和白竟凡、谢雪萍共同写下一篇文章怀念老政委,文中提到了这段往事:"五一日军大扫荡",采取拉网式搜捕、突袭,分割包围,许多干部被打散,和部队失去了联系,斗争十分残酷。程子华政委亲自指示政治部在白洋淀建立军区干部收容总站,一定要把失散的干部找到,并安全地送到山区后方。与此同时,还指示卫生部在安平、饶阳、定县一带建立交通联络站,搞好收容工作。特别对体弱有病的同志,他还多次派人去找。如白竟凡当时怀孕隐蔽在安平群众家里。在程政委的亲自点名下,总站负责人胡友孟派赵明远和李晶章到安平去寻找白竟凡。二人中途被日军逮捕,坚决不承认是

---

① 《冀中平原抗日烽火》,冀中人民抗日斗争资料研究会编,第236页,河北人民出版社,1987年出版。

八路军,说是做买卖回家,后被我方花钱赎回。他俩出来后,仍然不畏艰险,去满子里继续寻找白竟凡。赵明远不幸第二次被捕,被抓到井陉煤窑做劳工。程政委听说白竟凡还没找到,又派民运部刚回到路西的杨德昌回冀中去找。[1]

新中国成立后,胡友孟和白竟凡同在供销合作总社工作,目前仍在世,生活在北京。

当高存信跟随冀中军区首脑机关告别太行山返回晋察冀的路上时,隐蔽在安平县杨各庄吕大娘家的白竟凡,在骑兵团女兵王淑珍的陪伴下,终于生下了一个女儿。

生下孩子的第三天拂晓,一阵枪响,敌人又来了。众人迅速进入挖好的地道,但是白竟凡产后虚弱,带着婴儿无法行动。

"大娘把北屋的洞口盖好后迅速来到东屋,马上来到我的身边悄悄地问我:'她大姐,你怎么办?'由于我产后体力虚弱不堪,动弹不得。只好宽慰大娘说:'我不怕,就在外面待着吧!'大娘点点头,安慰我说:'不要紧,你安心躺着吧!'她立即把锅台上的锅放在锅腔子上。把芸山住的床板收起来。然后到外面看动静,一个日本兵端着枪冲进了大门,狂叫着:'八路的有?'大娘从容作答:'没有。'鬼子兵不加理睬地冲进了北屋,一看没有人,就奔向东屋。大娘轻声对鬼子兵说:'儿媳妇占房的,不吉利!'鬼子兵不信,大皮靴踏进了外屋,用刺刀挑起门帘,一股血腥味刺激得鬼子赶紧捂住鼻子,骂了一声:'唔唔,八格牙鲁!'转回身就走了。他又到了西面仓房去翻粮食,一见是空的,就懊丧着走了。"[2]

一个月后的一天夜里,负责地下交通站的王芸山带来一个令人震惊的消息,安平县长张晓舟被捕了。白竟凡现在的隐蔽处当初就是张晓舟和王芸山商

---

[1] 《程子华政委永远活在我们心中》,胡友孟、白竟凡、谢雪萍,《中国合作经济》,2005年07期。

[2] 《冀中人民——我的母亲》,白竟凡,《党史博采》,1996年第8期。

定的，不久前张晓舟还来此看望过，大家一致认为必须马上离开这里。

几天后，一大早吃完吕大娘做好的热汤鸡蛋面，带上发面饼和煮鸡蛋，白竟凡坐上了村支书安排好的一辆马车，吕大娘不放心地嘱咐着："一路上包好孩子，蒙好头，别受风。过岗楼时你不要说话，免得被人发觉你是外地人！"

安全通过几道关卡后，傍晚，到达定县小辛庄，按照王芸山的交代，与当地村支书接上头，住进了王大娘家。

村支书让她先休息几天，等把敌情摸清楚了，再找人送她过平汉路。

"从冀中中部各县收容来的干部、战士，一批批地集中到这里，白天休息一天，晚间趁着夜幕突过平汉路。我带着小孩难以突过封锁沟墙，准备让我坐大车在白天混过敌人的层层关卡，由于要做一些准备工作，所以又等了六七天。"①

幸亏白竟凡及时离开了杨各庄的吕大娘家，因为安平县长张晓舟被捕后叛变了。

12月下旬，白竟凡抱着孩子，和王淑珍坐着大车大模大样地通过了平汉路。

8个月，从孕妇成为孩子妈，最终又毫发无损地带着一个婴儿脱离包围圈，除了白竟凡在西安冒险返回高家探望高崇民时就显露出来的镇定勇敢之外，还有一个关键因素就是冀中敢于舍命保护八路军的大娘多。

50年后，在回忆这段难忘的经历时，白竟凡写道："大车颠簸在崎岖乡间的土路上，我回头遥望那广阔无垠的冀中大平原，回想联翩，思绪万千……我离开队伍八个月，这是非同寻常的八个月。这一年敌人对冀中'扫荡'了多次，'五一扫荡'是最大的一次，我又被围在包围圈中，冀中人民像母亲一样，冒着生命危险掩护我，掩护所有的八路军……啊！冀中人民是我的再生父母！"②

白竟凡这篇回忆长文的结尾是这样写的："进山以后，我们走了两天，

---

① 《冀中人民——我的母亲》，白竟凡，《党史博采》，1996年第8期。

② 《冀中人民——我的母亲》，白竟凡，《党史博采》，1996年第8期。

到达了冀中军区驻地——唐县张各庄。我一进村,就看见了我爱人高存信,他正在街上向我们来的方向张望。"

在《高存信将军往事回忆》中,也记录了这段重逢的细节:"12月初,交通科的人告诉我,竟凡已到定县,准备过路回冀西,我真是喜出望外,每天在学习休息的时候,我都到街上去,看看她回来没有?12月底的一天,我又出来看望,忽然看见街西口,来了一个牵驴的人,旁边走着竟凡。

"我紧握着她的手,她激动得落下了眼泪。"

关于冀中数年的艰难困苦,抗战中的生离死别,张学思在自传中只是用最简练的语言,进行了简单的概括,寥寥数语的后面,只有详尽地了解那段历史,才能体会到字面之下的波涛汹涌。

张学思自传

1941年2月,我担任冀中军区参谋处处长。在接近一年半的时间内,正是冀中由稳定局面逐渐紧张,到1942年"五一大扫荡"后,根据地变质的过渡时期,开始工作一切无经验,都是新问题,不知从何处做起,在大机关里,对下面接触少,党为培养我,叫我参加了军区的军政委员会,有时也去列席区党委的会议,所以看到大问题就多一点。

1941年秋参加青纱帐战役,1942年五一参加反"扫荡"战役,6月,同军区转移到冀南,参加了掌史战斗,我与卓雄同志带一股突了围,又随军区转到冀鲁豫、太行,于1943年春回到晋察冀边区休整。4月,冀中军区改编,我担任军区副参谋长兼一科长。8月,军区改组,吕正操同志去晋西北,我被调往晋察冀军区任参谋处处长,参加了1943年秋季三个月的反"扫荡"战役。

这一时期工作的主要收获:

首先，是认识了群众力量的伟大，冀中敌据点数百，四周有铁路，内部敌公路穿插，我开始想不通大兵团如何能存在，但眼前生动的事实与工作中的体验，我看到了发动了群众就是我们的人山人海与耳目，敌暗我明，军区两三千人在据点间活动，可以距敌二三十里处召开几万人的大会，而敌人一出据点，就可遭到我民兵游击队和主力的打击。敌人小包围，我们跳框子；敌人大"扫荡"，我们转大圈子；敌人变动疲惫，我能主动打敌；武装斗争支持地方工作，开辟地区；地方工作又配合武装斗争，取得胜利，并巩固扩大武装力量。各种斗争的密切配合，使我理解了毛主席所说的"游击战争是武装斗争与其他各种斗争相结合的总概念"这句话的真理。

其次，是从三纵队的建军中，我知道了一个旧部队，如何成为党绝对领导下的革命武装的改造过程，认识了党的坚强领导与政治工作在我军中的重要性。

第三，在参加总结青纱帐战役、几次反"扫荡"战役和战斗，及整理冀中变质后平原分散小部队游击战争的经验中，学习了一些组织指导战役和战斗的知识，积累了一些司令部工作的经验，并锻炼和考验了自己，在紧张的环境中，自己未动摇过，始终有着坚定的胜利信心。

第四，参加了许多地方工作的会议或汇报，学习了各种政策，有了政策观点，从军区首长处理各种问题中，体会到一些如何去掌握贯彻原则、方针、政策的问题。

最后，是从实际工作过程中，感觉到过去所学一些教条的空洞与自己的空虚，我重新阅读了毛主席的《论持久战》《抗日游击战争的战略问题》《论新阶段》等，针对当前的实际情况，使我认识了毛主席的英明伟大，看到敌后的各种斗争是在毛主席思想指导下取得的胜利。

★ 第十一章

平西军区参谋长

冀中党政军大批人马撤退到北岳区后，一时无力恢复全面沦陷的冀中，下一步何去何从，成为一个现实问题。

过去富裕的冀中每年都会供应几百万斤粮食给冀西，现在这批粮食没有了，还涌进来一大批人马，以致冀西吃饭也成了问题。

在一分区司令员杨成武的辖区，长达几个月只能以黑豆和发霉的小米充饥。1943年的春节，被安排在一分区的冀中干部，每个人分到了一碗棒子面粥，当场就有人落泪说，冀中再穷，过年吃一顿饺子还是吃得起的。杨成武听说了，下令说，想尽办法也要让冀中的同志吃上一顿饺子。

1943年3月，冀中军区将编余干部集中，成立了教导团，总计700人编成6个连，周彪为团长兼政委，高存信为副团长。吕正操、沙克、卓雄、张学思均出席了教导团的开学典礼。

两个月后，教导团牺牲了两名原东干队队员，其中一人叫作贾白水。

贾白水是辽宁新民人，中央军校毕业，通过堂哥贾立夫介绍进入延安抗大，参加了东干队。

前往冀中夜过同蒲路时，谢雪萍等9人先行到达为大家烧水做饭，其中就有贾白水。到冀中后，贾白水分配在司令部任教育参谋，这次教导团成立时，贾白水同志任军事教员组组长。

1943年5月，老对手冈村宁次侦知冀中首脑机关驻扎在冀西唐县张各庄，突然奔袭而至。冀中部队迅速转移，贾白水和刘寒被安排到教导团四连，部队行进到唐县豆铺里与敌遭遇，四连只突围出四十多人，贾白水和刘寒牺牲。

当初高存信到西安看父亲高崇民时，有几个刚从都匀炮校毕业的军官找上门来，后来都去了延安，其中有郑新潮和尹珙，还有一个就是刘寒。

贾白水的堂哥贾立夫，新中国成立后担任过中科院长春光机所副所长。

1943年8月，吕正操率6个主力团同聂荣臻一起前往延安，途经晋西北时，贺龙通知他，中央电令他就任晋绥军区司令员。

虚设在冀西山区的冀中党政军机关到此时已经没有存在的必要，所有人员都并入晋察冀军区。

一年后，根据中央军委指示，再次恢复了冀中军区建制，任命杨成武为司令员，部队重返冀中。

有人做了个统计，在整个抗战期间，冀中军区共计受伤旅级干部4人，团级干部73人，营级干部719人。阵亡旅级干部5人，团级干部80人，营级干部540人。

谢雪萍口述

后来冀中部队改编，张学思调到了聂荣臻底下，在晋察冀军分区参谋处。

1943年又把他从聂司令那调到平西军区去了。平西这边，陈正湘是司令员，刘道生是政委，两个人都是老红军，让张学思当平西军区的参谋长，平西是在北京的西面。

中央可能有这么个精神，具体文件我不知道啊，我是这么想的，就是中央有意要培养他，把他放到具体单位里面，在实际战斗中练一练。我是这么猜的，实际怎么回事，咱不知道。

但看他的经历，从马列学院出来当东干队队长，不就是让他锻炼嘛；到冀中，一开始就让他当参谋处处长，也是个长，还是让他锻炼；以后到了晋察冀军区也是参谋处的处长，那也是练他；再后来到平西当参谋长更是练他，让你实际指挥作战了。

张学思就任晋察冀军区参谋处处长，1944年，再度调任军区下属的平西军分区任参谋长。在此前后，高存信所在的教导团归属抗大二分校的孙毅领导。两个多年搭档的人生曲线从这里开始各自延伸发展了。

陈正湘原是唐生智的部下，参加过北伐，是长征过来的老红军，抗战时在黄土岭，就是在他的亲自指挥下，炮击炸死了日军的"名将之花"阿部规秀中将。开国中将，曾任北京军区副司令员。1993年过世，享年82岁。

刘道生也是长征过来的老红军，开国中将，新中国成立后任过海军副司令员。1995年过世，享年80岁。

张学思自传

> 这一时期，我另一种感觉，是自己缺乏下层工作与战争的经验，三年来高级司令部工作养成了坐机关的习惯，脱离了实际，大问题均能懂得，但由于自己水平低，所以又事事均是一知半解，遇见部队的实际问题，不会解决，工作越来越无信心，使自己非常苦恼。我的个人英雄主义与自以为是受到了很大的打击，但又产生了另一偏向，即是工作不大胆，考虑过多，拿不定主见，这时延安整风的消息也听到些，自己深觉得如此下去的危险，便多次要求离开高级机关到下面战斗部队中去锻炼，党考虑我特殊的社会关系，未允许，最后决定我到平西分区去担任参谋长。

50多年后，刘道生老人这样回忆起他跟张学思的初次相见：

1944年2月，北京西部山区苦寒，拒马河的河冰未开。那时，我担任晋察冀军区平西军分区政委。由于日寇"加强治安"，残酷"扫荡"，根据地被挤压在涞水县的几条大山沟里，一日几惊，战斗频繁。

一天，我出发去军区开会途中，与张学思同志迎面相遇。只见他牵着马，急急地走来，他爱人谢雪萍同志背着孩子在身后跟着。他原在冀中军区工作，自己坚决要求到斗争最严酷的地区工作，聂荣臻司令员考虑再三，才决定调他任平西军分区参谋长。我没想到命令刚到，他就这么快到任了。我见到他高高、瘦瘦的个子，清癯的脸庞，一身灰布军装，眉宇间流露出一种庄重、聪慧。挺胸直腰，看得出训练有素，很难想象这就是出名的"大帅"张作霖的四公子。

会议结束，我回到平西，张学思同志已经在组织司令部的参谋训练了。[①]

谢雪萍口述

调到平西后，安排我做审查委员会的秘书工作，负责审查账目，怎么审查自己都闹不明白，反正给你个工作你就做吧，连带孩子带工作。

我和张学思经常是分开的，结婚了还是各人做各人的事，各有各的单位，结婚归结婚，生活归生活，能够碰到一起就在一起了，一转就不知道转哪去了。打仗就是这样，你白天还在这呢，没准晚上人没有了呢，战争啊。

但是一见面就有孩子，这才倒霉呢，非常倒霉，就恨自己这是怎么回事。那会儿还不懂得什么叫避孕，现在咱们有的是办法，过去不明白。

我俩经常在一块是从平西开始的，虽然在一块，也都在一个司令部里面，但是他呢，经常在外面打仗。

在平西，即使身为司令员、参谋长，吃的也是掺菜的窝头，就这样的伙食，一天还只能吃两顿；睡觉没有褥子，只能铺稻草。

高存信老人特别描述过1943年在唐县时部队饮食的艰难状况："到后来，黑豆也吃不上了，就吃柳树叶、杨树叶，还吃过老乡们用臭椿树叶做的酸菜。

[①] 《共产主义理想照亮了他的航程——追念张学思同志》，刘道生，《人民日报》，1987年3月19日。

那时，如果能吃一顿榆树皮与小米的混合面，这就算改善生活了……号召党员带头互敬互让，不争饭，并制定了掌勺制度。那时的掌勺炊事班长可难了，打饭时几十双眼睛都盯着看啊！"①

战争的另一面也是在打经济仗，有的部队甚至到了断粮的地步，此时，不光是延安，在各个根据地都开展起开荒生产。

张学思也上山了，和战士们一样抡起了镐头。

战争发展到1944年，曾经狂傲不可一世的日军终于显露出疲态，幅员辽阔的中国战场、太平洋战争的爆发，还要在东北预防虎视眈眈的苏联，日军的兵员数量开始捉襟见肘。同时士兵素质今不如昔，大量新兵补充进来、少年兵大量出现，士气远不如战争爆发初期，日军整体战斗力明显下降。

各个根据地开始从频繁而残酷的"扫荡"中缓过来一口气，在平西根据地，局面比过去稳定了很多。

刘道生和张学思经常一起聊家常。刘道生老人回忆，有一次他们谈起了婚姻，张学思说，有不少阔家小姐、如花似玉的女子找他攀亲，但都激不起感情，唯独见了谢雪萍，觉得这正是自己需要的，她有的，正是自己所缺的！

又讲到他们的第一个孩子，是个女儿，在敌人对山岳区"扫荡"时，寄养在冀中一个老乡家里，反"扫荡"结束后，他和谢雪萍赶到那个村里，谁知那个老乡的房子和全村都被敌人烧光了，人也杀光了，孩子肯定被害了，才一岁。

谢雪萍口述

那个时期，他经常领人打碉堡啊。

打仗的事他很少说，他回来了就说好或者不好，缴获了什么战

---

① 《高存信将军往事回忆》，高存信著，第151页，北京市黄埔军校同学会，1999年，内部图书。

利品，我们牺牲了什么人，说一说。那个时候很艰苦，我们没有武器，只能动脑筋，怎么琢磨能把敌人据点给打下来。那就需要做很多事了，有群众工作，还有咱们部队的情况，那据点里面是日本人还是伪军，有没有伪军，能不能配合一点。

打仗不是你心里想打就能打，需要很多条件配合。

战利品很少能自己拿回来，日本罐头里的牛肉罐头最好吃，味道特殊。日本当时有这个能力，经济上，武器、供给都是现代化，咱们自己啥都没有，特别是八路军更是什么都没有，也没有经济支持也没有武力，所以就说游击游击，为什么游击战为主？条件决定的。

什么东西都是放到木头箱子，转移时骡子驮着，中国那时候工业水平特别低，你想缝个布包那你就自己缝，有军事挎包那都是以后的事了。

服装上，后来有了被服厂了，有点条件了，就研究服装问题，什么样的服装？要不要分级？后来说还是要分，一研究，就是干部四个兜，战士两个兜，干部装的东西多一点，有个笔，有个小本，战士两个兜，装点干粮。

好像排长以上才算干部，班长还不算。

在平西的时候，我跟刘道生的夫人朱雅峥来往很密切，以后就分散了。到大连海校后，她给我写信，说又碰上了，我还纳闷怎么又碰上了？后来知道，哦，他老头又调到海军去了，以后到北京就更碰上了。她也走了好多年了。

刘道生是个老红军，朱雅峥是个学生，后来参加革命，他们俩碰上了，就好了。刘道生挺有才的，善于做政治工作。按朱雅峥的话说，那是年轻有为英俊。

"文革"的时候，我家里的老大看上了刘道生的女儿，不是别人介绍的,是他们自己愿意的,我有一条,孩子的婚姻问题从来不管,那是他们自己的事。

1943年初秋,平西军分区接到晋察冀军区十万火急密令,要求不惜一切代价掌握日军在平汉路军用列车的运行信息,并派出得力人员深入敌后建立我军情报组织。

平西军区将任务交给了参谋长张学思,张学思把任务交给了21岁的侦察股长刘世雄。

刘世雄盯住的目标是高碑店火车站的中国副站长董炳琪,最终成功将其发展为我军谍报人员。但是到了这年年底,董炳琪身份暴露牺牲。50多年后,以海军航空兵正军职顾问身份离休的刘世雄惦记董炳琪后人情况,打听得知,由于董炳琪从事的是谍报工作,身份未公开,因而新中国成立后一直被当作敌伪人员对待。经刘世雄、肖文玖等相关领导证实,当地政府追认董炳琪为革命烈士。

谢雪萍口述

在平西,从1943年到1945年,成天不是围打据点,就是钻山沟躲避敌人的"扫荡",这就是常态。战斗,对我来讲不多,但是对我们老张来讲就不行,他老得出去,很少在家。打据点不好打,但是又得打,为什么呢?因为他们老骚扰老百姓,我们打下一个据点,就解放一个点,对那一方的老百姓来讲就是很好的事情。

平安的事没法说,我有个同事,跟我一个办公室,早上还在一块呢,下午反"扫荡"了,他发疟疾了。我们转移他走不了,也没人抬,那会儿也没什么交通工具,他走不了啊,敌人来了,半路叫敌人挑死了。

那一天时间,早上见到,晚上死了,战争里面没法说。

在平西的时候，除了司令部的一个院子在那发号施令以外，剩下的人都是分散住老百姓家的。都是号的房子，这家号一间，那家号一间，号房子只能号一间，不可能把整个房子给你，全号了人家怎么生活啊。军队他不能现来现修房子，那只能就是走到哪号哪。

在老百姓家，男女都是分开住的，给你一间房，你怎么安排是你的事。

一般都是号地主老财的大宅子，大宅子房多，可以腾出空房来。那小家小户就困难啦，除了没法才挤到一块去。也有的时候遇着实在没办法就露宿了，就住老百姓外面，人家就一铺炕，一家子在那，那你怎么办，只能住外面啊。

经常露天睡觉，夜行军，走到哪实在走不动了，就停下来，露天一夜。

吃饭一般情况是我们自己开伙，有的就是发给老百姓了。住哪家吃哪家这样的情况很少。因为人家老百姓负担不起你的粮食，那时老百姓也没粮食。你都住他家里，几口人都要吃饭，他怎么给弄啊。

张学思喜欢带兵，喜欢到一线部队。1944年夏季，张学思率领一个步兵连、一个骑兵连约200人到北平南大门的房涞、涿县活动，司令员陈正湘和政治委员刘道生特地嘱咐随同作战的作战股股长李炎，张学思是有影响的人物，要确保其人身安全。

也是这年夏天，张学思率队前往北平西部的怀来、涿鹿行动，这时的张学思得上了慢性肠道病，军分区直属队卫生所特地抽调了一名医生随队行动。

在一个大山沟里，这名医生和特务连的卫生员在深山里采到一个重达三斤的猴头，正和地委书记高鹏先谈事的张学思看到了说，这么大的猴头很难得，不过白水煮猴头不好吃，我出钱买一只鸡，炖了大家吃吧。

张学思自传

1944年2月,我到平西分区,4月,参加了在职整风学习,自己做了比较系统的思想检查。夏天,改编为冀察军区十一军分区,我仍任原职。冬天,组织了分区的大练兵。

1945年2月,我任分区副司令兼参谋长。3月,参加指挥扩大解放区的战役,分区取得很大胜利,拔掉十余据点,扩大了地区。

李炎老人,当时平西军分区的作战股股长,撰文回忆说:

"张学思同志调到涞水任平西军分区参谋长时,我也在司令部作战部门工作,和军分区首长同住李各庄姜姓地主的一处大宅院,每天都能见他几次面,可谓朝夕相处,关系融洽。学思同志平易近人、和蔼可亲,干部战士都称赞张参谋长没官架子,遇事以诚待人,生活上是普通一兵。

"学思同志的夫人谢雪萍同志是一位生活简朴、和蔼端庄的青年干部,司令部的干部战士没有不说她好的。当时她的孩子启明正值哺乳期,按工作需要请一个人帮助她照顾孩子,完全是可以的,但她没有这样做,坚持自己带,开饭时把孩子捆在背上,手里拿个盒子打饭。因为住在一个院子,看得清清楚

★平西一家三口合影(图中幼儿为启明) 张仲群供图

楚，同志们都说，小谢真辛苦。学思同志和首长一个灶吃饭，但是分区首长如不在家，他就到大灶吃饭，小灶不开伙了。"①

李炎在1955年被授予上校军衔，1962年晋升大校。新中国成立后担任过总参谋部军务部部长，2010年过世，享年94岁。

谢雪萍口述

我在平西没有遇到遭遇战，我们到了平西以后，我基本上不跟部队走了，在平西的机关工作带着孩子，都是住在比较偏僻的地方。一有情况我们就钻山沟，上山了，躲开敌人。敌人要到这来了，我们老早以前就跑掉了。敌人把这地方占了，就再往远了走。

机关一下令家属钻山，全钻山了。事先山上都有一些预防，像存的粮食了，日用东西了，存的咸盐啦，老早以前后勤给你安排好啦。那时候吃咸盐最要紧，没有盐吃。

平西比冀中好多了，那有山哪，有山就可以藏起来，在山里最好办，敌人怎么多也占不了所有的山，山连山，你封锁得了吗？敌人也没什么办法，所以山地比平原好在这。

1944年，冀中形势开始好转。

"7月28日，中共中央决定将晋察冀军区划分为四个军区，即冀中、北岳、冀热辽和冀察军区，任命杨成武为冀中军区司令员。"②

高存信和白竟凡用白毛巾包上头，换上紫花褂子和蓝布裤子，一副冀中农民打扮，率领干部教导大队200余人，奉命重返冀中。

回到冀中的白竟凡，专门去了一趟安平县的杨各庄看望吕大娘，当初生

---

① 《往事》，李炎，《北京党史》，1995年第6期。

② 《高存信将军往事回忆》，高存信著，第156页，北京市黄埔军校同学会，1999年，内部图书。

孩子时就是在这里。吕大娘一见到白竟凡，就高兴地说，他大姐，你可回来了，这两年我一直惦记着你们娘俩。

冀中的形势依然很严峻，军区机关没有固定地点，需要经常转移，从司令员杨成武到下面战士没有穿军装的，一律便衣打扮。

谢雪萍口述

冀中的武工队，不是打仗的组织，是专门做开辟工作的，但是它有武装，所以叫武装工作队。遇着情况就打，一般就是发动群众，教育群众，或者收集公粮啊，做这些工作。做政治宣传工作比较多，讲讲政策啊，有些老百姓不知道共产党什么政策啊。

冀中的地道战在杨成武时期开始大发展，军区多次下发文件指导地道建设，地道格局出现了井字形、蛇形、田字形、中字形、申字形和甲字形等地道干线；有用于作战的、有用于隐蔽的，还有双层地道；更发达的还设有指挥室、会议室。

几个月后，高存信就被日军堵在了冀中的地道里，当时在他身旁，还有一位叫杜伦的美军观察员。

美国人杜伦是美军观察组成员，美军观察组一行三人前来晋察冀根据地考察，目的是为盟军日后在华北对日作战做准备，杜伦上尉被派到了冀中。

晋察冀军区成立了联络处，副参谋长耿飚兼任处长，冀中军区成立联络科，高存信被任命为联络科科长，负责接待美军观察员。

看过冀中发达的地道，杜伦大加赞扬，他还想去白洋淀，看看冬天的冰能否承载飞机起落。夜宿皮里村时，凌晨，枪声响了，很快，日军骑兵就冲到院外。

大家马上钻地道，杜伦上尉身材高大，钻地道时比较吃力，这时敌人已经冲到了院子里，高存信连续向院子里鸣枪迟缓敌人动作，掩护大家都下去后，才最后一个钻进地道。

阻击的枪声、明晃晃的地道口、杜伦上尉匆忙落在屋里的照相机、日记本、地图册，都让敌人明白地道里堵住了大鱼，而且还有外国人。

皮里村的地道是蛇形防御性地道网，地面上的敌人摔下手榴弹，强行攻入地道失败，又采用烟熏、水淹、放毒气等手段，都被有效防御。

★ 1944年10月，高存信在冀中任作战科科长　高劲松供图

被堵在地道里的还有当地九分区司令魏洪亮，魏洪亮还有一个称呼叫"地道司令"。他在地道里用电台调集部队向皮里村反包围，周边部队纷纷向皮里村集中，使得来敌压力倍增，天黑前，敌军撤退。

电台是战争不可缺少的，对八路军而言更是宝贝。冀中的电台在1942年"五一反扫荡"之前曾达到过50多部，一年后冀中的低潮期只剩下了7部，杨成武重返冀中后，到抗战胜利时，又扩容达到了31部。

魏洪亮在红军时期就做过团政委，1955年被授予少将军衔，新中国成立后担任过广州军区炮兵副司令员，1990年过世，享年75岁。

敌人退去，众人从地道出来，魏洪亮的妻子肖哲抱着8个月的儿子一边走一边哭，关键时刻，孩子不堪洞内环境发出哭声，肖哲只好亲手捂死了儿子。

九分区《前哨报》记者宫洁民听说后，当天赶到皮里村采访，写下了通讯《一位伟大年轻的母亲》刊登在《前哨报》。宫洁民后来从八一电影制片厂离休。

杜伦的房东大娘，因为拒绝说出地道口，被砍掉四根手指。

杜伦对冀中的考察真实并富有深度。据统计，像杜伦这样的观察员，美国先后向延安派出了一百余人。

但是杜伦就此别过后再无音讯，以至40多年后，高存信老人在回忆录中发出询问："多兰（杜伦）先生，现在的情况怎样，在美国做什么？"

有一种说法认为，杜伦死于1945年8月19日，原因不明。

比较起来，这时的平西相对安稳一些。

<mark>谢雪萍口述</mark>

平西改编，把张学思和肖文玖调到一起了。肖文玖是司令员，张学思是副司令员兼参谋长，军区越来越小了，但是他的职位呢，又从参谋长变成副司令员兼参谋长。肖文玖后来做过北京军区的副司令员。我们住的地方叫作塔河村，离北平不太远，我们老张就经常带部队打北平边上这些据点。

张学思不会给我讲打仗的那种残酷，讲了让我多操心啊，他不讲，要难了就告诉我很难打。说一千道一万，人家就是武器比你厉害，你想怎么打，只有手榴弹顶什么用啊，就是土炮也不顶用。人家是机关枪，"突"一下你们什么都没有了。

我打过枪，但不是打得太准。步枪也用过，手枪也用过。

改编后的冀察军区，司令员是郭天民、政委刘道生，下辖十一、十二、十三军分区，十一军分区又被称作平西军分区，司令员是肖文玖，张学思任副司令员兼参谋长。

陈正湘在半年前因病到延安休养。

和张学思搭班子的肖文玖也是老红军，被朱德总司令称为"肖坦克"，开国少将,曾任北京军区副司令员,2001年过世,享年86岁。

谢雪萍口述

我前面俩孩子都没了,头一个叫敌人给抢光杀光烧光了。第二个得了小儿肺炎,没有药死了,非常可惜。也是个女孩,很漂亮,她那眼睛太漂亮了。

那老百姓一看就说你这孩子活不成了,我不相信,结果后来真是活不成,一岁多吧。那时也不懂,要是现在的话呢,可以吃点芥子,用点萝卜籽水,给她弄弄。

芥子是一种菜,萝卜籽也是一种菜,都有消炎的作用,老乡懂我们也不懂。你遇着好一点的老乡会告诉你点办法,遇不着你自己啥也不懂。咱们的卫生员也没有药,连大人的肺炎都没法治呢,小儿肺炎更没啥办法。

两个孩子,一个是1941年生的,一个1943年生的,两个都没有了。所以战争年代的女同志,她们是很惨的。

这是1945年3月,谢雪萍失去了第二个孩子,这时她的第三个孩子刚刚出生一个月。

1945年夏初,平西军分区响应延安"扩大解放区"的号召,积极发动"夏季攻势",这时的战斗主要是逐个啃下日、伪军据点。几乎所有的敌军据点都建筑了炮楼,这在当地基本就是地标性建筑,如果进攻它,在毫无遮拦的旷野距离很远就被发现。没有炮火支援,也没有足够的炸药,因而每攻下一个炮楼都是不容易的。

位于昌平的溜石港是敌人的前沿据点,盘踞着200多日、伪军,尽管依仗坚固的炮楼,但是在平西军区副司令张学思亲自指挥部署的综合攻势下,最终还是被赶走了。

攻打门头沟的斋堂地区前,张学思认真制定作战方案,迅速拔除这个盘踞六年之久的日伪据点。

日军已经远不如当年那般猖獗,谁都看得出来,日本人的时代快结束了,平西武工队的势力范围已经直逼北平的西直门。

谢雪萍口述

到1945年,朱老总发布第二号命令下来的时候,他正打斋堂呢,斋堂是北平西面的一个地方,敌人很重要的一个点。

命令说吕正操、张学思、万毅挺进东北。

当时大家都愣了,分区的人也不知道谁叫张学思,张学思是谁啊?都闹不清楚,人在跟前都不知道。都不知道张昉就是张学思啊,他自己从来不说,别人也不知道的。

地委书记高鹏先就对大家宣布了,张学思就是张昉,要调他回东北啦。这个时候,张学思正在打斋堂,他不在家,也不知道这个命令。

新中国成立后,高鹏先担任过北京农业大学(中国农业大学)党委第一副书记,2008年去世,享年99岁。

1945年8月9日,毛泽东发表《对日寇最后一战》;8月10日,八路军朱德总司令发布第一号命令,命令要求解放区各部队大反攻,依据《波茨坦公告》,向对面日军发出通牒,限期缴械。

第二天,八路军延安总部以总司令朱德的名义,上午8点发布第二号命令,9点发布第三号命令,10点半发布第四号命令,11点发布第五号命令,12点发布第六号命令,下午6点,发布第七号命令,一日连发6道命令调兵遣将。

其中第二号命令如下：

为配合苏联红军进入中国境内作战，并准备接受日"满"敌伪军投降，我命令：

一、原东北军吕正操所部，由山西绥远现地，向察哈尔、热河进发。

二、原东北军张学诗所部，由河北、察哈尔现地，向热河、辽宁进发。

三、原东北军万毅所部，由山东、河北现地，向辽宁进发。

四、现驻河北、热河、辽宁边境之李运昌所部，即日向辽宁、吉林进发。

总司令朱德
中华民国三十四年八月十一日八时

1989年中共中央党校出版社出版的《中共中央文件选集15》，收录了这7道命令，第二号命令原件现存于中央档案馆。

相信在接到上述命令时，分布在各地基层部队的八路军各级指挥员一定都是欢欣鼓舞，在此之前，八路军的对日作战始终不占有优势，现在一夕之间转入全面大反攻，胜利就在眼前了。

一个有意思的细节是，命令中把张学思的名字写成了张学诗。

因一系列太平洋岛屿作战伤亡巨大而失去耐心的美国人，在8月6日和9日先后向日本投下了两颗原子弹。恐惧的日本人不知道美国人手里还有多少颗这样的"炸弹"。

同样是9日，苏军出动百万大军，分三路向中国东北的日军发起进攻。

10日，日本政府通过瑞典、瑞士，向美、苏、英、中转达投降之意，日本即将投降的电讯立即传开。

2008年，中央文献出版社出版了金冲及著的《周恩来传（1898—

1976）》，在第 30 章《抗战胜利和双十公告》中有这样一句话："8 月 10 日，延安总部在得知日本政府的表示以后，立刻发出第一号命令……"

延安的共产党人及时掌握住了突然发生的形势变化，变化之急已经来不及向各根据地传达、解释，必须在最快时间做出迅疾准确的反应，要迅疾到什么程度？迅疾到来不及核对命令当中一个主角的名字。

仍然是在《抗战胜利和双十公告》这篇文章中，金冲及写道："周恩来为延安总部连续起草第二号至第六号命令。"

是起草文件的周恩来写错了张学思的名字。

有一种可能是，由于到延安后的张学思公开的名字一直叫张昉，现在突然需要写他的本名，也只能凭主观感觉了。当然可以拍电报询问，然而形势紧迫，不能为这一个字往返核实了，尤其是后面还有一系列命令要发布。

七十多年过去，再读这份命令，这一个字的差异，背后隐含的紧张、急促似乎跃然纸上。

还有一种可能是笔误。

如果专门有一篇文章，探讨为何八路军第二号命令把张学思写成了张学诗？这篇文章一定会耐看。当事人都已作古，当年也不可能留下事关这个小小细节的史料。这已经成为一个不会有答案的疑问。

历史的魅力常常就在细节当中。

谢雪萍口述

"8·15"那天，已经半夜了，高鹏先到院里喊："哎哟，大家起来起来。"大家睡得糊里糊涂的，半夜呢，什么事呀，以为敌情来啦，立马起来。那都习惯了，反正有敌情立马就转移了，以为敌人围圈来了。

大家起来起来，大家起来起来，好消息好消息！什么好消息？说日本投降了！

"哇——"大家之间闹啊。

在美、苏突然重拳出击下,日本人崩盘了,对很多人来说,抗战的胜利突然就来到眼前了。此时在豫东抗日根据地,有一个叫李新的青年干部,若干年后,他写道:谁也没有想到抗战胜利来得那样的快,以至一听到胜利消息,不但感到无比的欢欣,同时也感到无比的惊奇,而且还有些忐忑不安。

李新退休前的职务是中央党史研究室副主任,2004年过世,享年86岁。

★ 第十二章

天上掉下来个张学思

估计不只平西军分区的人搞不清张学思是谁,相信彼时国共双方的大多数人,都会对这个名字感到陌生。

从军校毕业不久,张学思这个名字就从大众视野中消失了,而那个活跃在冀中抗日一线的张昉,只有极少的人知道他就是张学思。

起码对东北人来说,张学思如同从天而降。

当然,打回老家去,东北军更是一张牌。在第二号命令里,共计有四个主角,除了李运昌,都是东北军出身。

当8月11日第二号命令发布时,参加完中共七大,并被选为候补中央委员的吕正操正在延安的窑洞里学习。8月14日,吕正操从延安出发赶回绥远。

万毅是满族,辽宁大连人,早在西安事变前已经是东北军的中校团长。1937年入党,为中共特别党员,参加过"南京保卫战",后升任旅长。1942年,东北军一一一师中共特别党员、师长常恩多率部起义,随即常恩多病故,万毅奉组织命令接任师长职务,此后一一一师改编为八路军滨海支队,万毅任支队长。

在中共七大会议上,万毅也当选为候补中央委员。

毕业于黄埔四期的河北人李运昌之所以能入选四大主角,主要还是得益于他所处的地理位置:

"命令中提到的'现驻河北、辽宁边境之李运昌部',是此时共产党武装距离东北最近的一支部队。尽管对这一命令的政治和军事背景了解不多,冀热辽军区司令员兼政治委员李运昌还是率领着这个小小根据地的全部人马——一万三千名官兵以及五个地委书记和两千五百多名地方干部,分三路开始向热河、辽宁和吉林进发。这是抗战结束后向东北开进的第一支共产党武装。"[①]

---

① 《解放战争(上)》,王树增著,第37页,人民文学出版社,2009年出版。

新中国成立后,李运昌担任过司法部副部长,2008年过世,享年100岁。

谢雪萍口述

日本宣布投降以后,我们就从山里面出来,搬到大台,在北平西面,是一个煤矿,靠近北平市了。当地有座庙,我们就搬到庙里住,我抱着一个小孩儿。

张学铭从北平城里出来找过他弟弟,是通过北平地下党的刘仁那个系统出来看见学思的。学思去看他时没告诉我,回来了跟我说,二哥来看我来了,还给带了些吃的,还说将来要跟我走。我说那你就听着吧,结果我们去东北他也没跟着。

在张学良那个时代,他做过天津市长,后来出国了,回来当过参议员,那个人也是挺逗的,新中国成立后他又当的政协委员。五几年我们到了北京才见到面。

抗战胜利,共产党人曾经尝试着第一时间接收北平。此时的刘仁已经被任命为北平市委书记,从晋察冀等根据地大批抽调干部,进驻北平西郊莲花寺一带,并与日军谈判接收北平,但最终未能达成协议。随后,大批国民党军警宪特进入北平,共产党的接收计划宣告终止。

四川人刘仁先是到北平读书,后在舅舅赵世炎影响下参加学生运动,赵世炎牺牲于1927年,这一年刘仁加入中共,长期在北方从事群众运动。此时的职务是中共晋察冀分局城工部部长。

直到1948年,刘仁才再次以接收者的身份进入北平,就任市委组织部部长,后任市委副书记,1973年过世,享年65岁。

张学思自传

8月,日本投降,军区指派我在刘仁同志领导下,在莲花寺与日军代表酒井隆谈判日军投降事。

在西山并会见了几个苏军代表,给他们与张家口晋察冀军区取了联系。这时有周鲸文、张学铭去看我,我曾促周去东北,他当时因家事未能同行。张学铭则表示愿改邪归正同我走,我答应了他,但他以料理城内妻儿却溜跑了。

我并给当时在城内的张作相、吴泰勋写信拉关系,企图使他们为我军进城问题做些活动。周、张来看我及与张、吴写信,刘仁同志均知道和同意的,以后,因谈判无结果,我便奉命去东北。

日本陆军中将酒井隆,是1928年济南惨案的制造者,1934年谋划主导了《何梅协定》,1941年就任日本第二十三军司令官,下令攻占香港。1945年12月被中国政府以战犯逮捕,第二年被判死刑执行枪决。

陆军上将张作相是张作霖的把兄弟,辅佐过张学良,曾任驻吉东北边防副司令长官兼吉林省主席及东北政务委员会委员等职,其间创办吉林大学。九一八事变后辞去军职隐居天津。1948年辽沈战役期间,张作相在锦州家中处理家产时被俘,林彪亲自接见后,派专人护送张作相回到天津。

张作相次子张廷枢与张学良是东北讲武堂同学,曾任中将师长,与黄显声过从甚密,1935年东北军被派往陕西"剿共"时辞职。全面抗战爆发后,张廷枢率领百余人投奔八路军总部,被任命为八路军第一游击纵队司令员,他的搭档是后来的解放军上将周桓。后进入延安抗大学习。1940年去香港治病,后长期养病。

1949年3月,张作相在天津因脑溢血过世,享年68岁。同年7月,张廷枢也病故,时年46岁。

周鲸文是张作相的外甥,先后留学日、美、英,担任过流亡中的东北大学校长,萧红在香港时曾得过他的帮助,电影《黄金时代》中曾出现由张嘉译饰演的周鲸文形象。1956年去香港,1985年过世,享年77岁。

张学思和吴泰勋是老熟人,当年张学思为营救张学良奔走于东北军权臣故旧当中时,戴笠曾经请他吃过一顿饭,当中就有吴泰勋。

张学思自传

在分区整风期间,我虽没脱离现职,但却是第一次比较系统地做了思想检查,使我的自我认识提高了一步,使自己体会到没有一个无产阶级的立场,也就不可能有马列主义的思想、观点与方法,因此,要想做一个好的共产党员,也是不可能的。像我这样出身成分的人,如果不从思想意识去严格地改造自己,也就不可能有明确的无产阶级的立场。

这次整风,因为改编,未能给在职干部每人做一结论。但使自己有了比较明确的自我改造的方向,分区的工作环境,使我有了照顾全面的初步锻炼,开始碰了很多困难,注意到参谋工作,忘掉了管理工作;注意了前方,忘掉后方。许多工作要给具体指示,自己又拿不出办法,实在是憋得够受,但经过生钻硬碰,自己感觉工作能力还是提高了,在扩大解放区的作战中,参加了战役战斗的组织计划与准备,在前面布置了侦察,在战役第一阶段,带着一个团,打了据点,与在桃花川活动,获得了一些具体的作战指挥上的知识。

在华北敌后约有五年,在工作上自己没显著的成绩,也没出什么大乱子,在军区时初期是边学习边工作,上有参谋长,下有科长,事情做多做少,出不了大问题,同志们对我关照多,自己爱面子,怕把事情做坏了,所以工作中的主动性是不够的,以后工作逐渐熟悉了,这种情况也有了改变。

在分区时,因工作环境不同,自己工作也就积极主动了,基本上是完成了本职任务,经受了紧张环境的锻炼和考验,在关系上没有闹不团结的问题。

在向东北出发的前一天，因要两个干部与高鹏先同志（分区地委书记兼政委）在电话上吵了一架，这是我小资产阶级冲动性的结果，但我过去对他并无丝毫恶感，关系也是正常的。

9月中旬，我带一个连，由平西出发到古北口，与吕东同志两人坐苏军军用车，于10月中旬先到了沈阳。

延安总部第二号命令是8月11日下发的，9月5日，李运昌部下属的十六军分区司令曾克林率冀东十二团乘火车到达了沈阳。这也是"九一八"后，沈阳人14年来见到的第一支中国军队，沈阳站前广场的欢迎人群站得人山人海，整个沈阳城都沸腾了。

罗文就走在曾克林的队伍行列里。东干队副队长罗文到达冀中后，在司令部队训科从参谋做起，"五一反扫荡"期间以作战科副科长职位代理科长，1943年，调任李运昌的冀热辽军区，此时他的职务是冀东十二团副参谋长。

当初东干队从延安出发那天是1940年9月14日，口号是打回老家去，整整五年后，罗文在东干队队员里率先实现了愿望。

"欢腾的人们跟着我们一道前进，一位老太太扯着我的衣服，嘴哆嗦着说不出话来，我也激动得流出眼泪。"①

在二号命令的四位主角当中，李运昌部第一个到达，不仅仅是因为他的地理位置更近，而是另外三部并没有出发。原因是二号命令发布当天，相关人员又收到了一个后续命令：

"1945年8月11日，党中央电告晋绥、晋察冀、山东等地党组织：'本日延安广播总部命令第二号系为对外宣传、抢先取得国内外公开地位而发。除

---

① 《从留学生到将军——罗文回忆录》，罗文著，第71页，未出版。

李运昌部队外,并非要吕(正操)、张(学思)、万(毅)等马上开往东四省。'"①

一直延迟到9月10日,万毅才奉命组建"东北挺进纵队",于当月出发进军东北。这支部队到达东北后,经历多次整编,先后被编为民主联军一纵,四野三十八军。

万毅于1955年被授予中将军衔,新中国成立后担任过陕西省林业厅副厅长。1997年过世,享年90岁。

万毅率领"东北挺进纵队"出发时,后来的开国少将王振乾,正在这个纵队里做政治部主任。当初张学思就读北平汇文中学时,就是在王振乾影响下,去学校义务主办的民众小学当教员,晚年王振乾撰文回忆过他和张学思这段时间的交往。西安事变后,王振乾化名进入东北军五十七军,为五十七军工委负责人。五十七军的———师起义后,原师长常恩多病故,王振乾奉命和万毅一起被派往该部,配合万毅工作。王振乾2005年过世,享年91岁。

对东北局势的不明朗和复杂性,延安的共产党人还需要进一步观察,先期率部到达沈阳的曾克林令人惊讶而漂亮地一举解决问题。

曾克林在1929年就参加了红军,担任过红军团参谋长。1937年延安发生"黄克功事件",黄克功被枪决后,他的陕北公学一队队长职务就是由曾克林接任的。

然而曾克林此前的全部军旅生涯,似乎都在为接近东北而准备,他人生中最为耀眼、也最为传奇的一笔就在此时发生了。

率先到达沈阳的曾克林不知道应如何在苏军控制下的东北开展工作,苏军奉命是与国民政府打交道,面对这支执行延安命令进入沈阳的共产党队伍也手足无措。最后曾克林建议,去延安汇报。苏军立即同意,决定派出一架飞机直飞延安,并派出一名上校,作为苏军驻长春的最高司令官马利诺夫斯基元帅

---

① 《曾克林将军自述》,曾克林著,第107页,辽宁人民出版社,1997年出版。

的代表一同前去。

9月15日,曾克林乘坐的苏军专机降落在延安。杨尚昆、伍修权到机场迎接。

毛泽东和周恩来正在重庆谈判,曾克林向刘少奇、朱德、彭德怀等一批中央领导进行了详细的汇报。

延安的领导人从苏军代表那里及时获悉了东北苏军此时的对华政策和计划,又从曾克林的汇报里,掌握了东北的真实状况:一处广袤富饶的土地,正处于权力真空状态。曾克林从出发时的一千多人,到东北10天就发展到两万人。

中央政治局彻夜开会,"会议决定:抽调四分之一以上的中央委员和候补委员,分别率领两万干部和十万部队开赴东北。同时,派遣彭真、陈云、伍修权、叶季壮以及报务员段子俊和译电员莫春和,立即跟苏军飞机飞赴东北,在沈阳成立中共中央东北局,负责党在东北的一切工作。"①

这一番手笔,远非一个月前的二号命令可以相比。

抢占东北,曾克林立下了首功,三个多月后,当挺进东北的各路部队大合编时,曾克林被任命为东北民主联军辽东军区副司令,辽东军区下辖第三、第四两个纵队和三个省军区。1955年被授予空军少将,新中国成立后曾任海军航空兵司令员。2007年过世,享年94岁。

急如星火,接到进发东北命令的各个部队全部星夜兼程。

延安汇报的第二天,彭真、陈云就和曾克林坐上苏军飞机飞赴东北。

正在前往山东上任的林彪接到最新命令,改道前往东北,就任东北人民自治军司令员。

罗荣桓率五万主力从山东出发。

黄克诚率三万余人从苏北出发。

---

① 《解放战争(上)》,王树增著,第42页,人民文学出版社,2009年出版。

曾克林老人在回忆录中写道："中央强调指出：'向东北冀东进兵和运送，迟延一天就有一天的损失。'在党中央的号令下，十万部队及两万干部克服重重困难，陆续开进东北。"①

10月中旬，中央电令吕正操前往东北。吕正操随即和马仁兴率一个团先行出发赶往沈阳。马仁兴是冀中时期的骑兵团长，"五一反扫荡"时，骑兵团遭到反复合围，政委汪乃荣、政治处主任杨经国、他的儿子马乘风先后牺牲，多年以后作家孙犁还写了一篇叫《小胜儿》的小说纪念骑兵团的政治处主任杨经国。

到东北后，国共双方围绕四平先后发生四次激战，1947年6月，双方三战四平，陈明仁率领七十一军防守，七十一军为抗战时期的远征军，美式装备，实力强悍。马仁兴时为西满纵队独立一师师长，就在这一战中牺牲。

谢雪萍口述

第二号命令下来以后，他并没有认为一定要他真走，开始以为就是一个说法，后来延安专门来电话，他才知道真要回东北。

那时，他是在潭柘寺和刘仁他们做北平的工作呢，忽然间一天回来了，立马就要走，去沈阳，很急，那很简单，说走就走呗。

命令是要你带部队到东北的，这时日本人尽管投降了，但并没有放下武器，也不向八路军投降，日军拒绝缴枪给八路军，都是缴枪给国民党。他还守着呢，实际上还到处打着呢。

怎么走呢？不带人也不行啊，张学思要带人走，高鹏先不干，电话里吵了一架。最后研究决定，他带一个警卫连走。张学思部，那都是对外宣传的，实际上没有多少兵力。

---

① 《曾克林将军自述》，曾克林著，第142页，辽宁人民出版社，1997年出版。

我骑着马带着小孩跟着，从大台出发到古北口，一路都是步行，敌人的据点照样存在，过铁路、过封锁线还照样是危险的。过了几个据点都是悄悄地过的，我们绕着走，躲开他的视线，我们人少。

古北口在河北的边上，到那去就可以坐上火车了。没火车你到不了东北，没交通工具，走路得走多长时间才能走到。

走了好几天。到古北口就停下了，没有车。

车都是当时苏联红军的军车，不搭我们。张学思就到车站和苏军去商量，再怎么商量，也只许两个人上车。他带着部队，还有我和孩子，这怎么办？他就只带着吕东走了，连警卫员都没带。吕东也是当时的一个高级干部，做地方工作的，是吕正操的弟弟。

他俩先坐着苏军的车走了，我们这些人就停在古北口。

中央还有一批人坐着飞机从延安出来的，那一段时间很紧张，你要把东北这一大块地收回来，当地没有人，怎么办？就得从外面来。从延安过来的人比这还慢，所以他们就先走了，东北那边不是急着需要人嘛。

吕东曾先后在东北大学、北京大学学习，1937年参加八路军，做过晋察冀边区银行监督。新中国成立后，担任过国家经委主任，是冶金工业的奠基人之一，2002年过世，享年87岁。

吕东过世3年后，2005年7月，退休两年的国务院总理朱镕基专门在《人民日报》发表了题为《纪念吕东同志诞辰九十周年》的文章："我第一次见到吕东同志，是1951年7月，在东北人民政府欢迎关内大学应届毕业生参加东北经济建设的大会上。吕东同志作为东北工业部第一副部长，在大会上致欢迎辞。我作为学生代表，也在会上发了言。"

张学思自传

我于10月12日到了沈阳，当时毛主席尚在重庆，国内和战未定，东北处在混乱的局面。

蒋介石、国民党要想独占东北，苏联红军根据当时国际环境，又不能不照顾到在东北执行中苏条约的形势，因此，我党是在苏军暗中大力帮助之下，利用一切可能的条件和各种形式，与蒋介石、国民党的大地主、大资产阶级进行着实质的针锋相对的斗争。

我是在这种情况与党的需要之下，由苏军以军事管制时期名义，指派我做了辽宁省主席，去接收了伪奉天省公署。以后成立军区我兼司令员，参加了辽宁省工委，我做了一些群众活动，也见了一些社会关系，曾把他们集合起来作过报告，以蒋介石扣了张学良不抗日去引导他们反蒋，拥护我党我军。

29岁的张学思回到老家了，这条回家的路，从1931年开始，走了14年整。

到达沈阳，张学思当即向东北局报到，时任东北局书记彭真和组织部长林枫分别跟他谈话，要他以张学良四弟的身份开展工作，接收伪政权。林枫最后建议他，可以考虑回到大帅府居住。

大帅府，经过张家父子两代，已经成为东北政权的标志性符号。九一八事变后，关东军司令部也是设置在大帅府内，东北局到达沈阳后，也曾短暂使用过。

这是一个既解决现实生活又隐隐彰显新主人身份的建议。

★林枫　辽沈战役纪念馆供图

但是张学思明确拒绝了。他当年离开沈阳前往天津时发过誓，永远不回大帅府，现在回去住，一家人已经四分五散，只能徒增伤感，如今的大帅府应该归人民所有，自己没有资格做它的主人。

林枫尊重了张学思的想法。

林枫是黑龙江人，1927年经范文澜介绍入党，刘少奇担任北方局书记时，林枫做过刘少奇秘书。抗战胜利随部队疾进东北后任东北局组织部部长，东北解放后当选东北人民政府副主席。新中国成立后担任过中共中央党校校长。1977年过世，享年71岁。

谢雪萍口述

我不记得在古北口待了多长时间了，后来有一列苏军装马的闷罐子车。我们这些人就上了车，和马住到一块去了，一直到沈阳，臭烘烘的。这个车不像火车那样能够搭一把上去，老高了，得爬上去。我个子矮，上车非常困难。那也没办法，只能这样。

等我到沈阳的时候，大概是1945年11月左右了。

一到沈阳火车站，哎哟，全是人，都是各地来的干部，我们也都不认识，而且穿的跟我们也不一样。后来我一看见张学思，哎哟，特别逗，穿着西装，戴着礼帽，根本就不认识了。我说怎么一回事，怎么是这样的。

他一到沈阳就接任辽宁省主席的职务了，工作就非常忙，成天不在家，跟我也不照面，一天也说不了几句话，也不知道他干吗，我也不问。

我那时候带老大，他干他的事我就天天管孩子，别的什么事都不管。都是东北局那些人来跟他谈话，我哪插得上嘴啊，我也不该问这个。张学思这个人很检点，不做那些特殊的事，非常自律。

陈云上我们家去过好几次，当时我带着孩子在楼上，不下来。

我知道他来，在客厅里说说，具体谈啥不知道，我跟他没说过话。

住在一处小洋楼，原来是一个挺有名的伪满大官的，他家里的那些东西一点都没动，整个原封不动，像人立马走了一样，抽屉里的书、画册、衣服都没动，我一进去一看这架势，就知道，他们逃跑的时候，也挺仓促的，说走就走了，也没办法说收拾收拾，可能就是最紧要的东西拿走了，别的东西都无所谓了。那我们也不动他的东西。

东北大城市的繁华我也感受不到，一天到晚在家带孩子，也不出去。出去也不认识哪是哪。那时候苏军占领沈阳，我们老头也经常跟苏军有交往。

苏军纪律不好，喝酒啊，找女人啊，以胜利者的姿态出现。我听说过，但也不是个个都是那样。

这时候条件是改善了，吃的是好了点，好在我们过苦日子都过惯了。东北话有东北的口音，开始也是听不懂。

为抢占东北，国民党方面也打出了一张牌，曾经参加汪伪政权的张学铭未受到追究，出任东北长官部参议室中将主任。这是一个虚职，以至于有人称他为"总餐宜"。

同一个天空下，两兄弟分属不同阵营。但是比较起来，张学思就任的是辽宁省主席职务，号召力和影响力远非总参议可比。

那个在南京和张学思有过一次接谈的解沛然，后来在延安被毛泽东改名叫解方的东北人也回到沈阳了，解方是吉林人，曾经在沈阳读过中学：

"我与学思同志阔别八年之后，又于沈阳相会了。他当时担任辽宁省主席兼辽宁军区司令员，我被派到东北民主联军总部任副参谋长……党中央从关内各解放区抽调十余万干部和部队进入东北，大部分经过沈阳分配到各地。因有苏联红军驻守,故与其统帅机关和部队有外交来往。在辽宁省沈阳市开辟了建党、建政、建军的大量工作,还要对各阶层中的爱国人士进行爱国民主统战工作,等等。初到一两个月,真是千头万绪。东北局和民主联军总部有很多工作,先在辽宁省沈阳市实行,然后逐渐及于整个东北地区。学思同志在这种复杂情况下,承担了繁重的建军、建政、外交、统战等任务。他的组织观念很强,坚决执行东北局的决定和指示,坚决执行总部的命令。对过往的兄弟部队和干部队伍,他非常热情十分关注,照顾大局、克己厚人。"①

谢雪萍口述

到沈阳了,我也没去帅府,一直没去。什么时候去的呢?帅府都变成图书馆了,那是多少年之后的事了。

当时张学思去了,他回来跟我说,跟原来的印象不是一回事了。一看,怎么跟他小时候看的全不一样了,原来感觉房子挺大的,现在一看破破烂烂的,也挺小的,不是原来那个概念了。他跟我说过这个。

在沈阳的时候,也有过去帅府的老家人找上来,都是找张学思,不找我,我也不认识。原来厨房里的一个厨工,是个老人儿,叫车陛,非要找上来给我们帮忙。我们那时候也困难,带着孩子也没有人帮忙,就把他留下来了煮饭。

过去的事他经常说,当时我也没往心里去,按他讲,说我们老太太这个人很正,大家反映比较好,他在那帮工的时候很小,说大帅府的厨房好大啊。

他有个儿子,后来国民党从沈阳撤退的时候,也跟着飞走了。他自己没说,别人说的,他也不吭气,我们也不说这事,大家谁也

---

① 《解方将军(上)》,解方著,第44、45页,军事科学出版社,1997年出版,内部发行。

不说。

他很会炖酸菜,跟了我们好几年,从南到北,都跟着,我们到北京以后,他就回沈阳了。老太太后来从美国回来也住在北京,但是不愿意见他,老太太对帅府里的人都很反感。

没几天,国民党打来了,一进攻沈阳,苏军就要我们撤出去,要他们进来。我11月份进沈阳,12月份又撤出沈阳了,撤到本溪去了。

这时候正是东北的冬天,很冷,风吹的时候像刀拉一样,疼得不得了,我才知道东北这么冷。经过了延安这一段的锻炼,什么苦也都能吃,我已经没有自己是南方人的感觉了,也没有这个概念了。

在本溪,省政府驻在大学校里,在一个山坡上,前面是市政府,后面一个山,山上有好多小楼,都是日本人修的,省里、市里领导都住在那里,有的是一户一个楼,有的是两户一个楼,睡榻榻米,开始都不会睡,不知道怎么回事。在本溪住了大概大半年。

八路军源源不断地进入东北,10月下旬,吕正操领着两个团到沈阳,马上就扩编成了两个旅,随即西去创建西满根据地,就任西满军区司令员。

但是国民党军队也大批地出关了,根据《雅尔塔协定》,苏军需要向中国政府移交所占领的城市,由于苏联政府此时承认的中国合法政府是中华民国政府,所以苏军只能向已经开赴到东北的国民党军队移交。

张学思自传

11月下旬,我们撤出沈阳,省工委书记陶铸同志和朱其文同志带工委、省府、军区一部去辽西,副书记白坚同志和我带一部到本溪,成立省分委。

1月,召开了人民代表会,成立了辽宁省政府。

★ 1947年6月，晋察冀军区炮兵旅成立，32岁的高存信任旅长　高劲松供图

3月间，在肖华同志领导下，我和莫文骅同志与军调处三人小组谈判，我向他介绍了辽宁省民选政府的情形和群众代表的要求，并与美帝代表拍了照片，其中一张是在美帝代表要求之下特摆的形式：我指着一张图纸（未表示我方任何东西），表示我们要求的停战线，旁边站着肖华同志，徐光达同志（该小组我方代表）及美帝与国民党代表。在东北局指示下，曾利用过旧关系郑荣庭到沈阳探听敌情。

白坚是1928年入党的党员，陕西人，长期从事政治工作，新中国成立后曾任第一机械工业部副部长，1968年过世，时年57岁。

3月初，张学思专程从本溪去了一趟抚顺，因为高崇民刚刚回到东北，在抚顺休息几天后即将上任安东省主席，高崇民一见到张学思万分高兴：

特别是崇民得知学思和存信一起在敌后，很想知道儿子的情况。自从存信去冀中敌后，已多年无消息。这次学思把存信的情况详细地告诉给他。讲述了他们在冀中平原上与日寇进行的极其残酷的斗争。存信很健康，现已调到晋察冀搞炮兵工作，不能回东北来。得知存信的近况，知其平安健在，心中有说不出的高兴。

另外一个使他高兴的地方，是他发觉学思和他在武汉相遇时大不相同了，马列主义水平提高了，分析问题也辩证得多了，谈问题无论从深度或广度方面，与过去都大不一样，水平高多了。

学思给他介绍东北的现状。国共双方的"双十协定""停战协定"早都签了字,但蒋军源源开进东北。根据雅尔塔会议协定,苏军要把东北交给国民党政府,已经对我们下了逐客令。我们根据毛主席的指示:"让开大路,占领两厢。"所以,我们辽宁省军区、省政府都搬至本溪。当时学思任辽宁省党委常委、省政府主席、省军区司令员。学思接着说:"现在东北局势处于战和未定的状态,这实际上是战前准备阶段,内战是不可避免的。"

★ 1946年1月,辽东军区在本溪成立,后转移至安东(今丹东),转移途中经过凤城县(今凤城市)凤凰山(罗文摄) 罗亚军供图

学思说:"蒋介石搞反革命的两手政策,表面上声称要停战,'中国国民代表大会'也在酝酿召开,实际上这是和平欺骗。我们党只能是针锋相对,寸土必争,以谈对谈,以打对打,从坏处作准备,不对和平抱幻想。"崇民对学思的分析十分敬佩。①

和张学思、刘澜波等多位老朋友见过面后,让高崇民产生了极为强烈的震撼,他在1958年写的《自传》中,对于这次会见有一段深刻的回忆:"余以前自命不凡,总觉得有两下子,尤其是在蒋管区时自以为是很进步的。迨余到抚顺会见邹大鹏及刘澜波、张学思(两人当时由安东和本溪到抚顺看余)等同志,叙谈后,立即感觉他们有很大进步,比以前我们在一起时大不相同,而余却是落后了。乃大悟,从前在反动境中,余当然可以说是进步的。今到解放区的环境里,一切都是新的东西,余之成为落后,也是自然的。于是乃抱定从头学起、从头做起的决心。"

张学思自传

4月,蒋介石破坏停战协定,向沈南进攻,辽南地区与安东合并,辽宁机关调到北满。我与白坚同志5月到长春,东北局重新分配了我们的工作,我去筹备东北人民代表会议。因长春撤退,6月,到哈尔滨,辽北与通化合并组成辽宁,我仍任原职,白坚同志担任书记,兼军区政委。他先去通化,东北局决定我留哈,继续筹备代表会议。7月,因哈市危机,去到绥化,月底又返回,中央决定改代表会议为东北各省联席会议,并修改确定了东北共同实施纲领。8月,召开了会议,成立了东北行政委员会,我担任副主席。

1946年4—5月,林彪集中东北民主联军8万余人,与国民党军血战于四

① 《高崇民传》,丘琴、白竟凡、高凌主编,第216、217页,人民日报出版社,1991年出版。

★东北民主联军坚守四平　辽沈战役纪念馆供图

平,这是双方二战四平。国民党军东北保安司令长官杜聿明分两路攻占本溪后,调集王牌主力部队新六军北上增援,于5月14日攻占四平,随即进占长春,5月底,占领松花江以南一线。

共产党人在东北的境况一时陷入危局。

"1946年5月,东北局决定,将辽北省中长路以东的地区,与辽宁省在中长路以东的地区,合并组成新的辽宁省。我和刘汗(应为汉,作者注)生、杜者蘅同志与白坚、张学思、刘惠农同志各自带领辽宁、辽北省党、政、军机关人员到梅河口会合,并与王铮等同志领导的通化地区合并,组成新的辽宁省党、政、军领导班子。我与学思同志在一个军区共事一年多。"[1]

---

[1] 《解方将军(上)》,解方著,第45、46页,军事科学出版社,1997年出版,内部发行。

谢雪萍口述

1946年，要开东北各省联席会议，要把辽宁撤了，整个辽宁省机关的人都要撤到哈尔滨去，去做召开会议的准备工作。火车经过梅河口，是去北满的哈尔滨召开各省联席会议，成立东北人民政府，我们自己第一个公开的政权。

因为我们整个辽宁省机关的人要调到哈尔滨去，所以都坐在一列火车上。张学思坐的日本吉普，也放在火车的平板上。我和我们家老张、司机还有小孩，都坐在火车上的吉普车里。

火车到了梅河口，大伙都下去走一走，张学思也下去了。这个时候，飞机来了，噼里啪啦一炸。本来司机在前面座位上睡觉，我抱着孩子坐在后边座位上。这一炸，司机跳下车就跑掉了。

炸得很厉害，我也下不来。等炸得差不多了，我才往下下车，先下吉普，再下火车，火车距离地面很高，只能跳下去，把孩子慢慢挪下来，就是一点点儿揪他下来。下来抱着孩子出来一找，茫茫人海，找不着人了，那就很惨。这是我回到东北遇到的第一件事。

后来才知道，我们老张干吗去啦。炸弹乒乒乓乓地炸呢，他想把我们那列火车开出去，他去琢磨那事去了。

都到晚上了，我才找到了他们的人，那时候还在炸呢。梅河口是交通枢纽，有很多军用火车，炸弹下来了就连锁反应，噼里啪啦地炸了好几天，实际是军火库在炸。

飞机轰炸时，高崇民和张学思都在同一列火车上，张学思在奔向火车头打算把火车开出火车站时，却把自己的警卫员派出去负责保护高老，事后高崇民非常感动。

轰炸过后，整个梅河口火车站被夷为平地，这座火车站，是张学思的父亲，大帅张作霖亲手设计的。

当年由于南满铁路和中东铁路分别被日俄把控，奉军运输能力受制于人，张作霖决定自己筹建奉海铁路，这条从沈阳通到龙海（梅河口）的铁路，是东北第一条由中国人建设的铁路。梅河口火车站竣工于1927年，正面的四根巨大的石柱在整个建筑中最令人瞩目。

1947年梅河口二次解放后，依据当年的图纸进行重建，1949年竣工。是目前中国保存完好的古董老火车站之一。

谢雪萍口述

不知道部队为啥要撤退到哈尔滨，四平、长春都打败了，知道打得很惨，人心也没惶惶。我是知道的，连我也没惶惶。一般人以为我们身临其境，什么都知道，但是实际上像我们这号人，什么也不知道。

局势稳定下来以后，东北就开各省联席会议，选东北人民政府，把张学思选为副主席，高崇民、林枫都是副主席。

那时候高岗当政，先把他调到长春，以后又调到哈尔滨，这是1946年的事。

在哈尔滨的时候，夏天好像没有多少晚上似的，整天都是太阳，晚上的时间很少。冬天好像没有多少白天似的，就这么个感觉，一下子太阳就没有了，感觉很明显。

在哈尔滨住在南岗，秋林公司附近。在哈尔滨，印象里没有飞机轰炸，没有乱炸城市。

晚上有时候看到北极光，很漂亮，特漂亮，所以我还挺想哈尔滨那个地方的。

没事我就去哈尔滨俄语学校学习，那时候有点条件可以找个保姆了，我没事了，我就想起来去学习，就在那碰到了蒋玉英，刘亚楼的老婆，是苏联人，白俄，她在哈尔滨长大，会说汉语。我没有见过刘亚楼。

有一段时间，阎宝航和高崇民他们都集中到了哈尔滨，跟我们一天三顿饭都在一起。阎宝航是个挺好的人，大高个子，后来到外交部了，就很少见面了，"文革"时死了。

在重庆的时候，他家里叫作阎家大院。夫人姓高，我们叫她高大嫂。

在哈尔滨时，中央让东北组织部接收高崇民入党，党组织决定让张学思做入党介绍人。当初四平失守，从长春撤退时，我们想走捷径，就和高崇民乘坐同一辆吉普车，车上有张学思和警卫员还有几个人，我抱着孩子，人太多了挤得不行，是从长春撤退去吉林，高崇民长得很年轻，看上去也就40多岁吧。

有关高崇民入党的信息，《高崇民传》中也做了相关记录：

1946年崇民到哈尔滨再次提出入党申请，要求组织上审查。这是他多年的夙愿。1938年，他去延安时，曾直接向毛泽东和周恩来提出过入党要求，只是考虑他"在国民党统治区搞统战工作，是否不入党更便于工作"，才没有履行手续。这次提出后，东北局党委确定张学思为崇民的入党介绍人。在紧张繁忙的工作中，学思经常于晚间到崇民家，两人较系统地学习共产党的性质、纲领、任务和奋斗目标，使崇民更加坚定地树立了为共产主义事业奋斗的人生观。东北局很快批准高崇民入党，党龄从1946年7月算起。①

入党后的高崇民并未公开党员身份，直到1979年在其平反昭雪大会上，经中央批准，才由宋任穷宣布了他的党籍。

在哈尔滨的这一时期，张学思和高崇民的往来频繁而密切，在《高崇民传》中，专门写了一节《和张学思相处的日子》，介绍两人之间的工作和交往，其

---

① 《高崇民传》，丘琴、白竟凡、高凌主编，第219、220页，人民日报出版社，1991年出版。

中特别记录了一次座谈会上张学思的发言:

6月中旬的一天上午,崇民与张学思、陈先舟、车向忱等东北知名人士,参加了在哈尔滨工商会礼堂举行的各界人士联欢座谈会,大家知道张学良弟弟张学思来参加会,一位群众代表提议,请张学思司令员讲讲时局问题和张学良与东北军的情况。张学思应群众之请求,做了一次长篇讲话,他悲愤地叙述了他大哥与东北军的不幸遭遇,号召大家为争取和平民主奋斗到底。

他说:"我14年没有回家,今天跟同乡们见面感到很高兴。东北人民苦斗了14年,全国人民打了8年,终于把侵略我们的小日本赶走了,我们应该动手建设自由独立的新中国。但是,蒋介石要实行独裁,在东北发动了内战,我们一定要冲破千难万险,铺平和平民主的道路。"他接着说:"对于家兄,我认为他一生做了两件大事:一是1928年东北易帜,结束了军阀混战;二是发动西安事变,扭转了内战狂澜,促成了举国一致的抗战局面。他对于祖国的统一立了大功,他的功绩将永载史册。家兄虽遭长期监禁,但他在政治上是胜利者,历史自有公论。前些天,有人告诉我,周恩来同志在重庆政协会上,仗义执言,要求释放张学良和杨虎城二位将军,我深受感动。如家兄知道此事,一定为他得到这样一位良师益友而感到由衷的高兴和安慰,作为他的弟弟和原部下,我多么盼望他荣归故里,与亲人团聚;假如家兄归来,他一定会全力支持我们反对内战、争取和平民主的正义事业!"

群众对学思的讲话报以长时间的热烈掌声。崇民心中特别高兴,觉得学思讲话特别得体,切中要害,简单扼要。[①]

不久,在东北各省代表联席会议上,张学思和高崇民都被选为东北行政委员会副主席,选举林枫为主席。东北行政委员会为东北解放区最高行政领导机构,这一天是1946年的8月7日。

---

① 《高崇民传》,丘琴、白竞凡、高凌主编,第218、219页,人民日报出版社,1991年出版。

张学思自传

　　这时中央发出了全解放区动员起来，粉碎蒋介石进攻的号召，中国人民的解放战争已开始，我要求回南满去坚持工作，经东北局同意于9月间带一个营及省府人员经东满及长白森林区，于10月到达通化，组成省府军区。东北局决定成立辽宁省委，我参加了常委。

　　11月，撤出通化到临江，情况日趋紧张，准备进山打游击。12月，陈云、萧劲光同志到临江成立辽东分局，我又兼任东北行政委员会辽东办事处主席，我曾要求去主力部队工作未获批准。

　　战事发展到1946冬，东北共产党人的前景似乎更加困难，已经丢掉了大部分解放区。东北保安司令杜聿明再度集中兵力进攻南满，企图歼灭民主联军在南满的两个纵队后，再挥师北上。因而张学思记录说，撤出通化到临江，情况日趋紧张。

　　四保临江的亲历者，时任四纵政委的彭嘉庆后来撰文回忆："整个南满解放区的形势正在进一步恶化。我们只剩下长白山麓的临江、濛江、长白、抚松等四个县，其余地区全部沦陷。在这个荒凉狭小的地区里，长白山和两条大通沟占据了大部分土地，交通落后，人烟稀少，整个地区只有二十多万人。在此隆冬季节，中共中央南满分局、辽东军区、辽宁省委机关和安东省委机关一部分，以及三纵、四纵主力部队，都聚集在这小块山沟角落里，粮食供应困难，装备不足，兵员无着，一切人员的衣食住藏都成了大问题。加之敌四个师兵力正向这个地区猛扑过来，情况日益危急。面对这种险恶的局面，上上下下的心情都很焦急，议论纷纷，不知何去何从才是万全之策。"①

　　彭嘉庆，江西人，开国中将，新中国成立后任职过广州军区副政委，

---

①《艰难时期的正确决策——记陈云同志主持的"七道江会议"前后》，《中共党史资料》第一辑（创刊号），中共中央党校出版社，1982年出版，内部发行。

1993年过世，享年84岁。

谢雪萍口述

这期间，有一个争论不休的问题，我是没有资格参与的。就是放弃南满还是坚持南满，当时争得很厉害，这一帮人就要放弃南满，这一帮人就要坚持南满。张学思是坚持南满的，放弃南满就等于后方没有了。那一帮人就是要保持主力，要撤出南满。

南满时期，是萧劲光主持工作，我们住本溪，他不住在本溪。

到底是坚持南满还是坚持北满，意见分歧很大。陈云当时是东北局的领导，他来了以后，开党委会，一锤定音。

后来为了这个事，争论的也挺深的，直到现在很多人还在说这个事。肖华当时也在，他的夫人后来写的东西里面，就专门有一个怎么看这次争论的问题，好像他的儿子写的一篇文章，《我的母亲王新兰》。我看过。好多人写这段历史。

我没有参与这事，张学思是站在坚持南满这一边的。辽宁的领导班子意见一致坚持。主要就是张学思和白坚，一个省长一个书记。

王新兰，11岁跟随红四方面军长征，叔叔王维舟时任红三十三军军长。王新兰1955年被授予上校军衔，中国文联出版社于2004年出版肖云创作的《我的母亲——长征中最小的女红军》。

部队已经开始在做撤往北满的准备："两个纵队都已派出部队，到长白山砍林伐木、开辟道路，作撤离南满的准备。白坚同志、学思同志还亲临军区前方指挥所，与我和刘惠农开会，分析敌我形势，一致认为：南满不但能够坚持，而且从东北地区斗争全局着眼，也必须坚持南满。当时决定，如果主力撤走，我们辽宁省也一定在辽东分局、辽东军区领导下，与兄弟省区坚决坚持南

★ 1947年4月至5月，东北民主联军第三纵队胜利结束四保临江战役之后，在吉林柳河地区休整召开祝捷庆功大会，司令员曾克林（后排左2）、副参谋长罗文（后排左4）等纵队领导与战斗英雄合影。辽东军区政治部主任莫文骅（后排左1）到会祝贺。"吃菜要吃白菜心，打仗要打新六军"的口号就是这次祝捷会上提出的　罗亚军供图

满斗争。"①

时任四纵政治部直工科长的姜克老人回忆说：

南满处于"黑云压城城欲摧"之境，当时曾有两种意见：一种意见是主张放弃南满到北满去，另一种意见，是坚持南满斗争，前东北军少帅张学良之弟张学思同志奉命到东北任东北行政委员会辽东办事处主任，他坚决支持后一种意见。

---

① 《解方将军（上）》，解方著，第44、45页，军事科学出版社，1997年出版，内部发行。

在临江，由陈云同志主持召开的辽东分局会议上，张学思阐述自己的意见："南满地位相当重要，南满我军五个师要是撤向北满，敌人在南满就无后顾之忧，就会有十个师跟进北满，就算我三纵队和四纵队主力部队都到北满，顶多能对付敌人一个军，但是留在南满就可牵制敌人四个军。"又说："从整个东北战场来看，南满和北满相当两个拳头，蒋介石的反革命战略方针的险恶目的，就是先消灭我们一个拳头，然后再集中优势兵力扑向北满，消灭我另一个拳头，因此，

★ 1947年于吉林省临江（图中幼儿为张仲群） 张仲群供图

我们应该坚持南满根据地，牵制蒋军主力，粉碎蒋介石'先南后北'的战略方针"，并申述长白山区的有利条件，依靠广大指战员和南满广大人民群众，以长白山为依托，与敌回旋于长白山区，林海雪原之中，在运动战中消灭敌人有生力量，我们一定能够取得坚持南满斗争的胜利（据《人民海军》报1985年6月6日载）。陈云同志极同意这种意见，在七道江会议上决定："都留在南满，一个人也不走，要在长白山上打红旗，摇旗呐喊！"[①]

新中国成立后，姜克担任过海军后勤部设计研究局政委，1965年晋升海军大校军衔。1999年过世，享年86岁。

1947年两边打更厉害了。

---

① 《姜克回忆录》，姜克著，第69页，未出版。

谢雪萍口述

　　四保临江时期，我又怀上了一个小孩儿，没办法就过了朝鲜。我这个老二小名叫巧巧，是在朝鲜生的，1月份生的。我们住在新义州的中江镇那个地方，一大批人都去了，伤病员、妇女孩子什么的，都撤到朝鲜去了，待了很长一段时间。

　　我在朝鲜待了半年多，冬天去的。去的时候从这边到江那边，要过一座铁桥，苏军的士兵把守着，你得给送酒，不给酒就不让你过去，他们都喝酒，还是白酒，都是喝烈性酒，带颜色的酒他还不要。

　　金日成抗战时在东北活动过，所以跟抗联的关系很密切，原来抗联的冯仲云，他的家人就跟金日成家人关系很密切，现在还有来往，关系比较好。

冯仲云，清华大学数学系学生，1927年入党，东北抗联第三路军政委。新中国成立后担任过北京图书馆馆长、水利电力部副部长等职务。1968年过世，时年60岁。

谢雪萍口述

　　当时我们住在老乡家，就一个锅，煮饭也是它，煮衣服也是它，一个铜锅。吃饭呢，就是米饭，咸菜，没有别的。好的人家腌咸菜，里面还有鸡肉鱼肉，什么肉都有，都腌到咸菜里面去，味特别好。如果是比较困难的户，就是辣椒和白菜。他们吃饭就一道菜，没别的菜，就一个锅。他们很爱干净，都穿着白衣服，那衣服经常要煮的，挺逗。我也是第一次见到。

　　我印象里就只有一位老太太。

　　怪了，他们的衣服洗完了还浆，浆完了，还捶，弄得整整齐齐的，不像我们，洗衣服弄一大堆，揉吧揉吧，叠吧叠吧。浆的时候用米汤，那个衣服比较硬硬的,穿起来平平的。人家是这个习惯,现在怎么样不知道了,那时候看了觉得挺逗,而且都穿着长裙子。

我们整个单位到那去,是统一的,要不要给钱我不知道,有人管的,给东西给钱我都不知道,其实也应该知道,但是我这个人不爱打听,像有些人江枫啊,石侠啊,我们一块去的,都知道。江枫新中国成立后做过北京戏曲专科学校的副校长,石侠是白坚的夫人,白坚当了两年的书记。基本上机关的家属都去了,一个机关里面有几十人,有病的,带小孩的,就都过来了,这些人都住在中江镇上,我带着两个孩子,那段日子就是这么过的。

四保临江时期,情况紧急了,撤退到朝鲜,像我们这号人,就过江去了,过江就是朝鲜,国民党打不过去。

困难的时候,谈不上害怕,没想失败的事,不想那些事,反正很有信心的,肯定能成。所以个个在那都挺高兴的,每天抱着孩子玩,没有那些愁眉苦脸的,战争把我们都练出来了,遇到什么情况就是什么情况,不会说有害怕心理。也真是奇怪了,现在想一想,那时候也不想愁事,也不想害怕,好像有一个必胜的信念似的,别的不想,是这么个架势,也不怕难。要是现在的人遇到这些情况,有多少愁事?

在东北民主联军的困难时期,朝鲜一度成为战争的大后方。

中国社会科学院原副院长朱佳木为《朝鲜支援中国东北解放战争纪实》一书写过一篇序言《不应忘记的历史》,文中提到陈云在20世纪80年代的一次谈话中说:"我们就像坐在沙发里,缺什么可以向苏联要,南满的伤兵、弹药可以通过朝鲜转运。因此,要写苏联、朝鲜对我们的帮助,回避是不合乎历史的。"

出生在佳木斯的朱佳木在80年代做过陈云的秘书,他出生在平壤的弟弟起名为朱平壤。

在南满、北满之争时，陈云和萧劲光奉命前往南满主持工作，就是绕道朝鲜到达南满的。因为南满和北满两个解放区被隔断无法相通，两个人坐火车从北满出发，进入朝鲜一直开到平壤，从平壤再转向南满，这一个大圈走了一个多月。

同样的情境，在军旅作家王树增的著作《解放战争》中也有所描述："当时，为解南满物资之急，东北民主联军总部筹措到一批粮食、药品和被服，由东满经火车运到朝鲜境内的惠山镇，这里与南满部队控制的长白县城隔河相望。"①

朱佳木的父亲叫朱理治，1946年冬天，当陈云和萧劲光乘火车从北满经平壤前往南满时，朱理治的夫人抱着4个月大的朱佳木，搭乘这趟专列到达平壤和丈夫朱理治会合，直到两年后，东北即将全境解放，一家人才从平壤回国。

朱理治不是到朝鲜避难的，而是身负任务：

"我父亲则于同年8月受东北局和东北民主联军司令部派遣，同民主联军副司令萧劲光一起利用国共停战之机，秘密到当时仍由苏军占领的大连采购军用物资；然后乘船到北朝鲜的首府平壤，组建东北局驻北朝鲜办事处。9月，萧劲光同志返回哈尔滨，我父亲则留下，作为东北局和东北民主联军驻北朝鲜的全权代表，负责领导这个办事处。

"我们党当时所以要在北朝鲜设立这个办事处，一个重要原因是因为国民党军已占据了由哈尔滨到沈阳的交通干线，切断了北满解放区与南满（即今辽宁省丹东和吉林省通化、白山一带）解放区之间的联系，因此需要靠北朝鲜加以沟通；同时，也为了在国民党军进攻南满解放区时，把北朝鲜作为转运伤

---

① 《解放战争（上）》，王树增著，第177页，人民文学出版社，2009年出版。

员、供应物资的后方。"①

东北局驻朝鲜办事处设在平壤市大同江西岸沿江大街钗贯里104番地的一座四层大楼里,对外称"平壤利民公司"。

来自江苏南通的朱理治并非等闲人物,早年考入清华大学经济系,是1927年入党的党员。曾任陕甘晋省委书记,是陕北苏区的领导人之一。新中国成立后曾任国家计委副主任等职务。1978年过世,享年71岁。

依靠朝鲜的支援一直延续到东北解放:

"1948年秋,时任东北军区兼东北野战军副政委的李富春秘密访朝。此行,他有三项重要使命:一是为东北战场筹划军需物资;二是为华北战场筹划军需物资;三是代表党中央迎接响应中共'五一号召'从香港出发借道朝鲜到北满解放区,准备参加新政治协商会议的民主人士。"②

谢雪萍口述

国民党说我们是散兵游勇,是土匪,他说他的。前方有不利的消息,我们经常打败仗,经常有同志牺牲,但是我们说那都是必然的,你打仗能不死人吗,肯定要死人,有困难都是暂时的。我们有的同志,本来两个人好好的一家子,没准一仗打下来那个人就没了,要是现在哭天抢地不知道怎么办了,那时候挺起腰来,就是这么一个现实。那你打仗不得牺牲?子弹不长眼睛,什么环境造就什么样的人,当然很痛苦,那也得过去,就像那个三对新夫妇,五个旧家伙。

我知道,我们一个女同志,刚结婚,就到东北来了。到地方上遇到敌情,一仗打下来,男的死了,刚到东北,多痛苦啊,她那时

---

① 《朝鲜支援中国东北解放战争纪实》,吕明辉著,第4页,白山出版社,2013年出版。

② 《朝鲜对我东北解放战争的支援》,吕明辉著,《党史纵横》,2013年第11期。

还怀着孕呢,丈夫死了。后来大家立马给她撮合一个,那边那个也是战争当中女的死了,这不正好。所以这种事,遇到什么情况就是什么情况,这样大家免了很多痛苦。

现在的人不知道战争的厉害,战争就是要死人。为什么大家都想和平呢,就是没有牺牲。

谢雪萍所说的女同志叫张林苏,曾经是西安事变的学生领袖。开赴东北时的名字叫林平。前夫张一清是延安出来的干部,1946年初任中共辉南县县委副书记(主持工作)兼武装大队政委,负责辉南县的全面工作。几个月后,赴长春开会途中遭遇袭击牺牲。

男的叫刘惠农,开赴东北时的名字叫卢庆昌,参加过长征,时任辽宁军区副政委兼政治部主任。在白坚、张学思、谢雪萍等人的撮合下,与张林苏结婚。新中国成立后曾任武汉市委书记,1997年过世,享年85岁。

张林苏新中国成立后做过武汉儿童福利基金会副理事长,2010年,89岁的张林苏老人在外甥女田鹰的协助下,推出了由武汉出版社出版的自传体小说《岁月如歌》,文中记录了这段组织上的"拉郎配"的细节:

没过几天,张学思和白坚亲自找林平谈话,白政委问她:"听说你和我们的卢主任过去就认识,你对他的看法如何?"

林平回答:"印象不错,他是位很好的领导同志。"

张学思向她简单介绍了卢庆昌的经历和情况:"卢庆昌同志是位很好的同志,在革命队伍里长期从事政治工作。他是江西万载县人,1925年参加革命,1928年加入中国共产党,历任中国工农红军第三军团前委秘书,三军团卫生部政委,中央军委卫生部政委,参加过二万五千里长征。抗日战争时期任八路军总卫生部政委,八路军一二〇师第三五八旅政治部主任,中共晋绥分局委员兼秘书长。解放战争时期任东北民主联军副政委,现在是我们辽宁军区副政委兼政治部主任。他对党忠诚,为人忠厚,既然你对他的印象不错,他对你的印象也很好，那就两好合一好，我和白政委两人代表组织介绍你们成家，你看如何？"

林平听了很吃惊，这个谈话太出乎她的意料了，她连忙说："谢谢领导们对我的关心，可是印象好和要结婚是两码子事，我的思想还没这个打算，转不过这个弯来。"

张学思笑呵呵地说："你好好想想就能转过弯来了，卢庆昌这人不错。"

白坚也劝道："我们这是关心你们，我们的许多同志的婚姻都是组织介绍的，我们对你负责，不会帮你看错人的。"

林平虽然不同意，但看两位军区领导这样热情，又不好意思把话推得太绝，只好搪塞道："我回去考虑一下再答复你们。"然后就告辞走人。

第二天林平正准备下班，张学思的夫人谢雪萍和白坚的夫人石侠两位同志笑眯眯地来到她的办公室热情地邀请她去吃晚饭，林平再三推辞不了就跟这她俩去了。

没想到进了饭厅，饭厅里张灯结彩，布置得简朴但很热闹，好像是有什么人要在这里办喜事。司令部的许多同志都在场，一见林平进来个个都热情地围了上来鼓掌欢迎。

林平心里纳闷："说是请我吃饭怎么有这么多的人？今天有什么喜事？怎么也不事先告诉我一声，我可是什么礼物都没带来。"这林平说聪明倒也是很聪明的一个人，对待公安和保卫工作都能很敏感地预测问题，说迟钝也是迟钝得够可以的了，她压根就没想到这会是她的婚礼，她亲热地问谢雪萍："小广东（在延安抗大的时候同学们都这么称呼她），你怎么不事先告诉我是来参加婚礼的？是谁今天结婚呀？我一点礼品都没准备。"

谢雪萍扶着她笑着说："不用你准备什么礼物。"

石侠接着说："今天是你大喜的日子。"说完就从旁边一位女同志手上接过一朵大红花戴到了林平的胸前，红花下的缎带上写着"新娘"两个字。

林平这才恍然大悟急忙连声说："开什么玩笑，这事我还没同意呢！"

2017年5月，坐在北京西山脚下家中的客厅里，谢雪萍笑着回忆这段婚姻说，这么配得不也挺好的。

谢雪萍口述

我在朝鲜，张学思在四保临江，他是保安司令。现在的辽宁省那时候分好几个省，辽东、辽宁、辽南、辽西。

他没来过，没有看望那一说，那是打仗不是和平环境，还想着我去看看老婆孩子，根本就没这档子事，打仗都打不过来。也没派人来看望啊，送东西啊，都没有，一分开了就好像没那回事似的，各管各的，后来回来了，哦，又回到一起来了。

对他不惦记是假的，惦记是真的，但是也没办法去表示表示，也不知道他在哪，我也过不了鸭绿江那个桥，你想自己过那个桥，是不可能的。

当时的负责人都没有把家放在心里面，放心里的还是今天怎么过，这个仗怎么打，我的武器怎么样，我的粮食有没有，我的群众怎么发动。现在家是第一位的，那时候第一位是工作，你跟他说家里怎么回事，他都不知道。

我要问了就说两句，我要不问他不会说的，说了也是很简单，他这个人公私分明，有关工作的事跟你有关系你打听还可以，不然就给你撅回去，这关你的事吗你问这个？他不发脾气，一句话就够了。从延安到东北，没有吵过架，我们也不会吵架，他干他的工作，我干我的工作，家里面也没有日常东西，见面的时候都说不了几句话，待会有事就走了。都没有时间，没有条件吵架。

僵持到1947年，国共双方的实力对比发生了历史性反转，共产党人逐步掌握了战争的主动权。刘邓大军、陈谢大军、陈粟大军纵横捭阖，开启逐鹿中原的战略进攻，国民党军队进入全面防御阶段。

★ 1947年10月朱总司令检阅炮兵旅山炮团 高劲松供图

谢雪萍口述

至1947年夏季,结束半年内的工作,在辉、蒙地区(辉南、蒙江,作者注)配合四保临江的作战和筹粮与支前等。

7月,辽宁省机关搬到梅河口。8月,我随工作团去清原新立屯做土改工作,从开始发动群众到最后分配土地。11月,参加土改工作会议。

到抚顺市清原县新立屯蹲点,化名赵队长的张学思是和省委书记白坚一同带着工作组去的。1947年下半年,中共中央发布《中国土地法大纲》,以实现耕者有其田,这是千年以来的大变。

10月,中国人民解放军总部发表宣言:打倒蒋介石,解放全中国。

在东北,经过一系列眼花缭乱的较量后,东北的乡村地区大部分已经被解放军的部队所控制。

★ 1947年10月朱总司令视察炮兵旅一团　高劲松供图

张学思自传

　　1948年1月,回军区参加三查整党,训练补训兵团。5月,去沈、铁、抚地区指挥独立师、独立团打击窜扰敌匪。8月,辽宁与辽南合编,我到哈尔滨汇报请示工作并治牙。10月下旬,随陈云同志接收沈阳。

　　仅仅三年,曾经强大无比的国民党军在东北就垮了。在此后的数十年中,海内外无数专家、学者撰文讨论国民党失去东北以致失去大陆的原因,至今在街谈巷议中都是一个令人意犹未尽的话题。

　　此时再回望1945年8月10日的第二号命令,以及一个月后曾克林带着飞机突然降落延安机场的传奇行动,随后中共中央一夜做出决策,把大批中央委员、候补委员、十万余人的部队和干部急如星火地派往东北,同样,也把大批的东北籍干部派回东北,比起国民党从接收演化为劫收的五子登科,双方的着眼点，从一开始就不在一个平面上。

得东北者得天下，共产党人参悟了先机。

谢雪萍口述

国共东北拉锯的时候，传说要派张学良回东北，当时是有这么个说法，但是实际后来没有。那是国民党放风，老蒋不会放他的，他怕放虎归山。

好消息也是知道的，知道打胜仗了，但是具体不了解。

解放军进城他就进城，把政府前站放在北陵。沈阳快解放之前，秘书厅安排工作了，我才到辽宁省政府上班。

我在东北期间，见过高岗。县以上干部开会，听他讲话，觉得他好吹牛，给我印象最深的，是他讲自己怎么看见斯大林哪，斯大林怎么说他是张作霖东北王什么的，我也没听明白，还合计他说什么呢，到底是把东北弄得比较好还是比较差？后来知道他吃安眠药自杀了。

关于他的传说很多。谁知道啊，社会上一流传大家都感兴趣，传得都很快，现在看好多事，也可能有点也可能没有，也可能夸大了，都不知道。

2016年，林枫的女儿林耿耿写了一篇名为《回忆林枫张学思高崇民同志与文物保护工作》的文章，文章用了较大篇幅、饱含情感地对张学思进行了评价：

这里，绝对不能不写到另一位东北行政委员会副主席张学思同志。现在很少有人、有地方提到张学思同志，我认为是很不公平的。他的影响力也同样是没人能替代，作用独特，以他的身份在中国共产党内其功不可没。他是张学良兄弟姊妹中唯一的共产党员。但是，凡提到张学思同志的地方，大多数只是突出写到他和张学良的亲兄弟关系。人们只对他与张作霖、张学良这层家庭关系感兴趣，是一种猎奇的观点，而不晓得、也不关心他为人民立下的丰功伟绩。

他熟悉东北地区情况。他在东北工作的时间，从1945年10月10日到达沈阳，向中共中央东北局报到算起，到1949年2月离开沈阳，去大连筹建海军院校为止，共计三年零四个月。1945年秋天，日本投降后，张学思接到中共中央的调令，秘密前往东北。他到沈阳后，时任中共中央东北局书记的彭真和时任东北局组织部长的我父亲，曾分别与他谈话，向他说明了党急调他到东北的任务，即委派他担任辽宁省主席和保安司令，以他的张学良四弟的特殊身份开展工作，接收伪政权，成立一支地方人民武装。这些任务内容，在《彭真年谱》中都有记载。有资料显示，交代完工作后，我父亲让张学思回大帅府的家看看。（九一八事变之后，大帅府被作为关东军司令部。日本投降后，1945年9月18日，中共中央东北局进驻沈阳时，曾在那里办公。张作霖的大青楼还在，张学良住的小青楼已破烂而无法使用。约一个月后，因苏军压力，迫使东北局搬到奉天博物馆即后来的东北博物馆办公）张学思表示不打算回家。他说："一来，十四年前，我从家出走的时候曾经发过誓，要永远离开那个封建的大帅府；二来，党委派我以重任，很多工作需要我去做，回家看着那些旧屋旧物，徒然增加一些不必要的怀旧情感；三来，家里人现在都不在了，我回去也没有什么实际意义；更主要的是，东北是在人民手中光复的，大帅府的所有权应归人民所有，我没有资格再做它的主人。"这段文字所表达的意思，我在写这篇文章时，曾请教张学思同志的夫人谢雪萍阿姨，她明确说：是这样的。

从1945年至1948年期间，乘战乱抢、盗者有之，大捞不义之财者更有之。由于战争频发、政权更迭，社会秩序混乱，老百姓也贫困交加，苦惨了。当时百废待兴，社会亟须安定整治。1948年11月，沈阳解放。担任东北人民政府副主席的张学思同志再次回到沈阳。以他了解沈阳的情况，将东北人民政府各单位办公地以及东北局、军队驻地所需用房进行了安排。就以我家为例，进城后，经东北人民政府分配入住的三经路12号,此处原是张作霖为长女张首芳所建二层楼房。九一八事变后,为日本关东军司令所用。解放战争中,为国民党东北行辕副主任兼东北"剿总"司令卫立煌的住宅。据当时的秘书回忆,沈阳的这种房子,无论公房私房,内部均遭到抄、抢。12号院子因最后为卫立煌居住,更不能逃过一劫。父亲住进去时,各种家具凡能搬动者"分飞"四面八方,地毯被剪成数块卷到各处,窗帘全部卸走,收音机中的电子管也难逃劫运,只要搬得动的东西,全都不翼而飞,完全无法正常生活。卫立煌的夫人韩权华是在美国艺术院校专修钢琴的,故宅内原有钢琴一架也被搬出,不知所终。在张学思同志的主持下,发放政府通告,说服动员市民私自拿走的物品,放归原处。分到驻地的单位都被告知,保护进驻的建筑物,一律不准私拆乱建,保存原样,等等。这样细致的管治后,市面好起来了。在东北人民政府的工作下,沈阳许多建筑物被保护起来了。多处物产得到合理使用。如张学良先生在沈阳北陵创办的东北大学校园,分配作了当时东北人民政府的办公所在地;在1954年大区撤销后,这里至今都是辽宁省政府所在的办公大院;大帅府分配给了东北图书馆,现在经修缮、复建小青楼,成为全国重点旅游景点。原张作霖张学良家的多处房地产业,全部被人民政府使用。张学思没占一寸土地。而有人想过张学思同志,为保护沈阳的历史原貌做出的贡献吗?张学思同志调离东北人民政府20年后,正当人生黄金阶段,才54岁,就被林彪反革命集团残害离世了。而他在世时,从不放言高论,或言及个人,以至自己的家人也不了解他都做了什么工作。写到这里,我最难受的是无法尽我所能,也没见有人把张学思叔叔这方面的功绩写得更加详细。

★ 第十三章

海军少将参谋长

谢雪萍口述

东北一解放，张学思就提出来去兴凯湖办农场，当时我们去过，那地方挺好，办农场那是一个非常理想的地方。我可高兴了，我说哎呀，办农场我可以养鸡了。他想归他想，但是他本人的工作不是他自己能决定得了的。

1949年了，我又有了一个孩子，这个是老三。生完不久，正好这时重庆舰起义，这是国民党最大的一个军舰。我也不知道怎么想的，忽然间就跟学思说，哎哟，将来别给你调那，干这个海军去。他本来是军人，到了东北就转到地方工作了，做政府的事了。他说别瞎扯了，我俩就跟没事说着玩似的。

3月份，我正在坐月子呢，"啪"一下来电话了，把他调北平去了，不知道干吗去了，很久没有消息。

离开辽宁的原因没听说是觉得他年轻，那时候共产党的干部缺着呢，别人也都年轻。

1949年1月，北平和平解放。

在解放北平的大军当中，有一支来自四野的四十二军，军长万毅是当年延安总部第二号命令的主角之一。

当初，辽沈战役结束，四野大军即将入关时，东北人万毅希望随大军入关，特地打电报给野战军总部，希望组织上考虑安排留东北的军事干部时，不要考虑自己。总部很快回电说，没有留他在东北的打算。

2月，率部在北平城外休整的万毅接到中共中央通知，到河北平山县西柏坡参加中共七届二中全会。3月初,万毅赶到了西柏坡村。

"我们在西柏坡村开会,工作、学习和业余的文化生活,安排得既丰富又有秩序。除了开会,还看话剧、跳舞,大家感到充满了生气。

"每到吃饭时,大家来到餐厅,凑够了十个人就开一桌,座位并不固定,谁来谁吃,边吃边谈,很是活跃。有一次我去晚了点,许多桌都没空位了,正好毛主席边上还有一个空位,我也没有更多考虑,就挤到那里坐下了。毛主席看到我,一边吃面条,一边跟我开玩笑说:'万毅同志,你可算是张作霖的余孽呀!'我说:'主席,我不能算是张作霖的余孽,张作霖的余孽应该是张学思。'毛主席问我:'张学思现在在什么地方?'我说:'张学思现在在辽宁省当主席,还是东北行政委员会的副主席。'毛主席说:'那还不错呀!'我又向主席说:'张学思曾对我讲过,他是学军事的,现在干的不是他学的那一套,他觉得自己没有做政府工作的本事,希望能到部队工作。不过,这也可能是他个人谦虚。'毛主席说:'好哇,那就回到部队来干,那容易。'这样在饭桌上,同毛主席聊了几句,没想到后来,张学思果真调回部队工作了,当了海军的参谋长,海军学校校长。"[①]

张学思自传

1949年,东北行政委员会改组,决定我仍回辽宁任主席或做海军工作。我即去北平,住在中央组织部,参加全国青联会,并面谈工作问题,因自己长期脱离主力,未直接参加解放战争,全面的政权知识与经验也没有,想向生产方面去钻,要求做农业工作,党考虑我离开省府去搞农业不妥当,我过去是个搞军队的,便决定到海军这一新兵种去工作,任安东海校副校长。

1949年5月,回东北到安东海校任职。6月,陪同大连船厂渠

---

① 《万毅将军回忆录》,万毅著,中共党史出版社,第238—239页,1998年出版。

厂长到葫芦岛视察重庆舰沉没情况。7月，去军委汇报。8月，与刘亚楼、王弼等同志到莫斯科接洽打捞重庆舰，及请海校顾问。9月底，回北京参加人民政协会议与开国大典。10月底，苏联专家到东北。11月，与专家同到大连筹办海校。

万毅在西柏坡凑在毛主席身边吃面条的时候是3月份，随后张学思就奉命进京，被安排至海军工作，万毅一直到晚年还在惦记张学思的这次调动是不是跟西柏坡的这碗面条有关系。

张学思自传

在东北解放战争三年中，我均在较高级的领导岗位，除了土改之外，大问题接触多些，这方面的认识能力有了锻炼，具体工作经验积累了一些，主要的收获是：

眼界扩大了，对政策的认识提高了，在建党、建军、建政及地方工作方面，讨论方针性的问题也做了些具体工作，使自己有了全面的初步的知识。看到中央的电报也多些，尤其是在1946年至1947年紧张的环境中，毛主席关于作战的指示，《解放日报》的社论，不只是一步一步地指出我党光明胜利的前途，而且也指出具体的办法。当1948年春看到毛主席的《目前形势和任务》，真是灯塔一般，照亮了中国革命胜利远大前途。东北的三年，更深刻体验到毛主席的英明与伟大，及我党中央的正确领导。

三年的解放战争，自己未参加主力部队的作战，由于工作岗位的关系，知道了一些战略方面的知识，在配合作战与剿匪中，也增加了些战斗指挥方面知识。

初期东北的混乱局面，及工作经验的缺乏确实是纷纷然，但我却没有昏。虽然处在较高的工作岗位，我时刻深记少奇同志的一句话"应当了解，党在某种时期，特别提出重视与培养某一种或某几种干部，是根据政治上的理由，根据客观形势发展的需要，而不是根据别的，更不是由于某一种或几种干部有什么特别可爱或高人一等"来警惕自己。我没有骄傲自尊，没有违背党的利益。旧封建关系，社会关系，有的认识我，有的不认识我，但他们时刻存在着和我千丝万缕的联系，我知道如果稍一不慎，即会走向危险的边缘，给党造成不良影响或损失，我除党的需要之外，坚决割断了这些联系。我自慰在这方面未给党造成任何不良影响和损失，并也有助于我的自我改造。

在土改中，我深刻认识了地主阶级的万恶，与对农民的残酷压迫剥削，阶级仇恨的深重，与群众发动起来后的战斗力量，在整个过程中我没发生大偏差，在具体掌握贯彻党的政策方面，有了进一步的锻炼。在三年中，在紧张的环境中，我没有悲观失望过，又经受了一些考验，使自己更加坚强些。

由于未参加主力作战是自己很大的损失，兼职多，变动多，因为自己过去是搞军队的，在当时战争环境中，要求到主力去，未经组织批准，工作不够安心。虽然并未放弃自己的职责，但也未能扎扎实实地去钻研一样工作，系统地始终到底地做好一件事，去丰富提高自己。这说明自己仍存在着个人主义的工作兴趣的观点、个人主义思想。工作有些飘浮，了解下层差，产生滋长了官僚主义的作风。

这一年，张学思33岁，奉命进京后，不但一直没有回过家，甚至连一点信息也没有了。

谢雪萍口述

张爱萍曾经给我捎过一个箱子，说张学思给我的。我也不知道张爱萍是谁,还以为是个女的呢,到旅馆见到他了,他说学思在苏联呢。

实际上,这是派空军、海军的人去苏联取经的,要建立国家啦,没有空军、海军啊。这些事我那时根本不知道。其实他来回路过沈阳好几次,也没着家,也没打电话。

那时他还参加了全国青年大会,参加了准备开国的政协第一次会议,讨论建国的日期、国旗、国徽、名称等等,他还作为解放军代表在会议上发言了,我都是后来知道的。这就是1949年的事。

1949年9月,张学思以解放军海军代表的身份,出席了全国第一届政治协商会议,并做了大会发言。会议休息期间,受到毛泽东主席接见。

10月1日,张学思站在观礼台上,参加了开国大典。

当时,中央军委已决定,由张学思担任筹建中的大连海军学校校长。张学思请求军委任命萧劲光兼任校长,他改任副校长,这样有利于办学。

11月,军委正式下达了由毛泽东、朱德、刘少奇、周恩来签阅的组建大连海军学校的命令,正式命名为中国人民解放军海军学校(现为海军大连舰艇学院)。任命萧劲光为校长兼政委,张学思为副校长兼副政委,李东野为政治部主任。这份命令现存于海军大连舰艇学院院史馆。

谢雪萍口述

1950年1月,忽然来了一个人找我谈话,说你调走了。我问调哪去啊?说调大连了,大连海军学校。

来的这个人是海校的政治部主任,我认得他,叫李东野,是我一个同学高玲的丈夫。高玲是阎宝航的二女儿,叫阎明英,到延安以后,改名的很多。在延安我们就认识,都是女大同学,但是不熟悉。挺好的一个同学,长得挺漂亮的,是东总东北救亡总会的,和李东野是在东北认识的。

李东野见到我就说,你太不像话了。我说我怎么不像话了?他说你看人家在那儿那么辛苦,你都不去照顾呀。我说我知道怎么个辛苦法?我啥也不知道。他说你赶紧走吧。这就调到海军学校,我又从地方回到军队了。

那时候学思已经在大连办成海校了,现在想起来,经历过战争的人的能量是挺大的,两个月就把一个海军学校办起来了,多厉害,连找地盘再调教师。经是从苏联取来了,主要的教员、顾问都是那边来的,很厉害。

高玲是阎宝航的二女儿,原名阎明英,到了延安以后改名为高玲。

1937年,在武汉。后来任全国政协副主席的阎明复回忆当时的情景说:

"在成都上大学的大姐阎明诗突然来到武汉,她把头发剪短了,穿上男人的军装,十分威风,后来才知道,国难当头她不愿意再上学了,经周恩来的介绍,她从武汉直接去了延安。后来,在重庆的二姐阎明英(高玲)、大哥阎明新(阎大新)和二哥阎明智也先后奔赴延安。"[1]

李东野,参加过"一二·九"运动,抗战期间主要工作于东北抗日救亡总会,1955年被授予大校军衔,1964年晋升少将,曾任国防科技大学政委,2011年过世,享年95岁。

张学思自传

1949年11月,在军委指示"全面向苏联学习,办正规海校"的方针下,与专家来到大连,当时没有校舍,教员、教材、教具均没有,干部与翻译也人手不齐,在专家大力帮助下,与积极的筹备下,在1950年2月1日开了学。

---

[1] 《阎明复回忆录》,阎明复著,人民出版社,2015年出版。

★ 20世纪50年代张学思和夫人谢雪萍　张仲群供图

三年来学校在不断地扩大中，基本上完成了教学任务，教材译编、教员的培养、器材的充实、教学制度、教学方法的建立等，在教学方面基本上有了初步基础。学校建设上没有发生过原则、方针的错误，但工作中存在的缺点也是很多的。

三年中所遇到的主要问题：

首先是学校工作人员中，对于全面向苏联学习与正规化的抵触思想，排斥知识分子的思想，强调中国国情特殊，专家不了解国情，不善于接受新鲜事物，以具体化为名掩盖经验主义的实质，对苏联教学方法抱怀疑态度。说正规化是形式主义，说海校办成了资产阶级的学校，是集中营，是老粗打天下、知识分子坐天下，海校的党变了质等，甚至有人说我对于海校的领导没有阶级保证。我并没有被这种情况吓倒，自己坚持了在教学、教养方面向苏联学习与严格正规的方针，在学校中贯彻了人民海军的建军路线。缺点是：反复的思想教育，提高认识，启发自觉不够，向苏联学习方面缺乏系统与钻研性差，对于全面学习的方针，我认为由于感觉到军、政、供、卫如果不是全军上下一致地向苏联全面地学，只是在一个学校里是行不通的，难以做到的，所以对全面向苏联的学习方针，未能很好贯彻。正规化方面，是对本科要求严，对预科要求松，对学员要求严，对机关要求松。

其次是在教员学员中，成分是复杂的，有陆军干部，青年学生，原海军人员及教授之类的自由职业者，闹前途、地位，游击习气，不愿干海军，入伍动机不纯，贪生怕死，崇美轻苏，雇佣观点，教学不负责任等，三年中虽然是不断地进行了教育改造，没有发生大问题，但未能根据学校技术课占很大比重，学习紧张，教员少与弱，课程负担重的教与学的情况下，尚没有总结出成熟的加强思想教育方法。

第三是学校任务的增加和学校教学与收容能力的矛盾，没有教员去上课，在硬挤与抽工作干部去硬教下勉强开了学，但教学效果受了很大影响。

第四是海军教育高度科学技术水平与学校干部没有海军知识和教育知识的矛盾，工作中只能做些行政管理，无法去掌握教学质量。自己努力钻研了海军知识和教育业务，有了一些收获，但工作中有事务主义，也有官僚主义，而最大的缺点是自己陷于行政领导，海军知识教育业务未能得到应有的提高。对于深入教学过程，去掌握教学质量还是很差的，不够的。在担任校党委书记时期，校党委如何坚强地领导学校建设的问题未能很好解决，党委内部未能形成有力的核心，展开批评与自我批评，自己的斗争性差，有迁就情绪，原则性不强，因此就形成党委领导的无力，集体领导的不够坚强。

三反以后，学校工作有了改进，自己虽然没有贪污浪费，但受到的教育是很大的，主要是检查了以下这些思想毛病作风。

一、和平建设的思想与太平观念，认为人民民主专政已巩固，工人阶级掌握了政权、军队及共同纲领，资产阶级反不了，单纯把资产阶级进攻了解成为武装夺取政权，未想到工人阶级领导下包括四个阶级的民主专政，资产阶级尚有五毒进攻的形式，以为国家有庞大人力、物力可以放心建设，对资产阶级糖衣炮弹进攻丧失了警惕，对资产阶级认识不足，致使在学校基本建设上，也受了五毒的进攻，造成了损失，致使有些干部也被打垮犯了错误。

二、对于学校的正规建设与长期打算上存在着盲目性，有了理想的大计划不能实现，等于没计划。因此，工作被动，重点不明确，用钱不完全得当，积压了国家资材，造成了损失。

三、官僚主义的作风与脱离群众的作风，停留于听汇报与走马观花，缺少对于关键性的问题做深入的调查研究与彻底解决。终日忙乱，不能有系统地去想问题，联系群众，充分发挥群众的力量去完成工作任务是不够的。

四、思想领导的薄弱，没有把思想领导作为一切工作领导的先导，缺少严肃性，没有明确应树立什么，应反对什么，没有认识到真理是需要反复不断的宣传与教育，学校长期存在的一些思想问题，未能得到彻底地解决，这是主要原因之一。

五、1949年进城以后，自己也滋长了享受的思想，认为城市环境究竟与农村不同，胜利了，有了享受一点没什么的想法，但自己之所以未有铺张浪费，主要还是过去，自己注意在生活上克己与照顾影响的结果。

总之，进城以后的和平环境，资产阶级思想有一定程度的滋长，三反则给了我很大的教育，从思想上更明确地与资产阶级划清了界线，提高阶级觉悟，比较深刻地认识了自己在工作中的毛病。

因为海军知识、教育业务、政治工作对我均是新问题，样样做，唯恐样样做不好，自己深觉钻通一门的重要性，1950年6月以后曾多次请上级另派副政委来,虽得同意,因无人,迄至1952年6月才解决。

在两年多的时间,自己并未放弃职责,工作是积极的,努力钻研了海军知识,有了一些收获,深刻体会到在一切工作中思想领导的重要性与具体性,在这方面虽然也有了一些锻炼,但更大的收获是,认识到自己的迁就情绪、斗争性不强与原则性不强、工作魄力的不大。

1953年,张学思被任命为海军副参谋长,进京工作。

1955年被授予海军少将军衔。

1956年,派往苏联伏罗希洛夫海军学院学习,遭到苏联拒绝,苏联人还记得张作霖1927年派兵突袭苏联使馆并抓捕李大钊的旧事,后经中方说明,张学思是我党培养的、经得起考验的优秀干部后,才得以入学。

后来成为张学思儿女亲家的刘道生也在伏罗希洛夫海军学院学习,30年后,刘道生老人回忆了这段他们共同的留学生活:

新中国成立,我担任海军副政委兼政治部主任,张学思同志先是任大连海军学校副校长兼副政治委员,后任海军副参谋长、参谋长,我们又在一起工作了。为了建设强大的海军,在当时条件下,我们唯有向苏联学习。根据党中央军委的决定,1953年,我和海军的一些中、高级干部来

★谢雪萍和张学思在旅顺　张仲群供图

到苏联波罗的海之滨,列宁格勒伏罗希洛夫海军学院学习,1956年8月,张学思同志也来学校学习。他进的是速成班,在一年半的时间里,学完本科班三年的课程,学习很紧张。这时,他已年过40,虽然年轻时他在黄埔军校学习过,又组织和领导过海军学校的教学,但他还是放下架子,废寝忘食,孜孜不倦地学习。偶尔趁星期天,我们几个人凑在一起,自己动手煮饭炒菜,做一顿中国饭吃,借以松弛一下学习紧张的神经。我们仿佛都变年轻了,吃饭的时候,欢声笑语不断,在一起回忆过去的战斗,追忆共同认识的战友,讨论学习中的难点。也常常激动地说:"人到中年,负笈万里,一定要学有所成!"他终于以各门课程都是优秀的成绩,插入本科班的最后一个学年,又以优异的成绩获得了伏罗希洛夫海军学院正式毕业文凭和结业证章。这证章只授予学满四年,取得优秀成绩的外国军人,张学思同志破例得到了这种荣誉。①

谢雪萍口述

在苏联学习时,张学思写信来,要了两张我的照片,告诉好尺寸,一张大的,摆在桌上,一张小的贴身放在兜里,回来时还把桌上摆的带回来了。

在这份写于1953年的自传的最后,张学思对入党15年以来的革命道路进行了一个简要回顾:

张学思自传

我这样一个军阀封建家庭出身的人,之所以能够走向革命并成了一名光荣的共产党员,仍然是我所处的家庭环境与时代的结果。军阀家庭使我产生了个人英雄主义,母亲的教养,使我未能产生纨

---

① 《共产主义理想照亮了他的航程——追念张学思同志》,刘道生,《人民日报》,1987年3月19日。

绔的恶习，能够获得一个较好的品质，愿意做好人，家庭的不满意和个人志气的驱使，使我能客观地去认识家庭实质的丑恶，敢于明辨善恶，追求真理。民族的危机呼唤起强烈的民族意识，在党所领导的北方抗日运动的影响之下与教师朋友的帮助及自己认识外界过程中的比较客观的态度，使我接受了马列主义的真理。

十五年的革命经过，是我在党的教育改造下与革命斗争考验下的过程，是我不断地克服自己的非无产阶级意识，坚定无产阶级立场与提高自己的政治觉悟，锻炼党性的过程。也正与一般党员一样是我认识与学习毛泽东思想的过程。

现阶段的自我认识：我已明确树立了共产主义的革命人生观，确定了为党的事业奋斗到底的决心。立场是坚定的，对党是忠诚的。政治上开展，能够进行自我改造，有革命的事业心与进取心。乐于接受新鲜事物，工作是积极的，也有一定的工作能力。还虚心老实，能克己与自量。作风是正派的，生活尚简朴。

理论水平不高，思想方法上存有片面性，有小资产阶级意识、情绪的残余。斗争性不强，工作魄力尚不大，工作中有官僚主义，表现在不善于抓住重点做深入具体的调查研究，群众作风差。

为提高自己做一个合乎标准的共产党员，完成党所给予的任务，今后决心加强自己的理论学习，提高自己的政治觉悟。克服小资产阶级意识、情绪的残余与思想方法中的片面性，加强群众观点，继续增强自己的党性锻炼。努力学习毛泽东思想。愿努力学习海军技术与获得实战的锻炼，决心以海上事业作为自己为党奋斗到底的专业。

★ 第十四章

一座大帅府，半部民国史

张学思自传

1950年2月，母亲与三姐、三姐夫回国到天津，我尚不知道，4月间，蔡公琪同志（东干队学员，当时任天津市的卫生局长）来信告我才知道。

我因事去沈阳，并将母亲自美来津事请示了林枫同志，他便派人把我母亲接到沈阳。

三姐就是张怀瞳，张学思的亲姐姐，张家姐妹中大排行老三，当年由张学良做主嫁给了赵尔巽的儿子，小名叫天赐的赵世辉。

谢雪萍口述

对张家的事，我能知道一点点，是因为我们老太太回来了。这老太太很厉害，1950年，美国第一班通船，她就回来了，不在美国待着了。

她最喜欢小儿子张学思，和别的不是合不来，就是不习惯。正式通完这一班船之后，中美关系就断了。一直到七几年之后再建交，再要通航，就是几十年后了，唯一通这班船，她就回来了。

老太太到了天津，我们东干队的一个同学在天津当卫生局局长，给我们写信，说我们老太太回来了。这时候天津海关已经报了中央，报了东北局了。东北局又告诉张学思，你妈妈回来了。

我们不知道她回来，她也不知道我们在哪。但海关知道啊，一看这个名字，马上就报，东北局就知道了，通知张学思去接他母亲。

林枫此时为东北局副书记。

蔡公琪是河北人，在冀中军区时担任过卫生部医务科长，此后长期从事医务工作，新中国成立后担任过天津市卫生局副局长、党委书记。

张学思自传

5月初，我去沈接她来校住有半年，因她愿清静，便去津小住，后搬北京住，东北人民政府驻京办事处隔壁。

1951年，在北京市内五区旃檀寺妞妞房17号买了一座房，一直住到现在，雇有用人。她自美国带回自己的存款，美金四万与英镑千余和衣服及首饰等物，美金与英镑，于1950年均经天津中国银行兑成人民币九亿多（旧币），均存在该行，此事于1951年夏，周总理来大连休养时我已面报过，并写在我的履历书中。

她给小孩买衣服、用物、玩具，北京的房子即用此款买的，现在的生活母亲也依此款度日，现在母亲依此款生活。她给我的小孩买衣服、用具，给我买手表，给雪萍同志住北京医院等费用共花了千万余元（旧币）。

现在我与母亲保持着正常的母子关系，她的钱我绝不作为我生活与消费的基础。

张学思生母许澍旸，为张作霖的四夫人，又称许夫人，先后生二子张学曾、张学思，二女张怀瞳、张怀曦。

张学曾出国留学后，最后定居美国，在联合国工作。张怀瞳嫁给赵尔巽儿子赵世辉，定居美国。张怀曦原本被张作霖包办嫁给了北洋政府总理靳云鹏的儿子，但张作霖被炸死后婚事随风而去，张怀曦先去美国，后定居香港。

许夫人1978年过世，享年90岁。

★张学思母子及谢雪萍三人合影　张仲群供图

谢雪萍口述

我们在这以前没通过信。但是董必武在日本投降之后去过一趟联合国,张学曾是联合国的同声翻译,通过这层关系问过董必武,问张学思在你们那怎么样。董必武就告诉她,你孩子很好,做事也很好,告诉她这个话。

那时候我正好大肚子呢,怀了第四个孩子,学思从大连到沈阳去接,我没去。那见面了我得说明我为什么没去呀,不去是不礼貌的,我说因为不方便,她说,知道知道,学思跟我说了。

回来以后她很高兴,第一天从沈阳到大连,第二天就带她到大连走走,在鲁迅公园我们照了一张相片,留个纪念。她在海校住了些日子,一看都是兵营,不习惯,就要回天津,她在天津有老房子,以后就在天津住着。

以后又嫌天津不合适,又到北京来,那时候房子还可以自己买卖,她到北京买了很小的一个小院,一个人住在西四那一带。她那时候还年轻儿,六十多岁,自个儿还能折腾。

我们在大连，都不知道这些，后来说你一个人怎么弄啊，叫她来她也不愿意。

到1953年，张学思调海军司令部，那我们就到了北京，跟她住一块。但住些天她又不习惯，嫌警卫、司机、保姆出入不习惯，自己又在西单弄了个房子，还是一个人住，不跟我们住，这老太太独立惯了。

我们成天上班，也就是星期天能有点工夫去看看她，说说话聊聊天，所以过去的事讲得不多。那时候我也不愿意多听这些事，因为那时对旧东西有抗拒，不太愿意去问，那猴年马月，陈芝麻烂谷子的事听它干吗？不愿意听，也不问，她爱讲就讲，老人说到哪我就听到哪。不像现在，我就想知道怎么回事。那会儿不想知道，脑子里有抵抗力，那军阀家里有什么好知道的呀？那都是革命对象，所以根本就不打听。

她就讲，她不喜欢这个家。那她怎么会到这个家来呢？她就给我讲了这个经历。后来我看过一本书，写张作霖怎么遇见她的，跟她本人讲的不完全是一回事。

她本来是北京宛平县人，父亲是个打铁的铁匠，在她很小的时候就去世了。她就跟着母亲随着难民潮跑到东北来谋生，母女两个在新民县住下了。那时候张作霖正在新民市当哨官，在那个地方，有点名声，有点位子。

老人家年轻的时候，长得比较漂亮，那天她正在井台打水，就看见两个人骑马过来了，到她跟前就跟她说话，问这问那，住哪啊什么的。小姑娘在那打水也就搭个话，就这么个过程。第二天，到她家里去，说来娶人来了，要强娶。

她就不干，我也不认得他，寻死觅活地不干，她不愿意。她主张什么样的？自己认识的喜欢的。妈妈也很愁，可是也没办法对抗，只好答应人家。她寻死寻活也没顶住，就抬到张作霖那去了。

抬她去的时候，第三个夫人也抬去了，就是张作霖同一天娶了两个夫人。第三个夫人也是很厉害的一个，后来出家了。

到那了以后，我们老太太觉得在这个深院大宅里面不识字不行，就闹着要上学，她就上了学校了。后来大家就说这哪得了呢，一个太太怎么跟女学生一样？社会上有反映。张作霖就不干了，强制她回来。可是她的求知欲很强，后来有了孩子，就跟孩子学。她原来不识字，跟孩子学习到后来，也能给孩子讲故事了，也能看书读报了。再往后到了美国也能学英语，她从香港去美国，要是不会说话怎么生活，她就自己学，这一点她很厉害。

为什么知道她在学英语呢？她从国外回来带着那些英汉字典呢，还有绘画方面的书。我们孩子那时候小，经常翻她那些书问奶奶这个怎么回事，那个怎么回事，她就跟孩子们说。

后来张作霖又娶了五夫人，五夫人实际上是掌握大权了，老太太就觉得没意思。所以老给我们讲，过在街边卖菜的穷日子，你也别到大户人家里面去。她特别烦一夫多妻这个生活，特别烦，肯定吃了很多苦头。这个老人，我们特别佩服她，她不找年轻人麻烦，她觉得不行了，就搬出去，我们又抢不过她。

她比较正，张作霖不怎么宠她。

张作霖出去，有时候带着这个，有时候带着那个，他想带谁就带谁。那时候交通不便，出门都是马车，或者步行，一出去走老远不知道什么时候回来，就把家眷也带着。

张作霖打俄国的时候带过她，她跟我讲，因为铁路问题，跟俄

★从左至右许夫人、水电部部长刘澜波夫人杨达、谢雪萍　张仲群供图

国人打仗时，她跟张作霖出去过，说她当时还带着孩子，跟老头儿出去打仗，怎么样打胜了，还俘虏缴获了什么东西回来，讲这些。

没讲过三夫人，讲五夫人卢夫人讲得多，就是讲打架。老太太念佛，吃素，不吃太多荤。

这都是老太太给我讲的，我当时也没在意，要不然有好多东西我都想知道。

老太太跟孩子不说，咱们以前，咱们家是怎么回事，爷爷是怎么回事，从来不说。

张学思对老人是很孝顺的，每年老人过生日、过年，张学思都去给老人磕头去，不带孩子去。最后一次孩子们知道了，孩子们都不理解，革命干部，怎么还磕头？他的思想里面很清楚，该怎么做就怎么做，他去磕头一定带着我的，但是不让我磕头，让我行个鞠躬礼。

日本人炸皇姑屯时，张作霖带着最小的六夫人，还有第三个儿子张学曾，谁都没炸着，唯独炸到他了，当时几个夫人都在沈阳，就最小的这个跟他去了。

现实就是那个现实，抬回来人已经不行了。那时候整个管家的是五夫人，表面上就对外说老太爷没死，活着的，五夫人做得不错的。因为原来就是她跟老太爷出面接待外面啊，日本人也没有怀疑。

最小的六夫人马氏，很年轻，是个小姑娘，本来是在外面养的，让五夫人知道了。这个五夫人很厉害，就把马氏接到她房里去了，她跟五夫人处得很好。老爷一看挺高兴啊，原来是瞒着她们在外面找的这么一个人。

六夫人到北京逛了一下子，回来老头儿就死了，很惨。那时候二十二三岁，她也没再嫁人，就一直跟着五夫人，一直跟着去了台湾，五夫人也一直照顾她，相伴到最后，这一辈子就完了。

她有个女儿，叫张怀敏，在台湾是个教授，我见过，去给张学良做寿时，大家见过面。据她说，五夫人不是掌权嘛，可能掌握了些东西，都拿台湾去了。

五夫人有四个儿子，走的时候，本来她都想带走，但是最小的这个老八，跟哥哥闹什么矛盾了，照张学思的说法，兄弟两个同找一个对象，所以就闹别扭了，这个小八没去，就留在天津了，剩下都跟着去台湾了。

最为得宠的寿夫人，一生中最光彩照人的时刻不是那些受宠的日子，而是自己的男人在皇姑屯被炸，抬回帅府自己所住的小青楼之后。张作霖身死，为保障东北局势稳定，确保最高权力在张氏父子手中平稳交接，奉系高层和寿夫人秘不发丧，只说需要静心调养，医生按时看病，三餐按时送进房内，寿夫人如若常态地应对帅府内外的一切，包括前来探望的日本人，同时秘密通知张学良回沈。

为防止再出意外，张学良化装成士兵，混迹于兵车之中回到沈阳，这时他才知道父亲已经不在，他的时代即将开启。

张作霖的二女儿张怀英，先是嫁给蒙古达尔罕王的傻儿子，离婚后再嫁，男人又投敌当了汉奸，她在晚年回忆说："我大哥张学良，于父亲死后半个月才回到奉天，是化过装混在闷罐兵车才回来的。他面色黝黑，胡须和头发都很长，身上穿了一身灰布军装。直到他开口说话时，我们才认出。我大哥在灵前失声痛哭，我们也随之哭起来，积闷于心中十余日的悲恸，这时才得以号啕出来。即日，对外发表大元帅不幸逝世的讣告。"[①]

论资历，张作霖之后本应由元老级的张作相接任大位，张学良也首先做

[①] 《在同张学良相处的日子里》，辽宁省政协文史资料研究委员会编，第267页，辽宁人民出版社，1986年出版。

此提议，但是张作相坚辞不受，说如果大帅是平安走的，他可以接任，现在这个情况坚决不能接任。并对张学良表态说，在做事上会像服从大帅一样绝对服从，但是如果不好好做，他也会拎着张学良耳朵打耳光子。

暴风雨后，张学良在张作相的支持下顺利接任，东北依旧是张家的东北，如果论功行赏，寿夫人排在第一名应该不会有人有意见。

九一八事变后寿夫人到了天津，后去台湾，1966年病故，享年68岁。

张学思自传

三哥、三姐夫1950年时在联合国当中文翻译。五姐五姐夫无事做，1939年夏，五姐从英国到香港接母亲去美国，因三哥三姐及三姐夫均在美国。

大嫂于凤至约在1940年去美国，领着张学良的三个儿子一个女儿靠存款度日，这些情况均是母亲及三姐来后知道的。

三姐于1950年夏来我处住了二十天，7月，我去北京开会见到了三姐夫，他们两人于8月间回美国去了。他们走时，我未给在美兄嫂带任何东西，我托他们转告三哥、五姐望他们回到祖国来，迄今和自1938年我到延安后他们无联系。

八弟张学铨，1945年日本投降后在天津与七弟闹三角恋爱，一气跑到冀中找我，由到东北的干部队把他带到本溪交给我。他是十足的少爷和小流氓，毫无革命要求，我曾把他送到安东军干校、哈尔滨军大、大连工学院学习，到处被开除。

土改时在哈尔滨包庇旧关系（地主），被人捆起揍了一顿，是一个无法改造的人。1950年在营口税务局当办事员，因吃不了苦，便开了小差跑到天津，局里早就不想要他，我也未再理他。

在营口税务局接收张学铨的，就是王岳石在1937年介绍给张学思的冯定庵，后来他在第十四集团军任名誉参议时，还邮寄了冬装给在延安的张学思、王岳石、罗文、金浪白等人。

1942年，被刘伯承点将留在太行山上的王岳石，在一二九师作战科科长的位子上还没坐定就有了变动。

左权在太行山十字岭牺牲后，滕代远接任八路军总部参谋长兼情报处处长，滕代远的妻子林一担任情报处下面的派遣科科长。2016年第9期的《党史纵览》，刊登了滕代远和林一之子滕久昕的一篇文章《母亲林一单身入北平检查情报工作》，该文详细记录了王岳石的这次工作变动：

王岳石，1914年生，辽宁省辽中县人。曾用名王金镜、王鉴平。日本士官学校毕业。1930年参加革命工作，1932年2月加入中国共产党。曾在海龙县委组织抗日义勇军工作。1933年在东北军六十七军特务队搞兵运工作，任党支部书记。1934年至1937年，在日本东京组织东北青年解放社并同时在日本陆军士官学校学习。七七事变后回国，在东北救亡总会党组书记刘澜波的直接领导下，和张学思一起筹组"东干队"，动员东北军下级军官和进步青年到敌后去。1938年12月加入东北抗联，担任东北救亡总会驻陕北延安办事处副主任，随后进入延安马列主义学院深造，同时更名为王岳石。后转战华北战场，任冀中军区政治部敌工科科长。1942年"五一大扫荡"时，随冀中军区司令员吕正操部跳出封锁线，途经冀南、冀鲁豫地区，转移进入太行山区。在涉县休整、待命时，刘伯承慧眼识人，将他留在一二九师任作战科科长。

1981年5月21日，王岳石撰写了2万多字的《我做地下工作的回忆》（以下称"回忆"）一文，也对这段往事作了回顾。他写道："1942年冬，林一同志来一二九师同我谈，拟（选）派我去北平做敌占区工作。刘伯承、邓小平、李达3位首长不太同意，仍想留我在一二九师。两天后林一同志回前总，经请示滕代远首长，仍认为根据党中央和毛泽东同志关于抗日战争总的战略方针和

★王岳石是罗文参加革命的引路人，他1985年在《军史资料》第一期发表文章，披露了1933年至1937年在日本东京留学的中国共产党员与爱国进步青年的活动情况　罗亚军供图

部署，迅速开辟敌占区大城市工作非常必要。1942年底决定调我到前总并派去北平做敌占区工作。"

当时，母亲林一才25岁，她对派遣人员的选择非常认真和细致，并不断在太行军区甚至全军范围内选人，还多次亲赴抗大总校去挑选合乎条件的干部。情报工作会议后，为了加强北平情报站的工作，林一派王岳石在北平建立另一个情报站。

1943年春节期间，王岳石离开第一二九师师部，沿着泥泞的道路翻山越岭，来到前总情报处报到。在动身去北平之前，滕代远和林一找王岳石面谈。王岳石向滕代远汇报说自己曾在北平被捕过，身份许多人都知道，在延安东北救亡总会办事处工作时，认识的人也较多。对此，滕代远细心地嘱咐他要充分利用各种矛盾和社会关系，注意掌握敌占区工作方针、政策和工作方法，指示他抓紧时间准备，随时待命出发。王岳石表示坚决克服困难，积极努力地去完成任务。

受命后的王岳石，住在一个半封闭的院落里面。在林一的指导下，他大量阅读有关敌伪方面的资料；复习日语；回忆与查找可以利用的社会关系；学习摄影、洗相片、密写、化装等技术；熟记联络方法及暗语；拍摄照片制作假"良民证"，并根据工作需要改名为"王鉴平"。

两天后，王岳石与前总情报处委派的交通员李子和（兴周）一起进入敌占区安阳，然后在丰乐镇车站买好火车票，二人登上了北去的列车，一路上十分顺利。

根据滕久昕的这篇文章介绍,潜入北平的"王鉴平",打入北平警察系统后,当上了第七队上校警衔的队长(相当于大队长),并成功地建立了王岳石情报站,地址就在中南海东北门外的王岳石公馆。情报站下属十余人,在王岳石身边有5名从太行山总部派来的谍报人员,其中的宁至远(新中国成立后曾任铁道部科技局长)当上了北平市伪警察局内五分局局长。几年间,王岳石通过调整人事关系,牢牢掌控着这支警察力量直至1945年8月日本投降。

这时曾经给大家邮寄过棉衣的冯定庵也被派到了北平,归王岳石领导,他在晚年回忆道:

1944年,东北抗日救亡总会陕西分会派我到北平搞经济工作。这时,王岳石也从延安到了北平开展党的秘密工作。我以经商为掩护辗转来到北平,直接归王岳石单线领导,主要以买卖房地产为掩护。不久,王岳石告诉我党组织的活动经费十分紧张,我听后立即将岳父托我买房子的三十四两半黄金借给北平党组织使用,后来又将这笔黄金全部捐献给党组织。

后来,党组织上对我的行为给予了表彰,并将此功记入档案。在一次与张学思见面时,我们谈到了这件事情,张学思对我把黄金捐献给党组织的做法大加赞赏,说我为北平的抗日斗争做了一件大事、好事。

1945年初,我在由北平前往山西运城联络工作时,被日本特务逮捕。在狱中,我受尽折磨,但没有泄露任何组织秘密。"八一五"日本投降后,我拖着重病的身躯走出了监狱,重获自由。待我的身体稍微恢复了以后,立即给王岳石写了一封信,询问他和张学思的情况。不久,王岳石的弟弟王金锐给我回了信,说王岳石与张学思已经奉中共中央命令,到了东北。

不久,我到了沈阳,给王岳石、张学思分别写了信,请他们尽快为我安排工作。这时,张学思已经任辽宁省政府主席、省军区司令员。于是,我被安排到营口市税务局工作。在营口税务局工作期间,我到省政府结税、开会,时常到政府所在地瓦房店看望张学思，我们经常交流工作和思想情况。

张学思平生最喜欢的是骑马。有一回，我到辽宁省政府所在地瓦房店，张学思请我看他的那匹大洋马。还要请我骑一骑。看到这匹膘肥体壮的大洋马，平生没有骑过马的我婉言谢绝了。

一次，张学思让我把他的八弟张学铨安排到营口市税务局工作。于是，我把张学铨安排在税务局当了一名办事员。

这时的冯定庵任营口税务局副局长，此后担任过营口市政协副主席等职务。

谢雪萍口述

小八叫张学铨，比我小点，他是五夫人最小的儿子。

1945年日本投降，我们去东北了，他跑到冀中找他四哥，到处找，哪里有部队就找，就说他是张学思的弟弟，后来就把他送到东北去了。

哥哥看见弟弟，虽然不是亲的，但也是家人吧，对他顶照顾的，安排让他去学习。他们家天津过的日子比较富裕的，让他习惯一下这样的生活，怕他过不惯。

一开始，他的脑子里面认为，四哥当头了，省长了，我是弟弟，反正公子派作风难改，也不好好学，还是纨绔子弟的作风。哥哥就特头疼。那怎么办，还得让他练啊。

结果有一天，他在那玩枪，把自己的腿给打了。

他哥哥就把他交给一个比较放心的部下，放到营口税务局了，那个负责任的同志是我们东干队的队员，就交给他管。

1950年初，他从营口开了小差，坐上了火车回天津，张学思经常从沈阳到北京去，正好张学思也在这列车上，警卫员就看到他了，说你四哥就在这列车上,把他吓得够呛,你别告诉四哥我在这,你要告诉那我就跳火车了。后来到了北京警卫员才告诉学思,但是他早在天津下车了。

本来他也应该算是1949年前参加工作的老干部,这么一弄,就啥都不算了。他就在天津混,原来他妈有房子,他都给卖了。

后来在学校做总务工作。

张学铨出生时,正好传来反奉的郭松龄兵败被杀的消息,所以得小名太平郎,也是张作霖的八个儿子当中最小的一个。

张学铨从营口回到天津后,一直到1960年,在周恩来的过问下,被安排至中学工作。退休后任职区政协委员,1996年过世,享年71岁。

张学思自传

1945年9月,与张学铭见一面后,再未见过。

1949年初,二母亲及二姐看过我一次,以后亦未再见。

1949年秋,奉周总理指示在北京给大姐解决了住房问题。1950年因搞地皮给军委修建,曾给她写过一封信(经张清化同志办的),以后亦未见。

我曾听大姐讲,遇五母亲、六母亲是在台湾或香港,详情不知。

自1938年我到延安后到现在,除自1950年与母亲保持正常母子关系和上述几个短时接触外,我与家庭成员无任何关系。

大姐即张首芳,生于1898年,张家子女中最小的张学铨生于1925年,姐弟相差27岁。张首芳被张作霖包办,嫁给了黑龙江督军鲍贵卿的儿子鲍英麟。张作霖死后,鲍英麟提出离婚,遭到拒绝后,另外娶亲。

新中国成立后,居住在北京的张首芳生活困难,周恩来听说后,专门为其解决了住房和生活补助。

1954年过世，享年56岁。

多年后，六弟张学浚的儿子张闾实这样描述他的大姑："早年随着爷爷张作霖在辽宁一带与土匪搏斗，骑马双枪是东北军早期的猛将，母亲见识过大姑的枪法，在天津市大姑发现大姑父鲍英麟在街上与女人暧昧，一枪打掉大姑父的发梢。从此大姑父不敢回家，母亲问大姑不怕打到大姑父吗，大姑很自信说这点距离不会失准。"

张学浚1942年考入北平辅仁大学，响应政府"十万青年十万军"的号召参加抗战，在军统任翻译官。后去台湾。

谢雪萍口述

张作霖一共有八个儿子，老大、老二是一个妈妈的，就是第一个夫人赵夫人。

老三、老四是一个妈妈的，是我们家老太太的；五、六、七、八是一个妈妈的，是五夫人的；

二夫人生两个女儿，后来讲二姑、四姑，那就是二夫人生的孩子；

三夫人因为和张作霖闹矛盾，出家当尼姑去了，没孩子。

三夫人有个弟弟，在外面横行霸道，一晚上把沈阳好多街灯全都打了。张作霖觉得对不起老百姓，就要对他问罪进行处理，执行法律制裁，三夫人就不同意，不同意这老头儿还是干了，她一生气，就出家了。

三夫人戴宪玉原本已嫁人，被张作霖强行娶亲，和四夫人许澍旸同一天娶进门。但是戴夫人极有性格，与张作霖并不和睦。

民间传言戴夫人的弟弟喝醉酒用枪把一条街的路灯全部打碎，被张作霖枪毙，戴夫人一怒之下出家。张学良在口述中否认了这件事：

"她就说出家,我父亲给她一笔钱,都是我给办的,给她一笔钱,她就走了。我知道她在那庙里待着,可是她并没出家,她在那常常打牌呀。不是因为她弟弟的关系,这是外头的谣传。这件事是另外一个人,那与我家没关系,那完全影射。那个人姓韦,叫韦静斋。他晚上吃醉了,坐着洋车。城门口到晚上都有一班人,有一个排长带着,看守这个城门。韦静斋他家里很有钱,吃醉酒拿个手枪,在洋车上'砰、砰'放枪,走过城门。那个把城门的就拦住他。他就'砰'一枪把那个排长打死了,那个班长上去给他一刺刀,就在脖子这儿给了一刺刀。就把他从洋车上摔下来了。那时候那兵都凶啊。这是另外一回事,他家里很有钱。他就这么死了。是谣传。"[1]

张学思自传

1952年12月,突接于学忠来函,得知他在二母卢氏要求下,以我家所有人的名义,把顺承王府卖给政府,并分了十八份,每人应得一亿七千余万元(旧币),要我去取钱。此事我事先毫无所闻。我把我母及三哥、三姐、五姐和我所应得的五份钱共八亿五千余万元(旧币),送交周总理退还了政府。

旧东北军政界上层人员一般我均认识,1938年后迄今均无联系。

奉军入京后,张作霖占据顺承王府为大元帅府,王府家族人等生活无着,请贝勒载涛从中说和,将王府以7.5万大洋卖给了张作霖。此次政府从张氏家族购买此地后,设置为全国政协办公所在地。

根据《张学思自传》,1950年四夫人带回来个人存款美金四万和英镑千余,在中国银行兑成人民币9亿多元(旧币),大致推算,顺承王府这次易手,交易价格大约为13万美元。张学思送交周总理退还的5份钱8.5亿元(旧币),

---

[1] 《张学良口述历史(访谈实录)》,张友坤著,杨天石编,第4卷第1118页,当代中国出版社,2014年出版。

折合将近 4 万美元。

二母卢氏就是张作霖的二夫人卢寿萱，生女张怀英、张怀卿。大夫人赵春桂早年过世后，卢夫人对张首芳、张学良、张学铭像生母一样关怀。

二女儿张怀英由张作霖包办，嫁给了蒙古达尔罕王的儿子，但是这个儿子智力呆傻，张作霖死后，由张学良做主解除婚约。另行嫁给了外交家陈箓的儿子陈友涛，陈箓是中国第一位在法国获得法律学士学位的留学生。

1938 年，陈箓出任伪维新政府外交部长，陈友涛担任总务司司长，父子一起成为汉奸。第二年，陈箓被军统特工枪杀于家中。

陈箓的女儿陈润琼，记者出身，后来嫁给了唐纳，在法国开饭店为生。

四女儿张怀卿嫁给辫帅张勋的儿子张梦潮也是张作霖包办的，张梦潮有精神病，张作霖死后，仍是由张学良做主离婚。此后张怀卿先后嫁给了岳民烈、姜秉玉。

新中国成立后，卢夫人和张怀英、张怀卿一起生活在天津，母女三人相依为命。卢夫人 1974 年过世，享年 94 岁。

谢雪萍口述

五姐张怀曦嫁给了张晓雪，在美国生活，是上海人。"文革"后，张晓雪的父母还到大拐棒胡同的老太太家来看过。

老太太讲，张作霖那人说话算数，说不理你就不理你了，从此就不来你这了。为什么她对一夫多妻那么恨哪，觉得顶没有意思的。有时候讲过去的事，一讲到这就说，就是街边卖菜、种地，也不要嫁给大户人家。

人家是围着火炉吃西瓜，那是反季节生活，一般人过不了的，一家人高高兴兴的，也有钱花，那些姑娘们做衣服，一批批拿进来，有的还没穿就一堆堆扔了，这是人家过的日子。同样你也是夫人，可是你没有啊，对比的差距很大。

老帅不宠你，你就没这个来源，要也要不来，他都不理你你要得来吗？日常开销那都有月钱，老太太告诉我，月钱每房是一样的，那月钱是死的，就像现在发工资似的，但是有些特殊给的不一样。老太太留下来好多小章呢，取月钱用的印鉴，发的时候要盖章，摁手印，她讲的，这叫发月钱。我一听还挺逗，像单位发工资似的。

我们到北京以后，张学铭就来看我们和老太太，他跟张学良是赵夫人生的。学曾和学思是一个妈，是我们老太太生的。

我们在平西的时候，日本投降了，他就到处找他弟弟，跟城工部联系上了，到潭柘寺见的面。

二嫂叫朱六，是朱启钤的第六个女儿朱洛筠。二嫂家是个非常大的家庭，朱启钤是清朝后期的交通次长，北京很多建筑都是经过他手，很有名的，我曾经看过他一个展览，关于朱启钤怎么修建北京城的。

在朱六前面，还有一个二嫂，我也见过，后来到天津看过她。

张学铭和朱洛筠大概交际场上认识的，他俩好了，和原来那个不离婚，他俩到外国去周游去了。那房只有一个女儿，这个朱六有两个儿子，不过现在也都没有了。

张学铭这个人啊，按我们老太太讲，说张学铭到哪说到哪，都能说半天，就把夫人扔一边了，二嫂就在一边站着，急得不得了。老太太说，胖子可是有福气的，不受什么罪，不像他儿子，参加抗战啊辛苦受罪啊，他就是有吃有喝不遭罪。

国民党退台湾时，不知道他为什么没走，后来也没说过这个。

学思跟学铭的关系还行，学铭有困难，没钱了有时候来找弟弟，跟弟弟要点钱，我们也没啥钱，但是也会接济他两百三百的。

他原来的经济挺好的，时间太长了，积蓄慢慢花完了，家底花完了，又爱抽烟，又爱吃，两口子抽烟。

张学思也抽烟，抽得厉害呢，我们认识的时候他不抽烟，结婚以后也不抽烟，后来到了冀中以后，熬夜了，慢慢就卷干烟叶，慢慢就学会了，后来简直就没法了，一天离不开，老抽，没事就叼着烟。挺烦的，那也没法子。

他不喝酒，不会喝。他一喝酒，立马全身都是红的，反应很快。

后来张学铭病了，我去看他，他说我对别的没意见，就是最后对大哥有意见，不分家。

张学良哥八个，张学铭是走得最早的，他后来是全国政协常委。有一段他挺困难，没钱。兄弟八个，现在一个也没有了。老大还是去世比较晚的。老三学曾是最后走的。

新中国成立后，张学铭选择天津定居，所有的张家后人，无论男女，都离开了沈阳。

20年前的天津市长张学铭，被任命为这座城市的人民公园主任。人民公园原来叫荣园，是清代富豪的私家园林，这时已经有百年历史。他委托章士钊帮忙，得到了毛泽东亲笔题写的"人民公园"，题字立即被制成牌匾挂了出来，这也是唯一得到毛泽东题字的公园，题字原件如今保存在天津市历史博物馆。

曾经的陆军中将，曾经23岁的天津市市长，从此潜心于园林研究，后提升为天津市建设局副局长。周围的人但凡说起张学铭，都公认他是地道的美食家，饮食上极为讲究，喜欢亲自下厨房，熟悉京津两地大厨师的拿手菜，很多特级厨师都得益于他的指点。

应了那句老话，民以食为天。

谢雪萍口述

张学思从来不讲老爷子过去的事,讲的都是老爷子怎么宠他大哥,什么事都是大哥去办,而且有好事也是他的侄子去干了,也没他的份儿。比方有些接待外宾,有什么新鲜玩意儿啊,都是人家的事。这些就是差距。所以他才有可能去看《大众哲学》,也是因为她妈妈给他的影响。

他喜欢孩子,回家抱着孩子亲,对两个儿子特别宝贝,相对来说,喜欢男孩比喜欢女孩多点,所有的女孩都是我起的名字,男孩都是他起的名字。我们没有按家谱走,家谱现在我的孩子应该是闾字辈,我们没有一个叫闾的,他说了,我们不按这个走。

后来我发现,他对两个男孩观察得非常细,从小他们的脾气、秉性,他都摸得很准,我就马马虎虎,孩子就是孩子,管他怎么着,发展都是他个人自己的事。男孩将来要支撑家庭,后来我看也不是那么回事,谁给你支撑,还得是你自己支撑。

我们老头爱吃酸菜白肉,在北京我们就去砂锅居吃,这是满洲人的伙食,以前满洲做武官的,在西城,都到砂锅居吃饭,那是专门为武官做饭的。我们原来住在西四,经常去那里吃饭。

在那里好几次遇到了王以哲的女儿王育新自己在那里吃饭,她嫁给了王岳石,后来白竟凡和她走动得很密切。

张学思的爱好倒是挺多的,打球、滑雪、游泳,他都会,不做饭,他从来不摸厨房那些事。他会吃,知道想吃什么,因为在家里吃出来的,过去家里有那个条件,知道什么怎么吃法,我这连知道都不知道,更不知道怎么做,所以后来为啥留下那个厨师呢,好给我们煮点饭,我也不会煮,东北菜更不会了。这么些年出来以后在部队

★张学思和家人登长城留影 张仲群供图

也没有自己做过饭,平时都是大食堂,也没自己煮去。

他很少玩,到北京以后,他很喜欢星期天到野外去,爬爬山,游泳,吸吸新鲜空气,到水库去,全家都去。

从1943年我就和白竟凡分开了,从1943年到1953年十年没有见过面。1953年我们到了北京,高崇民请张学思和我去翠花湾吃生鱼片,高老后来经常一吃好的就叫上我们,我们也就去。就是那次,在翠花湾高老家中又见到了白竟凡和高存信,这时我才搞清楚了他们和高老是什么关系。

在北京学习后分配工作,廖沫沙找我谈话,先安排我去测绘局当书记,我一听我说我干不了这个事,就把我分到91中做支部书记。后来在国家图书馆档案室离休的。

姐姐妹妹里面,老大叫首芳,五几年就去世了,张学思带着大女儿去送的。

二姐是卢夫人的,我也见过。"文革"前,在东安市场,那个市场卖什么的都有,吃什么的都有,有天晚上我和张学思去逛街,偶然见到她们母女三个,从天津来到北京吃小吃。正好碰见,见了卢夫人一面。

她们很讲究的,那是有钱的时候,没钱以后就是两码事了。"文革"后,卢夫人去世了,两个姐姐困难点,我有时候去看看她们,后来也都去世了。

台湾那边三个弟弟,和我们没有联系,"文革"后,老五回来过,是五夫人的大儿子,叫张学森,到我家去过,看过我,他是心脏病突发在北京去世的。我没见过老六、老七。

1955年授衔他少将的时候,我当时在念书。

调到北京后,我没让他安排工作,第一件事就先去考学,考了北京大学的附属工农中学去学习。人家都说你怎么回事,学完女子大学,又回来学中学?我说这有什么奇怪的,虽然女子大学牌子很大,但是里面的功课不一样,我的基础文化差呀。

中学应该是六年制,它是四年学六年课程,里面学生都是各地的工农干部,新中国成立初咱们的干部没文化的多的是,而且都是年轻的,全部住校。我当时33岁,是年岁最大的,管毛主席生活的小鬼,也在那学习。我还是班上工资最高的,那时是14级,到现在

★ 1955年5月高存信将军和夫人白竟凡　高劲松供图

都没动。"文革"后没人理我，我自己也没提。

我最小的女儿就是在上学时怀孕上的，那时候刚刚解放，学校很穷，就是四方凳，每天那么一坐，就那么直着，那几年也挺辛苦的。有家也不能回家，都是老张在管，家里有个保姆，奶奶也在。

要授予他少将的事我根本不知道，那天我们吃早饭，七点钟听广播，都是拿着碗一边吃饭一边听广播，一听，呦，张学思评上少将了，大家的眼睛瞪着我，我也觉得挺奇怪的。我没想到，也不想这事，那时就是一门心思工作学习，听完了也没啥心情，没有概念。

到了"文革"，一大批人倒了，实际上"文革"前就开始了，1966年又倒了一批。到了1967年，本来都开始平静了，不知怎么就把他搅进去了。

那天一大早，早晨四点来电话，天都没亮。我们床头有两部电话，一部红色的，那是直接通到海军的，一部普通的。红机子响了，说有急事马上去开会，平时他们军务繁忙的时候，就是一个电话就走了。他就立马起来，赶紧安排司机去开会，结果到了就被扣住了。这个司机几天前刚换，我们都没在意，后来才明白。

等天亮了，一大群人就来了，抄家。我有点蒙了，也谈不上蒙，已经见多了。

抄家时把桌上的四节电池也抄走了，我说完了，这就是怀疑他是特务了。那几节电池是前几天学思刚买回来的，新的，放在桌上还没用呢。

他进去了以后，跟吕正操关在一起，住对面，但是不能通气。后来吕正操出来，说学思不理解，想不通，顶得很厉害，很生气，一根一根地抽烟。

当时和吕正操关押在一起的,除了张学思还有伍修权,张学思住在吕正操的对门:"张学思受诬陷被关押在通县时,有一股硬劲,死不低头,一天到晚生气,一生气就抽烟,一根接着一根。1991年,我在纽约见到张学良,向他谈起此事时,张学良沉吟了半天,慢慢地说:'他不知道忍耐。'接着又说:'我有一句话,曾跟年轻人说过:什么叫大丈夫,大丈夫能屈能伸。'"①

谢雪萍口述

张学思去世的时候,大夫给他最后下的结论是极度营养不良,是播散性肺结核。实际上那是把他折磨得够呛。

1970年5月29日去世,54岁,他是1916年生人。

要火化了,我去309医院看他遗体。我围着他转圈,转了半天。以前不能讲他,我现在提,都很难过,一讲他,立马这个形象就出来了。

他原来身体很好,爱好活动。其实直到人没了,直到现在,都没搞清楚到底是因为什么整他,到底是啥罪名。后来问专案组,专案组都说不清楚。

当时还有一个特奇怪的,所有的人一被抓了,肯定免职,张学思没有被免职,他直到死都没被撤销海军参谋长,弄不明白。

老太太是1978年没的,走在儿子后面,开始一直都瞒着她,直到1975年她才知道,她最喜欢这个儿子,现在人没了,刚开始两天一句话都不说。

张学思于1958年从苏联伏罗希洛夫海军学院学习回国,出任海军第一副

---

① 《吕正操回忆录》,吕正操著,第501页,解放军出版社,2008年出版。

参谋长。

1961年任海军参谋长。

1967年被扣押。

1970年过世，时年54岁。

> 追往事烟消云散百索无有，
> 命反省都成抗拒态度顽固，
> 群坚认我做我为一清二楚，
> 说实情毫无印象谁能明查，
> 为了案循情编造又与实违，
> 揪斗组连日追问逼我大难，
> 忆今生愚氓迟钝殃祸自取，
> 愿身殉共产主义万死如归。

这首诗是张学思在被囚禁时写下的，原诗没有题目，四十多年后，他的儿子张仲群给它起名叫《狱中诗》。

高崇民的孙女、高存信和白竟凡的三女儿高劲松在看过本书的初稿后，在这首诗的后面写下了这样一段文字：

这首诗谢阿姨反复读，读了又读，已经深深地刻在她脑海里。从诗中我们可以看出张叔叔开始还是认真反省自己工作中的缺点和不足，但渐渐地发现无论是怎么反省，也达不到专案组的要求，因为专案组是有目的的，是在无中生有地编造诬陷。只有两年八个月的时间，身强力壮的张叔叔在精神和身体上受到极度的摧残，愤然写下了"恶魔缠身"四个大字后含恨离世，年仅54岁。张学思叔叔一生光明磊落、丹心铁骨，抱定决心，绝不屈服造假。

张叔叔在被关押期间认真通读了《列宁全集》，在退回来的书籍中，我们看到过他写的密密麻麻的批注。他对党是忠诚的，对共产主义信仰是坚定的，对人民是热爱的。他一个大帅府中的四公子，冲破封建军阀家庭，投身革命，追求真理，成为一名共产党员。战争年代，他九死一生，浴血拼搏；和平时期，工作上勤勤恳恳，不多说，只多干……他真正地是一名铁打钢铸的优秀共产党人。

谢阿姨与张学思从延安一路走来，相识相伴27年，感情至深无人可比，无人可替。他被迫害致死，使谢阿姨痛不欲生，十年都调整不过来。一开始根本就不能提他的名字，一提她就受不了……随着时间岁月的推移，现在47年过去了，心绪也渐渐平和，融化了，才可以讲讲他的事了。

2017年的夏天，谢雪萍对去看她的老战友的后代高长平、高劲松、陈海明讲述道：

我以前从来没有和你们讲过，也不能讲，我向你张叔叔遗体告别的情景。因为我一讲就受不了，人整个就要疯了。今天我向你们讲一讲吧！

要火化了，我去309医院看他遗体，什么样子呢？他两个眼睛半睁着，面颊上留下了两滴血泪，是血泪呀！口是半张着的，是有话要说的……

谢雪萍说到这里，情绪激动，两眼充满了泪水，流淌出来，开始有点呜咽。高劲松赶紧抚摸她的后背，安抚她，让她逐渐平静下来。

谢雪萍口述

我围着他的遗体转了好几圈，转了半天。我回家后心里特别难过，无法安睡，一闭眼就是那个形象。以前不能讲他，因为一讲他，立马这个形象就出来了，两眼半睁着，面颊上有两滴血泪！口是半张着，有要说的心里话。现在提起来，仍然都很难过。想想他的一生。他一生为什么？他从没有为过自己，他一生忠于党，忠于人民，他也忠于家庭，这点是很难得。

在我来看，我跟他不是很匹配。当时（指在延安时）我们同学里有人反对的，说我配不上他，我是知道的，也觉得人家说得对。他是什么人，我又是什么人（指家庭出身，文化知识，差别太大），来撬杠的也大有人在。可是，他从来没有动过歪心。他被迫害死了，我真是很难过。他一辈子忠于党，忠于家庭，这样的好人真是太难得了。

高长平是高崇民的长孙、高存信和白竟凡的长子。陈海明是东干队党支部委员陈剑飞的女儿，中医专家。

1980年12月，中央军委、解放军总政治部批准为张学思平反昭雪，并根据中央与总政的有关指示精神，决定为张学思同志立传。

★ 第十五章

张学良，
英雄晚年就是这个样子

谢雪萍口述

1961年，西安事变二十五周年的时候，总理在北京饭店请西安事变有关人员吃饭，我当时在场。

都有谁呢，张家的、杨家的、高崇民家的，还有其他一些跟西安事变有关的。当时正好台湾出了一本《西安事变忏悔录》，张学良在里面忏悔了，说他错了。

那天在现场大家就说到这本书了，说到底是张学良自己写的，还是别人篡改的？这就是两种意见了，大家就在那议论。张学思就哭了，当时就离席了，不行了，他很伤心，他觉得大哥这样不能保晚节。

当时这个书谁也没看见，并没有定论，但是肯定心里难过，从这点看他是想大哥的，不然他不会当时激动地一下子不行了。我也只能陪他到旁边去歇着了。

会上高崇民还写了一首诗，意思就是说，现在我们别的人都很好，但是有一个人非常憔悴地在东南。后来大家说这不对，不能憔悴，太差劲了，改成奋斗，一个人奋斗在东南，大家都说挺好的。

整整30年后，由白竟凡等人主编的《高崇民传》出版，书中记录了这一顿饭的经过：

席间，大家谈论了张学良将军在台湾的近况，并就所谓张学良《西安事变忏悔录》一书进行了分析，心情最为激动的是张学思同志，当他向周总理敬酒时，竟泣不成声。这时，周总理也落了泪。他深情地对大家说："我流下的眼泪是代表党的，不是我个人的。那时候，是联蒋抗日，还是反蒋抗日，有争论。张汉卿说，要抗日必须争取蒋介石。主张联蒋抗日。他的爱国之心二十多年来，始终如一，正因为如此，我们更加怀念他，想起他们怎能使人不落泪呢！"

崇民热泪潸然而下，当场赋诗一首：

兵谏功成廿五年，乾坤扭转话凌烟。

今日座中皆旺健，一人憔悴在东南。

此时，为了扭转悲凉气氛，邓大姐举杯祝酒，她说："我们要化悲痛为力量。"杨拯民同志随之起立，祝酒说："革命成功，必付代价；我们努力奋斗，终能获得完全胜利。"这时，周总理深感欣慰地说："好孩子，虎城有后了。"

饭后，周总理对崇民说："你的诗中'憔悴'二字太消极，不如改为'奋斗'二字为好。"①

《西安事变忏悔录》是张学良按蒋介石的要求，就西安事变所写的回忆长文。但是多年来，对于张学良的写作原委学界讨论的莫衷一是，甚至关于标题是忏悔录还是反省录也难以认定，而围绕该文前后出现多个版本，究竟哪个版本才是张学良亲自执笔，哪个是经他人修改后对外披露的并无定论。

谢雪萍口述

他平时很少跟我谈起大哥。

他后来给张学良写过信，写信的时候在我们家写的，具体怎么写的我不知道。当时有个台湾工作小组，张学思是其中之一。

是通过朱启钤的姑娘朱五，就是我二嫂的姐姐、张学良副官朱光沐的太太带过去的，她当时可以去台湾。通过她，在教堂时，把信夹在《圣经》里。通信内容我就不知道了，我就知道有这个事。信不是张学思一个人写的，还有高崇民他们这些人。不可能有回信，

---

① 《高崇民传》，丘琴、白竟凡、高凌主编，第286页，人民日报出版社，1991年出版。

能不能收到都不知道。

到后来，张学思也去世了。再后来都老了，我也懒得说这事，反正都老了，讲这事干吗，都是伤心事，干脆都不说。见面连提都不提，不讲。

周恩来也写过一封信给张学良，内容只有十六个字：为国珍重，善自养心；前途有望，后会可期。

没有抬头，没有落款。

传送信件需要合适的人，此时生活在香港的朱湄筠进入视野。

当年九一八事变后，马君武写下《哀沈阳》，一句"赵四风流朱五狂，翩翩蝴蝶最当行"，让朱五小姐朱湄筠和蝴蝶在国人的口水中成为风流人物。

后来在香港朱湄筠正好碰到马君武，她主动过去说："马先生，你知道我是谁吗？我就是你诗中所写的那个朱五啊，来，我敬你一杯，我谢谢你了，你把我变成名人了！"

马君武是国民党元老，知名教育家，1940年病逝于抗战大后方桂林，享年59岁。

通过当时工作在中央文史馆的朱启钤，联系上了朱湄筠，时隔三十年，秘密信使"朱五狂"，几乎穷尽心思，终于辗转将信传递给了幽禁中的张学良。

关于周恩来的这封信，写于何时，通过何人以何种方式传递给张学良，流传着多个版本。结合谢雪萍老人上述的回忆，很可能一批人的信，当时都夹在朱湄筠手中的这本《圣经》里了。

谢雪萍口述

学曾在抗日战争之前，就留学美国。我没见过他。

1986年中央批准我去美国探亲，目的就是看看张家的几位，看张学曾，还有于凤至。

我专门找他，他不愿意见我，他电话里一听是我，啪把电话就撂了，不见。我原来也不认识他，张学思也没了，我找他好多次，不愿意见，那就算了。

后来我那个堂哥，叫张学文的，他说你知道你那个三哥害怕得不得了，你是共产党啊。

二嫂告诉我，说有人跟他说，你四弟派人来了，立马从后门跑掉了，也不知道他怕什么。这么个人，对政治没兴趣。

他很小的时候就出去了，十几年前过世了。他跟老大见过，张学良去看过他，他不怕大哥，怕他弟弟。

宁恩承告诉我，你来之前，五婶（张学森夫人）来了一次走了一遍，张学曾的儿子跟我说过一句话，你知道他们为什么没见你吗？但是我没问，他也没往下说，这事就是个谜。

这次探亲失败了，还不错，见到了于凤至大嫂。

于凤至住在一个很怪的地方，在一个高山上，后面是悬崖。

于凤至大嫂一见到我第一句话就说，我什么都没有，我说大嫂我不是来跟你要东西来了。于凤至躺在床上，唠唠家常，没什么人来看她，有两个台湾人照顾她。给我看张先生的照片。

我还进了五角大楼一趟，刘华清要送给美国海军部长一幅画，我就进了五角大楼，还吃了一顿饭。

宁恩承当年受张学良资助留学英国学习财经，回国后从事财经工作，曾任职东北大学代校长，后定居美国。

谢雪萍口述

我一共去看张学良三次。

以前我要去，不是这个不让去，就是那个不让去，我也无所谓，

★张学良、谢雪萍合影　张仲群供图

反正我原来也不认识他，学思也没有了，见面反而不好说什么，不去就不去吧。

2000年，他做百岁生日的时候，他儿子约我去，给他过一百岁生日，我去了。

但是过生日那天我去不了。我接到通知，还需要一段时间。他是6月1号过生日，我是6月10号前后才到的夏威夷。

张学良眼睛不太好，看见我时盯着眼看，这么看，使劲看一看地那么看，没见过面哈。所以看当时拍的相片还挺有意思，相片照出来的就是盯着眼，我也是看相片看的。

见面就是看看我送给他的东西。我们的二女儿去了，给他看看学思的相片，没说什么，不说别的话了。人家都一百岁了，再讲那些伤心事没用的，就是看看亲戚，问问好，就这样。

这是我第一次见到他，之后约好第二年再去看他。

他喜欢讲故事，这个老人很逗，专门给你讲各种故事，讲他小时候怎么淘气，怎么这个，怎么那个，怎么乱七八糟，他都跟你讲。在恨谁，在爱谁，在喜欢谁，在想什么，他都跟你讲。

我想我老爹，三句四句就会讲一次，想我爸。就这么说的，想我老爹，想我爸，我想回去，我想回家。想回东北啊，想老爹啊。

最恨张学铭，恨铁不成钢。最喜欢老四，有骨气。他都讲。我们不打岔，他讲他的，我们就听着。

张学良在晚年时曾对人讲："我二弟是我亲弟弟，叫张学铭，我最看不上他。他胆小，有好事他会削头钻。等这个事危险了，他会赶快躲开，掉头就跑。

"我三弟是个书呆子，念书的人。他当过联合国的秘书，可以说，他书念得很好。最厉害的，还是我这个四弟。我非常佩服他，他甚至比我还凶。"

作家汪东林长期工作于全国政协，与全国政协委员张学铭十分熟悉。2000年，汪东林在《炎黄春秋》第6期发表《张学良胞弟张学铭其人其事》，记录了他和晚年张学铭交往的细节：

一年后张学铭的健康状况略有好转，全国政协组织委员们就近到任丘、大港两个油田和天津市参观，他执意报名参加。参观团允许他带人陪同，乘坐一辆小卧车。在这次历时半个月的参观考察中，笔者作为工作人员，曾有几个夜晚同他长谈，有时则与他同车，在旅途中东南西北地自由交谈。

"张老，有位委员聊天时曾告诉我，说您大哥张学良对您非常严厉，不仅小时候对您严加管教，长大之后也常对您不留情，因此您非常怕您大哥，不知是否属实？"他对我的提问感到意外，扫了我一眼，反问道：

"告诉你这话的委员是谁？能通报他的尊姓大名吗？"

我愣了一下，考虑话已说出，索性再具体一些，便接着说："这位委员自然是您的老朋友，同我也是认识多年的，但我不便点出他的名字。他还具体告诉我这样的事，说您在 30 年代初吧，有一次坐飞机到国外去赌博，输了一大笔钱，您大哥得知后，把您扣押起来要重处，不少人出面说情才把您保释出来，不知可有此事？"

"好了，我知道了。同你说这些的一定是唐胖子（指唐生明），他狗嘴里吐不出象牙，道听途说，你就信他的？"张学铭一语道破，但他并没有生气，又接着说："告诉你吧，年轻人。像我这样生长在封建大军阀家庭，在旧社会混了半辈子的人，身上染点恶习是不足为奇的。他唐胖子比我有过之而无不及，还有脸说我，真是岂有此理！"①

唐生明是唐生智的弟弟，黄埔四期毕业。1938 年春，担任常德警备司令的酆悌主动提出与担任长沙警备司令部代司令的唐生明对调，得到同意。当年年底，发生长沙大火案，导致 3 万人丧生，毕业于黄埔一期的长沙警备司令酆悌被蒋介石下令枪决。

1949 年，唐生明积极参与湖南和平起义，后任职解放军第二十一兵团副司令员。新中国成立后，先后担任过全国政协委员、常委。1987 年过世，享年 81 岁。

1981 年，汪东林到天津参加政协会议，再次和张学铭见面：

这天晚上，他接我到天津干部俱乐部吃晚饭，那里十分清静，客人就是我一个，加上司机一共三人。张学铭几乎上自俱乐部负责人，下至服务员、厨师，没有一个不熟悉的。这顿便餐，一律上小盘菜，林林总总，品种繁多，色香味都极佳，是我参加各种大小宴请中的印象最深的一次。我们的交谈，都是日常生活中的事，一句也没有提及张学良。②

张学铭于 1983 年过世，享年 75 岁。

---

① 《张学良胞弟张学铭其人其事》，汪东林，《炎黄春秋》，2000 年第 6 期。

② 《张学良胞弟张学铭其人其事》，汪东林，《炎黄春秋》，2000 年第 6 期。

2007年，杨拯民的儿子杨瀚出版了《杨虎城大传》，书中记录了新中国成立后杨拯民和张氏兄弟们的往来：

在抗日战争期间，父亲与张学良的四弟张学思曾同在延安马列学院学习。他们成了好朋友。新中国成立后两家来往不断。"文革"前，张学思在天津搞"四清"，经常来我家与父亲畅谈。张学良的胞弟张学铭也是父亲的好朋友。特别在"文革"之后他有大事愿找父亲商议。我结婚时，他还送了礼物。张学良的五弟张学森也是父亲的好朋友。几年前，张学森在北京突然去世。为了办好其丧事，父亲不顾自己的身体健康与年事，一天数次去见其家属，忙前忙后。父亲对其女儿张闾衡更是关怀备至。

1991年，张学良在遭受50多年的幽禁后获得赴美探亲的自由。消息传来，大家都很高兴。邓小平发出"你们要关心这个人"的指示。随即，大家开始了组团赴美看张学良的准备。当时，中央有一种意见是让父亲去，首先因为他的身份并且他与张学良有过直接接触（这样的人当时已很少了），更重要的是他长期从事统战工作，有丰富的斗争经验与政策底蕴，能够做张学良的工作。为完成此行父亲作了充分的准备。但遗憾的是中央最终派了他人赴美。父亲错过了一次促张学良回国的时机。从此，父亲就留下了一个心愿：有生之年见张学良一面。①

1998年，与张学思漫步在延河水边交过心的杨拯民过世，享年76岁。

2014年3月12日，《北京晨报》发表作者韩娜的文章：《全国政协委员、杨虎城之孙杨瀚谈家风忆往事"见到我，张学良一言不发"》：

杨瀚说，他和张学良的见面，就是为了给父亲还愿。1999年6月1日，夏威夷，杨瀚在一座教堂里见到了已99岁高龄的张学良。让杨瀚颇感意外的是，张学良态度冷淡，几乎一句话没说。双方只是礼仪性地说，"我来看你了。"

---

① 《杨虎城大传》，杨瀚著，团结出版社，2007年出版。

张学良说,"好好,谢谢。"

"当时我觉得可能是他老了,我也就是尽心来了,也没希望得到什么。"那次,杨瀚还有机会陪张学良在海边散了一次步,但张学良同样是一句话没说。

2000年,杨瀚在夏威夷参加了张学良的100岁大寿庆典,张学良讲话非常得体,说了不少感谢大家的话,并没有给人因年龄过大而不善表达的印象。当时二人没有私人交流,只有合影。

★张学良、谢雪萍、张仲群合影　张仲群供图

"回来后我就开始思考这件事,对我的态度冷淡应该是有原因的。"杨瀚开始从书里找答案。正好那时宋子文的日记对外公布,披露了张、杨两人在释放蒋介石的问题上吵翻了,后来也有许多观点并不一致。杨瀚似乎明白了张学良对爷爷后代态度冷淡的原因。

张学思的儿子张仲群说:"我见到大伯时很有意思,小阿姨介绍说,这是你最看得起的四弟的孩子。他第一句话就说,我不记得这些人了。非常有意思,我们都很奇怪。再去谈,他就开始讲他的那些故事,讲到他的那些哥们,说我这个人碰到事不害怕,我是个军人,有什么事把头别在裤腰带上,敢作敢当,评论他这些弟弟,就没评论我爸爸。后来旁边小阿姨说,那你四弟呢,他说我四弟跟我一样啊,就是都是敢作敢当的。聊天只要碰到重大历史事件,他都说我不记得了。但是只要一说到小时候的那些事,他都马上记得,当时他都101岁了。他的头脑里,有关政治的都不碰。"

谢雪萍口述

再就是讲他年轻的时候怎么样胡闹,他都讲。

讲他有一次跟他的秘书闹着玩,把他秘书吓得够呛。秘书不是女的,是男的,姓王,逗得特别厉害,现在想起来就是闹着玩整他。大概是因为他正跟一个女的干什么事,这个秘书来找他,打扰他了,所以他报复一下。他就是这样的人,你说好笑不好笑。

说人家跟他吹牛,说认得张学良。他就问人家,张学良长得什么样啊?人家就描写什么什么样。他就说那个人啊,就不知道他是张学良,他给我们讲这个故事。

对西安事变的事不提,一问就没话了,不讲。《忏悔录》的事我也没问,他只谈生活的事。

张仲群写过一篇纪念文章题目叫《学思与郑和号——写父亲张学思百年诞辰之际》，文中这样写道："毁誉由人。好像是我大伯张学良做人的信条，有人说他是五毒俱全、国家罪人，有人说他是千古功臣，至于他自己，虽然我只见了他一面，但明显感觉，他全然不在乎这些名头，想干吗就干吗。父亲的毁誉由人，与我大伯完全是两股道上跑的车，他从旧社会的顶层营垒（爷爷张作霖，那时可谓'东北王'，是当时社会顶层有数的乱世枭雄之一）中杀了出来，为自己的信仰与理想无怨无悔，他并非想干吗就干吗，一切以是否违背他的信仰与理想为准则，至于别人的毁誉，听之任之。

"信仰与理想的力量是无穷的，正因为咱党的无数党员，用自己的鲜血与生命，实践了要让老百姓过上好日子的信仰与理想时，老百姓对咱党的信任才从无到有，与日俱增，直至势不可当，共产党得天下也就成了必然。父亲的所作所为，只是这千百万党员信仰理想洪流中的一滴水。"

2005年，《炎黄春秋》第9期发表了阎宝航之子阎明复的文章《我为张学良将军送葬》，文中说，2001年10月，参加完张学良葬礼，回到北京的第二天，他就去看望了吕正操老人，吕正操说了一句："张汉公是共产党员。"

阎明复回忆起在中央统战部工作时，主持东北军党史整理编辑工作的宋黎跟他说，曾经就这件事去访问过叶帅，叶帅也给予了肯定的答复。

阎明复在文中继续回忆1995年夏天他到莫斯科时见到的一份材料：

我得以访问了莫斯科的所有档案馆。在位于前苏共中央办公大楼的苏共档案馆里，我偶然发现了1936年12月初共产国际给中共中央的一份电报。电报是共产国际关于不同意中共吸收张学良入党的问题给中共中央的答复。电文说，中国共产党应该扩大自己的队伍，但是应该从工人、农民和知识分子中的先进分子，而不应该靠吸收军阀入党来发展。这就是说共产国际、实际上是斯大林不同意中共吸收张学良将军加入中国共产党。当时，中国共产党是共产国际的支部，重大的事情都要向共产国际请示，吸收张学良将军入党是重大事件，当然要请示了。由此可见，张将军当时希望加入中共，中共中央也同意吸收他入党，并报告了共产国际，但遭到共产国际的否决。……

最近，中国社科院专门研究东北军史和西安事变的张友坤教授拿了台湾出版的张学良将军所著、张之宇教授校注的《杂忆随感漫录》一书给我看，其中说到张汉公1992年同张教授谈话时说："一般人都不知道我的心理，我可以说我就是共产党。""换句话说，我是同情共产党的，我认为共产党对中国有益处，而且认为共产党是爱国的。""换句话说我同情他们，不但同情他们，我拥护他们，这是真正我内心……"

阎明复此文的结论是，张学良是中共党员。

谢雪萍口述

瞎聊，瞎讲故事，就讲他小时候的事，怎么闹啊。讲他们家冬天包饺子装了几大房子啦，什么赌钱啦，讲这事。他们过春节，沈阳不是很冷的嘛，包完饺子放到房子里面去冻，几大房子都是饺子，谁来都煮饺子，就讲这些事。

吃完干吗，开牌，赌钱。原来他们一大家是这么过的，都赌钱。

我们那个四姐说过，就是张学思的四姐。她说那时候我们手里的钱，金条、银条都往床底下一堆，到时候拿出来就赌，谁知道现在这样穷啊，还不如当初把金条留两根下来多好。

后来她到天津了，很穷很穷啊。"九一八"以后，东西全没有了。又过了这么些年，她自己又不会干什么，那还不穷？不过还不错，后来政府管她。

我们老张头儿走了以后，我也到天津去看看二姐、四姐，知道他们家过去真是有钱。我们都是供给制，哪有什么钱，根本都不知道金条、银条长什么样。

我到夏威夷听老爷子这么一说，就更明白了，以前就听四姐说过这个事，她们赌钱都是整个金条银条拿出来赌的，现在这两个都对上头了。

张作霖的二女儿张怀英回忆："我父亲平日总是身着长袍马褂，抽旱烟袋。他最喜欢打麻将，斗十胡（纸牌），不论在奉天（沈阳），在北京，在天津，总有一伙人陪他打牌。有时在家里犯牌瘾，便把子女晚辈叫来陪他玩。"①

谢雪萍口述

他想他老爹，少帅跟我讲，老爷子是第一有智慧、有战略眼光的，蒋介石比不上他，张作霖比蒋介石行。蒋介石不行是因为战略眼光不行，他老爹战略眼光行的。你听他什么时候讲他老爹的时候都是有声有色的，他佩服他老爹，很想。

为什么很想？张作霖是1928年没有的，但是他还没有修好坟，他走的时候，老爷子那棺材还在大帅府家里放着，都没落葬，坟也没修成。等"九一八"以后呢，他回不去了，想回去也回不去了，以后又被流放多少多少年。这一辈子啊，到底后来怎么回事，想起来他也挺惨的呀。

"九一八"以后棺材才移到驿马坊，还是日本给移的，就是现在的坟，我前几年去过。

所以他老说我想我爸，没事就说那么一句，我想我爸，三句两句就离不了我想我爸。老人到这个年纪说这个话，哎呀，我听着都觉得很惨。有时候我一想这个，唉，有家回不得，英雄晚年就是这个样子。

曾经是陆海空军副总司令，曾经赫赫有名，曾经是美男子一个，

---

① 《在同张学良相处的日子里》，辽宁省政协文史资料研究委员会编，第266页，辽宁人民出版社，1986年出版。

到处有人追，曾经是好多事呢，人世浮沉就是这样。

张作霖生前本来在抚顺大伙房水库东北岸兴修了元帅林，面对铁背山，浑河、苏子河流经周边，但到他被炸身死尚未完工，所以灵柩未下葬。九一八事变爆发后，元帅林工程停工，张作霖灵柩继续停放。

西安事变前，由张学良做主，安排家人回沈阳，将张作霖灵柩下葬于锦州驿马坊，此前张作霖的母亲和大夫人已埋葬于此。

谢雪萍口述

当初吕正操特地去美国，跟张学良会面，谈得怎么样我不知道。

等要回来的时候，我问他，你有什么话要带给吕正操没有，他说没有，表情很一般，不是好像我们见过面，代我问个好什么的，就这个架势。

过去吕正操是他底下的一个团长，不像高崇民这些人都是他的幕僚，经常在一起研究问题。但是在国内，东北军里面，吕正操是最高的。

我听跟吕正操一块去的人说谈得还可以。

1991年年初，张学良获准赴美探亲。吕正操专程赶往美国，距离他们上一次见面54年后，上将吕正操再一次见到了当年的老长官，他送给老长官一幅墨宝，是启功先生手书的一首张学良的诗：不怕死，不爱钱，丈夫决不受人怜。顶天立地男儿汉，磊落光明度余年。

张学良说，你叫地老鼠，意指当年吕正操在冀中钻地道抗战的情景，又问他怎么跑到周恩来那边去了。再感慨，我最遗憾的是没有亲自抗日。

"我那四弟这个人也是很固执的。我到南京去呀，有事开会。我上海的女朋友来找我了，他不知怎么知道了，他就跟我大吵，说大哥你来开会为什么带着女人？我说，不是，是碰上的。

他很可惜啊。我那弟弟当中，我最喜欢他。他能游泳，那个英国的舰队在北戴河海外屯着，那时他还不是军官学校的学生呢，那兵舰就屯着很远啊，因为北戴河也没有码头。他游泳游到舰边上，外国人就看见了，很惊奇。"①

谢雪萍口述

其实没有宋美龄，张学良早就被蒋介石宰掉、杀了。宋美龄护着他啊，他俩那渊源也很长啊，是宋美龄去西安把蒋介石领走的，也是她亲口跟张学良说保证他安全。结果安全没保障了，人一辈子进监狱了，她能不尽她所能吗？能保他就保他，能送他点吃的就送他点吃的。

不过宋美龄这一点很好，到最后还是把他维护住了。张学良没了，宋美龄还送了花圈。

要是没有宋美龄，他真死了。活不到后来，人也很有意思，我这么觉得啊。他生活得很随意。

他1号过完生日赵四就住院了，我去得晚，也没人跟我讲，哪知道她就要走了。我给他看带去的东西，就拿了一条丝巾给他，我说这个是给大嫂的。他就嘀嘀咕咕地说，嗯，她死了我也活不了。我没听懂。因为我是给她丝巾，他怎么说她死了我也活不了？哪知道说谁啊？

后来才知道赵四在医院病床上呢，就去看她，我见到赵四的时候她已经不能说话了，我们也是第一次见面，我说我是谁，她是嫂子嘛，我是弟媳妇。她睁眼闭眼，睁眼闭眼，不能说话。她全身插着管子。

---

① 《张学良口述历史（访谈实录）》，张友坤著，杨天石编，第4卷第1269、1270页，当代中国出版社，2014年出版。

我已经定了回国的时间,赵四的侄孙女告诉我,她快死了,你是要走还是留下来送她?我说我肯定推迟嘛,就留下来给她送终了。

那里的医院是这样,看你没救了,给你把机器一撤,就断气了,外国是这样的。人死了要给她做弥撒,什么叫弥撒呢?中国话就是祝福的意思。我们这几个人,连张学良一块,围成一圈唱英文歌,我也不懂,就跟着,我们都在跟前看着赵四走了。

当时我推着张学良,别人都去忙后事去了,我就把他推出来了,他很痛苦。我跟他说,大哥,你是顶天立地的男儿汉,你要挺得住。这没什么事,人都是这样的。我跟他说了这段话。

他没落泪,他也不说话。我就跟他说,一定要挺得住。以后他就很想她,很想念赵四,他们的感情还是很好的。

赵四小姐,本名赵一荻,又名绮霞,2000年6月22日过世,享年88岁。和张学良生有一子张闾琳,张闾琳后娶妻陈淑贞,是粤系军阀陈济棠的侄女。

1990年,于凤至也留下一份口述,其中专门提到了赵四小姐,这份口述录完的第二年,于凤至过世,享年93岁。

"在汉卿掌握半壁江山的权势和大帅遗留的巨大财富之下,很多女人为谋取私利,不顾道德和法律,用一切手段缠住汉卿。对此,我从不过问。我相信他绝不负我。只有对王正廷的妹妹,他找我要求我接纳她做二房,说她人品好,留学归国,学识很高。并因王正廷的关系和政府要人都有渊源,一再要求,为此事我再三思考后拒绝。我说,为了我们两人这个家,为了孩子们,我不能同意。最后汉卿依从了我的意见,我心里感到很安慰,汉卿没有背弃他的诺言。这群女人中有一个叫赵绮霞,她父亲是政府中主管经济的要员,她因终日在舞场流连、不肯上学,被称为赵四小姐,她追逐汉卿,报纸杂志大肆渲染。她父亲管教她不听，登报脱离父女关系，成为一时新闻。她以此为由，托人找我，要求任汉卿的永久秘书，服侍汉卿的生活，汉卿要我决定。我可怜她十四岁幼龄，无家可归而允许。一些亲友长者劝我不可这样做，说这样好玩的小姐，不仅没道义可谈，和汉卿也无感情基础，对她的父母尚且如此，今后对你们又会如何？我则自认明白，不听这些谏言。赵绮霞来到沈阳帅府，一进门就跪地向我磕头，说永远不忘我的大恩大德，一辈子做汉卿的秘书，绝不要任何名分。我用我的钱给她买了一所房子，并且告诉财务人员，给她工资从优，以尽到对人之心。"①

谢雪萍口述

那次去，还见到了三姐张怀瞳的女儿，她嫁给了白崇禧的儿子，在美国生活。是个大美人，长得很漂亮，两口子一起来的。

张学良过完100岁，赵四就走了。第二年我又去给他过生日了，然后约好再过一年的10月份再去看他。为什么10月份呢，因为我孙女在日本，那时候有假期，我想带她一块去看他，已经约好了，但是我去以前他就死了。

我是接到消息现赶过去的，这是第三次去，他还没有下葬，尸体还停在那没入棺材，我去以后才下葬，就把他送到坟墓里头去了。

去了三次，见了两面。第三次就是送葬了。

我见到张学良，没看他喝酒，也没看过他抽烟。可能后来都改了。为了戒毒，把自己绑在床上，所以这个人有戏可演，他也挺能的，能吸毒也能戒毒，一把手枪放在边上，谁要是同情我，就把谁杀了，下了决心了。怕那些人心疼，来救他，一救那就戒不了了。

---

① 《我与汉卿的一生——张学良结发夫人张于凤至回忆》，张于凤至口述，团结出版社，2007年出版。

★张学良101岁生日宴　张仲群供图

这个人啊，这一生，波折很大，故事很多。他说他是二十几岁到36岁，短短那么十几年，翻了天覆了地了。

我从广东出来，和家人就没有音信了。

1961年，我回家去了，回广西梧州。

当时学思的警卫员帮着拎着箱子，下了船，走到梧州市内，几十年过去梧州有了变化，都不知道往哪去找，走在街上，突然有个人把我拉住了，我一看是老娘。我妈挑着担子上街卖菜，还背着个小孩子，是我妹妹的孩子，她俩后来相依为命。

我是1938年走的，以后打仗根本通不了信。我父亲死得很早，母亲不认字，写信给她，她还得找老先生给你回信，她自己不会写啊。

第一次给家写信是1952年，因为我不知道我的出生年月日，

★ 1961年，谢雪萍和她的母亲在广东从化　张仲群供图

我要查这个。过去像我这样的人不少，小时候出来时什么也不知道。

当年走的时候，跟妈妈说过，出去找生活呀。以后要是没有音信，就年年等，等下来，有音信就有了，没有就没有了。那时候人都这样，凡是出去漂泊的，那就是等来了就等来，等不来也就没有了，你永远等下去吧，那有什么办法。

哪还想什么家啊，自己有饭吃就行，最简单的就是生存，那时候就是这个问题，你怎么着能吃上饭。那个时候，一场自然灾害，就是到处都是尸体。

从延安出来，到离休前没有回延安去过。没条件回去。新中国成立以后都忙着工作，也没想过要回去看看，到后来都离休了，想起来回去看看，才和孩子回去。

原来在宝塔山底下，是我们东干队的窑洞，都塌了，没有了。

延安也变了，全都变了，原来的河挺宽、挺好的，现在也只剩下很小的一点了。我原来女生队的那个沟，里面也一塌糊涂，也不是原来的样子了。

我自己都奇怪，我怎么活到现在还没死，"文革"那时候，心脏不大好，走一走就喘，后来过了十几年，反而越来越好了。

我现在已经97岁了，跟我同时代的人，从延安一块走出来的，没有几个活着的了。我要替学思活着，替他看看一生为之奋斗的事业，正在变成现实，祖国变化有多大，特别是海军有了我们自己的航母，这是他做梦都在想的事。看看现在，祖国多么强大，人民的生活是多么幸福与美好！

我这一辈子，非常丰富，非常辉煌，非常灿烂，也非常艰苦，这期间变化太大。命运给你带到哪，你就走到哪，随着浪潮发展跟着浪潮走，觉得奋斗挺值得。

谢雪萍，1920年生，现居住在北京香山。

★ 后 记

人的一生，
究竟应该怎样度过？

  这部书稿，从开始采访到最后完工，陆陆续续差不多进行了5年，我的每一部口述历史作品，都进行得跨越数年，旷日持久。

  2012年的1月，我第一次走进谢老的家门，她缓慢地从厨房拎过来一个暖壶，要给我倒水，我赶紧起身要接过来，她很坚决地阻止我，坚持她来倒。这是我平生第一次，让一位92岁的老人为我倒了水。老人必定有她坚持的道理，我得尊重。

  那次，她给我讲了当年是如何穿着旗袍和皮鞋走到延安，如何与张学思相识，如何在冀中遭遇敌情长途行军时，一顿饭只分到一个生的苞米粒。

  这不是一次采访能完成的任务，于是与老人相约下次继续。

  我在沈阳，老人在北京，住在西山脚下，要想完成全部的采访，就得需要连续的时间。我还有自己日常的工作和生活，于是今年想，明年想，就拖下来了。

其间，我介绍过崔永元的口述历史采访组前往采访老人。也有一次，我出差到北京，下决心拿出来几天打算去采访，可是联系老人时，得知谢老正住在医院。当时的心情五味杂陈，不住地埋怨自己，采访一位90多岁的老人，你还打算要她等多久？

后来知道谢老出院了，后来我又陷入在无休止的这个事那个事里面。

直到有一天，我意外地发现自己得了间质性肺炎，医生说，需要住院进一步检查治疗，但是床位有限，需要等几天。我从未听说过这种病，听起来还以为两个星期就差不多能治好了，但是当我好奇地从百度上查询到这种肺病通常只有2到3年的生存期时，才猛然意识到自己的人生可能会很短暂。

我于是把所有的事情都停了下来，和谢老电话联系好之后，买了一张去北京的车票。

我想在自己了结之前，先把这件事情了结了。

每天，我从石景山古城的酒店出发，按约定的时间进门，老人和我面前一人一杯水，老人缓慢地回忆，我安静地倾听，然后老人午休，我回到宾馆睡觉。下午，我再过来，傍晚收工。

老人96岁了，不敢过分打扰。

采访的最后一天下午，老人的女儿是医生，发现了病情表现在我身体上的症状，她告诫我抓紧治疗。

★我和谢老

当晚，在我返回沈阳的车上，医院通知我，明天可以办理住院手续了。

果然是一种棘手的病，历经两个月的检查，看过沈阳、北京多家最好的医院，医生们都没有好的办法，协和一位老医生直言不讳地对我说，你这病全世界都没有药。医生们开出的治疗方案几乎都是激素治疗,我最终决定不做任何西医治疗,在朋友介绍下,在大连一位老中医那里拿了中药后,休长假回到了乡下的老家。

北方的 5 月正是春天,花朵绽放,绿芽萌生,我在日出而作日落而息的田园生活里,打开录音笔,一段一段整理采访录音。记录着老人的人生,也感受着生命的无常。不时背上背包,在山里转一天,常常一面是青山,一面是大伙房水库,蓝天白云,春风浩荡。我相信心境的内外结合,会帮助我渡过眼前这一关。

《江淮文史》的编辑王金梅知道我做了老人的采访,邀请我截取其中部分内容做了一个采访录,她安排在了当年的第四期刊载出来。

一个月的时间,采访录音全部整理完毕。谢老刚好来到沈阳,参加张学思将军百年诞辰活动,我去酒店看望老人。一见面,她就说,我看你好多了。那一晚,围绕着新的线索,又进行了一次补充采访。

临别时,谢老的儿子张仲群为我提供了一份张学思将军写于 1953 年的自传,自传完整记录了他是如何从侯门公子转而成长为一名坚定的革命者的,这也是第一手材料,由于张家的家世背景,文中涉及诸多历史上的显赫人物,史料价值非常的高。

一份谢老的口述,一份张学思的自传,到底如何有机地结合到一起?采用怎样的叙述方式?我决定暂时先放一下。

转眼到了年底,老中医说,我看你差不多了,不用再吃药了。他对网络上那些耸人听闻的说法不屑一顾。

乡下日趋寒冷,我回到了城里。思考了几个月,想法渐渐成熟,在窗外纷飞的雪花中,开始了这部口述史的正式创作。

这一番的感受与几个月前又有所不同。此前整理谢老的录音时,还有一种旁观者的心态。现在进入创作阶段,经常要花很大的力气,理清一些人迷雾一样的命运走向,而到了终于水落石出,看着一个人的名字从铅字符号变成了立体、丰满的形象时,又常常为其命运的捉摸不定唏嘘不已。

比如张家的六个女儿,很多文章的重心,都是关注她们的婚姻。这确实是无法回避的,张作霖在世时,出于政治需要,包办了大部分女儿的婚事,然而结果都很凄凉。

但是我更关注她们整个人生的命运。

张学思在自传中讲到一句话,在帅府的各支子女中,由于许夫人的坚持,只有张学思兄妹几个入校读书,这是打破张家先例的。这句话传递出来的信息就是,张家其他的子女大多是没有受过现代教育的。

从某种意义上讲,张作霖算是做过中华民国大总统的,算是短暂领导过中国向现代国家转型的领导者、决策者,但是在子女教育上,实在没看出来他的眼界和视野。是呀,这个家庭是东北第一家庭,用四姐张怀卿的话说,我们那时候金条银条都往床底下一堆,到时候拿出来就赌。有这样的家庭条件,进学校读书好像确实没有大用。

大姐首芳,当年曾经和父亲张作霖一起骑马打天下,但是到了1949年,按张学思自传所述:奉周总理指示在北京给大姐解决了住房问题。曾经可观的钱财花光了以后,没有受过现代教育,也无一技之长,想做个手艺人都不可能。

我每次和朋友讲起张作霖这六个女儿的命运,听者无不津津有味,我的结论是,当今社会,无论你是多大的富豪,对子女的教育绝对不能松懈,否则,他们将来一定会被补课。

这样的人物,在本书里出现得太多了。

例如书中的重要人物之一,原名王金镜的王岳石,他是从警察家庭出来,自己走上革命道路不说,还先后发展多人信仰共产主义,其中张学思和罗文均成长为解放军少将,曾经的同学高存信和王振乾也都是开国少将,他自己也被评为开国大校。是巧合吗?当年的一群孩子聚在一起谈理想谈未来,谈着谈着就都成了国之栋梁。

而高存信的两位黄埔同学周兆楷、张哲先,是那么向往延安,特地请高存信两次介绍情况,最终因一念之差未能成行,从而导致不同的人生。

还有鲍文樾,还有孙铭九,都是西安事变的参与者,孙铭九更是少壮派的代表人物,但是后来,都先后投靠日本人当了汉奸。是鲍、孙二人真的相信曲线救国那套歪理,还是就是为了一碗饭?这样的人生,也是一生。

看着百年前的人如何青春、如何热血,而后又如何凋零,加之自身的情境,在那个温暖而寒冷的冬日里,脑海里经常浮现出一句话:人的生命只有一次,一个人的一生应该是这样度过,当他回首往事的时候,他不会因为虚度年华而悔恨,也不会因为碌碌无为而羞耻。

这是保尔·柯察金说过的话。我不到十岁时就会背诵,现在忽然觉得,这话好像就是说给现在的我的。

接下来,在楼下的一次散步,更加让我觉得保尔这句话说得特别有道理。

那次散步我遇到了住在楼上的一位七旬老人,那天我们在雪地上走个对头碰,他看着我忽然站住了,说了一句,年轻真好。我也五十岁了,当时就看着他笑了。他接着说,现在才明白,这辈子啥也没做,糊里糊涂就到现在了,但是晚了。

我冻僵了一样地看着他,笑不出来了,他说的,正是我这一段思考的。感谢他的善意提醒,我不想过二十年后自己再说出这样的话。我起码还能活二十年是大连的老中医说的。

也感谢保尔。

当初在采访时,谢老曾经对自己总结说,我这一辈子,非常丰富,非常辉煌,非常灿烂,也非常艰苦,觉得奋斗挺值得。我把这句话放在了最后,作为全书的结尾。

这句话，谢老是总结给自己的，也是总结给他们那一代人的。

当年，他们几乎都还是个孩子，不甘心过逃亡的日子，经历过各种巧合与曲折，最终从天南地北会集在宝塔山下，聚沙成塔，成为这场民族解放战争的核心力量，他们付出了自己的青春、亲人骨肉，甚至是自己。

此后，他们又历经三年，推翻了一个腐朽的、被人民所抛弃的政权，在世界的东方建立起一个新的国家。

人的一生，应该这样度过。从谢老的口述到张学思的自传，甚至从他们的战友高存信、白竟凡留下的文字中，都能体会到他们的人生自豪感。在国家、民族危急存亡的关头，我没有退缩，我站在最前线，我们赢得了胜利，我的一生都是宝贵的、是值得的。

作为参与者、亲历者，老人有资格、也有底气说出这样的话。

写到今年的端午节，历时半年，终于完成这部书稿。

我再次回到乡下，在萨尔浒山附近，站在大伙房水库的山之巅、水之畔。眺望着对面的铁背山。山的背后，就是元帅林，那是张家原打算埋葬张作霖的地方，但终究成了一座空陵。

一年前，我也背着背包来过这里，彼时的心情，和今日又有所不同。那时盘算的是，我还剩下多少时间，够不够干完这件事？现在想的是，这一辈子，还有哪几件事是应该做的？人生五十，忽然劈头盖脸来了一场生的洗礼，现在看来，更像是在课堂上昏睡时被老师点了个名。

这本书究竟要表达一个什么样的主题呢？看过浮沉往事，翻过纷纭众生，再审视我们自己，我想就是这句话：人的一生，究竟应该怎样度过？

当然，各人有各人的答案。

2017年7月7日于沈阳文化路家中

后　　面　　的　　话

　　特别感谢高劲松大姐，她是高崇民的孙女、高存信和白竟凡的女儿。她提供了高存信和白竟凡两位前辈留下的大量材料。劲松大姐还完整、仔细地阅读了书稿的全部文字，前后两次代表谢老写来详尽、有价值的修改意见，甚至亲自动笔修改。此外，还提供了很多相关材料和历史图片。她的帮助，让本书增色很多。

　　要感谢张仲群先生，在历时数年的采访中，没少给他添麻烦，张学思将军的自传和部分历史图片也是承蒙他提供。

　　还要感谢罗亚军先生，他是东干队副队长罗文的儿子，为我及时提供了《罗文回忆录》《罗文画传》等非常有意义的材料。

　　还要感谢王以哲的外孙女、王岳石的女儿王伊利大姐。

　　感谢辽沈战役纪念馆为本书提供的珍贵图片。

　　感谢辽宁省政协的赵杰先生和辽宁人民出版社张洪先生的支持。

　　感谢读过本书的读者，因为阅读，才有传承。

2017 年夏于沈阳十一纬路